李唐之乱

李旭东 著

北方联合出版传媒(集团)股份有限公司

万卷出版有限责任公司

© 李旭东　2023

图书在版编目（CIP）数据

李唐之乱 / 李旭东著. -- 沈阳 : 万卷出版有限责任公司，2023.4
　　ISBN 978-7-5470-6168-8

Ⅰ.①李… Ⅱ.①李… Ⅲ.①中国历史－唐代 Ⅳ.①K242.09

中国国家版本馆CIP数据核字(2023)第010835号

出版发行：北方联合出版传媒（集团）股份有限公司
　　　　　万卷出版有限责任公司
　　　　　（地址：沈阳市和平区十一纬路29号　邮编：110003）
印　刷　者：天宇万达印刷有限公司
经　销　者：全国新华书店
幅面尺寸：145mm×210mm
字　　数：295千字
印　　张：10
出版时间：2023年4月第1版
印刷时间：2023年4月第1次印刷
责任编辑：齐丽丽
责任校对：刘　洋
监　　制：村　上
策　　划：苟　敏　李东旭
封面设计：YOORIGH STUDIO
ISBN 978-7-5470-6168-8
定　　价：56.00元
联系电话：024-23284090
传　　真：024-23284448

谨以此书献给我的爱人和我家二宝。

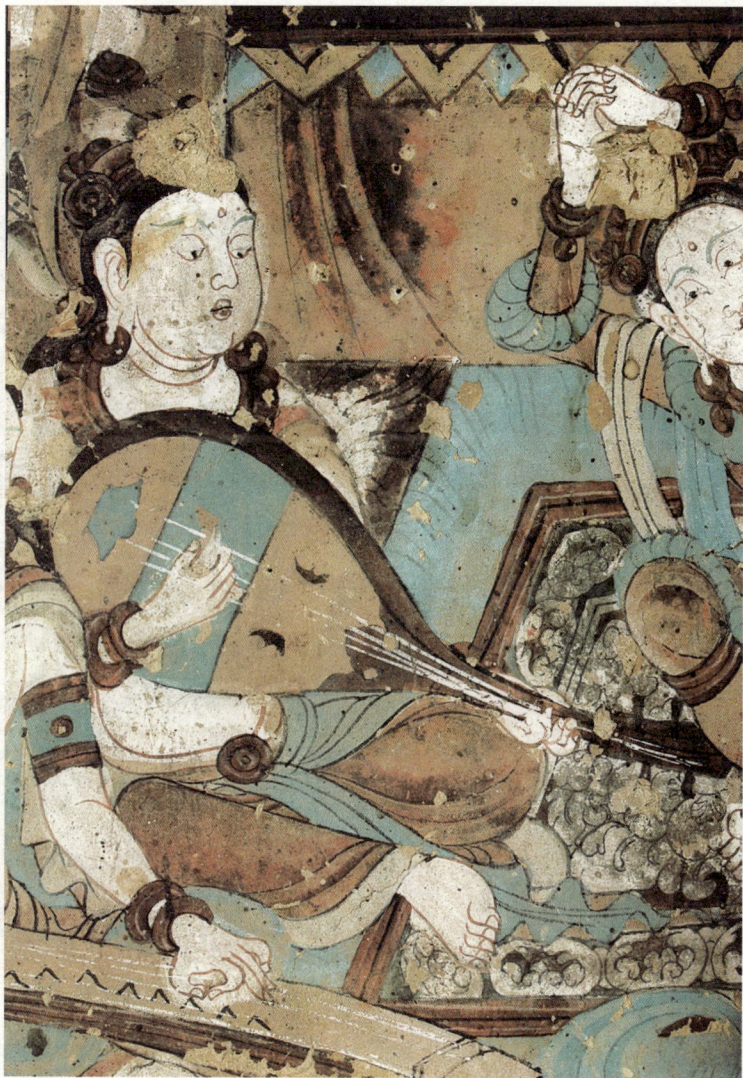

莫高窟——弹琵琶

唐　张萱《虢国夫人游春图》

唐　阎立本《步辇图》

南唐　顾闳中《韩熙载夜宴图》（局部）

唐　周昉《人物故事图》（局部）

五代　周文矩《文苑图》

唐　周昉《簪花仕女图》

五代　周文矩《合乐图》（局部）

目录

第三章 德宗危局

第一章

天宝危机

734
907

狠辣的权相

开元二十二年（公元734年）五月的一天，作为礼部尚书、同中书门下三品的李林甫首次以宰相身份走入庄严肃穆的政事堂。

其实，早在十一年前，中书令张说奏改政事堂为"中书门下"，"列五房于其后：一曰吏房，二曰枢机房，三曰兵房，四曰户房，五曰刑礼房，分曹以主众务焉"①。这不仅仅是名称的变更，也标志着政事堂由单纯的议事机构变为政务决策与中枢处理机构。

能够走进中书门下是每个大唐官员梦寐以求之事，因为那里是大唐的权力核心和决策中枢。

不过此时的宰相却分三六九等，李林甫只是位列"同中书门下三品"，地位要逊于中书令张九龄和侍中裴耀卿，因此他最初的宰相生涯其实并不如意，一直被资格更老、地位更高的张九龄和裴耀卿压制着。

不过老谋深算的李林甫却并不急于争权，很多事情并不是争来的而是等来的。"等"并不是坐享其成，也不是守株待兔，而是坐以待变，谈笑间对手灰飞烟灭。

经过两年多的等待，李林甫终于等到了反击的机会，也等来了投桃报李的机会。

开元二十四年（公元736年）的冬天注定深深地影响着大唐未来的走向。

在这个寒冷的冬日里，皇子们居住的"十王宅"显得一片萧瑟。太子李瑛、鄂王李瑶、光王李琚三个人聚在了一起，不过他们此时还不知道这次聚会将会给他们惹来天大的祸事。

---

① 《新唐书·卷四十六·志第三十六·百官志一》。

李瑛的母亲赵丽妃早在玄宗皇帝李隆基还是临淄王的时候便服侍在他的身旁。玄宗是一位艺术造诣很高的皇帝，晓音律，善歌舞，自然对歌女出身的赵丽妃情有独钟。由于王皇后一直没有子嗣，玄宗便册立赵丽妃之子李瑛为皇太子，可武惠妃的出现却使得玄宗皇帝对赵丽妃的宠爱日衰。

在偌大的皇宫之中，能够得宠的妃子总是凤毛麟角，而那些被皇帝冷落在一旁的妃子只能独自品味失落的滋味，变得越来越没有存在感。赵丽妃就是在这种悲凉中带着无尽的悔恨离开了这个残酷的世界。失去母亲庇护的李瑛感到越来越孤独，越来越无助，也越来越惶恐！

李瑛终日闷闷不乐，鄂王李瑶和光王李琚看在眼里，急在心上。两人与李瑛一向颇为要好，不仅年龄相近，脾气也相投。李瑶的母亲皇甫德仪、李琚的母亲刘才人跟李瑛的母亲赵丽妃很早便熟识了。三人后来都失宠了，唯一的不同就是此前受恩宠的程度并不一样，李瑛的母亲是地位显赫的丽妃，在宫中仅次于惠妃；李瑶的母亲则是地位次一等的六仪之一德仪；李琚的母亲仅仅是个才人。李瑛母亲失宠后的心理落差无疑更大一些。

在摇曳的烛光中，李瑛沉默不语，一杯接一杯地喝着酒，颇有几分借酒浇愁愁更愁的意味。

见李瑛只是一味地喝闷酒，李瑶忙劝慰道："二哥，不必为那些烦心事劳心费神。你是天命所归，谁也撼动不了你的太子之位！"

李琚随即附和道："五哥所言极是，李瑁那副文文弱弱的样子怎么能够治国呢？不过是仗着母亲得宠而招摇过市罢了！"

几杯酒下肚，李琚已经微微有些醉意了，那些在内心深处堆积的不满在酒精的刺激下充分地发酵，他情绪激动地说："父亲真是老糊涂了，竟然如此宠信妖媚的武惠妃！要是她再一味地苦苦相逼，咱们干脆就清君侧！"

"清君侧"三个字一出，李瑛的酒顿时就醒了，而且还吓出了一身冷汗。其实李琚自己也觉得有些失言了，但嘴上却仍旧假装强硬道："五哥多虑了。难道我们还怕了她不成！"

李瑛终于打破了沉默，语气严厉地说："天色已晚，大家还是各自回府吧！刚才说的话万万不可泄露出去！"

他们不会想到，此时窗外有一双阴森可怖的眼睛正在密切注视着他们的一举一动。

武惠妃跪在玄宗皇帝跟前，痛哭流涕地说："太子李瑛见陛下甚是宠爱瑁儿，于是便心生不满，勾结鄂王李瑶、光王李琚，企图谋害我们母子，他居然还对陛下横加指责。还请陛下为我们母子做主啊！"

在宠妃撼天动地的哭声中，玄宗皇帝心中的怒火顿时便熊熊燃烧起来。

玄宗皇帝即位之前，政变频繁，局势动荡。有鉴于此，玄宗皇帝上台后加强了对诸王的控制，并于开元十年（公元722年）九月特地重申："自今以后，诸王、公主、驸马、外戚家，除非至亲以外，不得出入门庭，妄说言语……贵戚懿亲，宜书座右。"[①]

玄宗皇帝不仅严禁诸王结交朝臣，还严格限制皇亲国戚之间的来往。太子李瑛、鄂王李瑶、光王李琚属于"同父异母"的至亲，虽并不在禁止之列，但他们之间的频繁来往依然引起了玄宗皇帝的警觉。

从神龙元年（公元705年）正月武则天退位到先天二年（公元713年）七月玄宗皇帝李隆基诛杀太平公主，在短短八年半的时间里竟发生了七起政变。玄宗皇帝要么是旁观者，要么是亲历者，他强烈而又真切地感受到了不计其数的人都在觊觎着他坐着的宝座。

很多政治宠儿就因为早生了那么几年甚至几天便可以顺理成章地被册立为太子，继而登基称帝，一切都是那么顺风顺水，可玄宗皇帝所走的每一步都是那么惊心动魄，当藩王时如此，成为太子后也是如此，当了皇帝后依然如此。他能时刻感受到来自四面八方的威胁，有的是真实的，也有很多只是臆想的。为此，他曾经猜忌过功臣，猜忌过兄弟，晚年又将猜疑的矛头指向自己的儿子。

其实皇帝与太子早就不是寻常父子了，相互猜忌着，相互试探着，相互提防着，看似血浓于水的父子亲情其实早就变得脆弱不堪，早就被权力

---

① 《全唐文·卷二十二·诫宗属制》。

异化了！

经历了数次宫廷政变风雨洗礼的玄宗皇帝对任何潜在威胁都有着一种近乎神经质般的敏感。此时此刻他的心头升腾起废除太子以及鄂王和光王的念头，可做出如此重大的决定必须召集宰相们进行商议。

张九龄苦口婆心地劝诫道："陛下登基近三十年，太子诸王一步都不敢离开深宫，日夜接受圣训的教诲，天下之人都庆幸陛下享国久长，子孙蕃昌。如今三位皇子都已长大成人，并未有什么大的过失，陛下怎能仅仅凭借片面之词便要将他们废掉呢？太子为天下之本，不可轻动。想当初晋献公听信骊姬的谗言，擅杀申生，三世大乱；汉武帝受到江充的蛊惑，重责太子，京城血流成河；晋惠帝偏听贾皇后的诋毁，废愍怀太子，中原涂炭；隋文帝听信独孤皇后之言，罢黜太子勇，失去天下。由此观之，废立太子之事乃是关乎江山社稷的大事啊！"

一副老学究模样的宰相张九龄引用了轻易废弃太子而招致国家动荡的种种典故。他言辞恳切的规劝使得玄宗皇帝渐渐恢复了理智，不得不重新考虑这个对帝国而言具有重大政治影响的决定。

虽然太子风波暂且告一段落，但张九龄的宰相生涯却也即将走到尽头，而他职业命运的终结者便是口蜜腹剑的李林甫。

玄宗皇帝原本想要任命朔方节度使牛仙客为尚书，不过却遭到了宰相张九龄与裴耀卿的反对。

当时沉默不语的李林甫事后找到玄宗皇帝说："牛仙客乃是宰相之才，何止担任尚书一职。张九龄真是一介书生，根本不识大体！"玄宗皇帝自然地将善于谄媚的李林甫视为自己的知音和心腹。

次日，玄宗皇帝再次召集宰相讨论牛仙客的任职问题。耿直的张九龄依旧坚决反对，而且言辞也越来越激烈。

玄宗皇帝不禁勃然大怒，李林甫虽再次选择了沉默，但退朝后，他却再度添油加醋地对张九龄等人大肆诋毁了一番。

此时的玄宗皇帝对张九龄的不满已然到了极点，而且李林甫很快又扔出了足以压垮张九龄的最后那根稻草。

蔚州①刺史王元琰贪污案案发后，刑部、大理寺和御史台联合审理此案。王元琰是严挺之前妻的现任丈夫。婚姻的解体并没有让严挺之与前妻形同陌路。不知是旧情难忘，还是其他原因，"大爱无疆"的严挺之居然不顾国法，企图暗中营救王元琰。他这个不识时务的举动不仅给自己带来厄运，更是将祸水引向了自己的老上司张九龄。

李林甫一直在暗中注视着张九龄的一举一动，仿佛在树林深处静静等待猎物到来的孤狼。

玄宗皇帝召集宰相们讨论严挺之挟私枉法之事。张九龄此时还不知局势的严峻程度已经远远超出了他的预期，仍旧不顾一切地出言为好友严挺之辩解，而这正是李林甫所期待的，因为张九龄正在一步步地走进他布设的陷阱之中。

望着竭力袒护严挺之的张九龄，玄宗皇帝不禁想起了前些日子讨论牛仙客任职时所发生的种种不快，脑海中顿时便浮现出那个令他担忧而又令他厌恶的词——"结党"。这一系列事件明确无误地表明张九龄正在利用职务便利培植亲信，排斥异己，尤其让他不能容忍的是当朝宰相居然还与太子纠缠在了一起。

玄宗皇帝随即罢免了张九龄与裴耀卿的宰相职务。"一雕挟两兔"的李林甫无疑成为最大的赢家。升任中书令的李林甫一跃成为"首相"。首度跻身宰相行列的牛仙客自然对李林甫俯首听命。

张九龄走后，太子李瑛变得惶恐不安。虽然冬季的冷酷早已被明媚的阳光一扫而尽，可太子李瑛却感受不到一丝的温暖，从此之后，他将不得不独自面对险恶的政坛。

《新唐书》记载，武惠妃以宫中出现盗贼为由征召太子李瑛与鄂王李瑶、光王李琚三人身披盔甲入宫缉拿盗贼。当三人如约进宫后，武惠妃却诬陷他们披甲入宫图谋不轨。玄宗皇帝赶忙派遣心腹宦官前去查看，果然如武惠妃所言。

《新唐书》中的这段记载其实颇为值得怀疑。与《新唐书》的作者欧

---

① 治所今河北省蔚县。

阳修同时代的著名史学家司马光也对此提出过异议。其实经过上次政治风波，太子李瑛与武惠妃的矛盾已经日趋明朗化和激烈化。李瑛等人肯定会谨言慎行，绝不会如此轻信武惠妃之言做出身披盔甲入宫这样明显不合时宜而又授人以柄的举动。

尽管如此，武惠妃诬陷太子李瑛与鄂王李瑶、光王李琚阴谋造反却是事实。上次，武惠妃诬陷三人对玄宗皇帝不满，企图谋害他们母子，而这次武惠妃的诬陷升级了，指控他们三人对玄宗不满并要谋反。

怒不可遏的玄宗急忙召集宰相商议如何处理此事，狡猾的李林甫并没有直接表态，而是非常巧妙地说："这是陛下的家事，臣不便表态！"

其实老辣的李林甫早已从玄宗皇帝愤怒的表情中猜出了他将会如何处置这三个身陷叛逆泥潭的儿子，而他不表态实际上就是在推波助澜！

当然李林甫不表态也是为了保护自己，如若玄宗皇帝哪一天后悔了，也不至于因此而埋怨他。他之所以将这件事定位为"家事"，表面上看是不希望让"三司"介入，以免皇帝家丑外扬，实际上却是在担心一旦刑部、御史台和大理寺介入，那些精于断案的官员们若是查到些什么蛛丝马迹，到了那时局面可就难以控制了。

牛仙客自从担任宰相以来一直对李林甫言听计从，因为他知道如果不是李林甫扳倒了张九龄，别说位列宰相，即便是进京当个尚书恐怕都会很困难。牛仙客为了报恩自然是急忙附和。太子李瑛、鄂王李瑶、光王李琚同时被废为庶人，不久便被赐死。

李林甫的掌权无疑是大唐政治由清明变为黑暗的重要转折点。

李林甫从此主政近十九年之久，虽然经济仍在继续发展，可是社会贫富分化却日益加剧，以至于"朱门酒肉臭，路有冻死骨"。虽然文化继续昌盛，可是明哲保身和阿谀奉承的实用主义思潮却逐渐成为主流。

玄宗即位后开元、天宝年间宰相在任时间表

姓名	任宰相起讫年月	在任时间
刘幽求	开元元年八月至十二月	5个月
魏知古	先天元年八月至开元二年五月	1年10个月
陆象先	先天元年正月至开元元年七月	1年7个月
郭元振	先天二年六月至十月	5个月
张说	开元元年七月至十二月	6个月
	开元九年九月至十四年四月	4年8个月
姚崇	开元元年十二月至四年闰十二月	3年2个月
卢怀慎	开元元年十二月至四年十一月	3年
源乾曜	开元四年十一月至闰十二月	3个月
	开元八年正月至十七年六月	9年6个月
宋璟	开元四年闰十二月至八年正月	3年2个月
苏颋	开元四年闰十二月至八年正月	3年2个月
张嘉贞	开元八年正月至十一年二月	3年2个月
王晙	开元十一年四月至十二月	9个月
李元纮	开元十四年四月至十七年六月	3年3个月
杜暹	开元十四年九月至十七年六月	2年10个月
萧嵩	开元十六年十一月至二十一年十二月	5年2个月
宇文融	开元十七年六月至九月	4个月
裴光庭	开元十七年六月至二十一年三月	3年10个月
韩休	开元二十一年三月至十二月	10个月
裴耀卿	开元二十一年十二月至二十四年十一月	3年
张九龄	开元二十一年十二月至二十四年十一月	3年
李林甫	开元二十二年五月至天宝十一载十一月	18年7个月
牛仙客	开元二十四年十一月至天宝元年七月	5年9个月
李适之	天宝元年八月至五载四月	3年9个月
陈希烈	天宝五载四月至十三载八月	8年5个月
杨国忠	天宝十一载十一月至十五载六月	3年8个月
韦见素	天宝十三载八月至至德二载三月	2年8个月

开元时期，宰相任职时间都不长，短的仅有数月，长的一般也只有三五年，即便是最为出名的姚崇、宋璟也只干了三年多，两人加起来也不过才六年多的时间。虽说两人起到了承前启后的作用，但若说两人开创了"开元盛世"却未免有些过了，因为"开元"这个年号使用了二十九年之久，两人执政时间仅占其五分之一。

　　开元时期为相时间最久的便是源乾曜，他先后两次为相，第二次居然连续干了九年零六个月的宰相，而他从政的秘诀便是远离是非，充做老好人。在此之前还有一位宰相卢怀慎，遇到事情便选择退让，毫无建树，被戏称为"伴食宰相"，一直干到病逝。

　　开元这段时间，宰相之所以频频变更，一方面是因为宰相间相互排挤倾陷，另一方面是因为当时玄宗皇帝年富力强，励精图治，牢牢操控着朝政，因此"开元盛世"其实是由玄宗皇帝本人主导的而并非宰相主导的。但随着玄宗皇帝年纪越来越大，习惯于将政事交给宰相们去处理，因此天宝年间的宰相任职时间普遍较长。

　　其实李林甫还有一个经常被人忽略的身份，他其实是玄宗皇帝的远房叔叔，因为他的曾祖父李叔良是开国皇帝李渊的堂弟。他之所以能拜相，虽得益于武惠妃不断地在玄宗皇帝跟前吹枕边风，但根本原因却还是他出众的才华，"每事过慎，条理众务，增修纲纪，中外迁除，皆有恒度"[①]，这才获得玄宗皇帝额外的赏识，身居相位长达近十九年之久。

　　为了能长久执政，李林甫大肆结交宫人后妃，以便能够随时掌握玄宗皇帝的最新动向，因此他说的话、做的事总能令玄宗皇帝满意。由于年事已高，玄宗皇帝越来越热衷于享受生活，他将所有政事都委托给宰相李林甫，却是所托非人。李林甫虽不失为能臣，却官德有亏，他将个人得失凌驾于国事之上，钳制朝臣，控制朝政，陷害打压太子，搜刮民脂民膏，将曾经富庶昌盛的大唐推入了痛苦的深渊！

---

① 《旧唐书·卷一百六·列传第五十六·李林甫传》。

骄纵的宠妃

开元二十二年（公元734年）正月，玄宗皇帝带着浩浩荡荡的队伍踏上了东去洛阳的路，这是他最后一次前往繁华的洛阳城。这次他一住便是两年零十个月，在这中间他亲自操办了两场豪华婚礼，一场是他最赏识的咸宜公主的婚礼，一场是他最宠爱的儿子寿王李瑁的婚礼。

开元二十三年（公元735年）十二月二十四日，河南府士曹参军杨玄璬的府中一时间高朋满座，亲戚云集，张灯结彩，喜气洋洋。杨玄璬静静地等待着册封队伍的到来。皇家的婚礼既烦琐又复杂，此前已经进行了"纳彩""问名""纳吉""纳征""请期"等五个环节，接下来要进行的将是极为重要的"册妃"礼。这也意味着他的侄女已经得到了皇帝的认可。

此时杨玄璬的心中充满喜悦，却也怀有一丝忐忑。他之所以喜悦是因为侄女终于嫁了个好人家，之所以忐忑是因为他的亲家是至高无上的皇帝，女婿是尊贵无比的寿王，前来册封的人则是大权在握的宰相李林甫！

杨玄璬这个七品小官对于即将到来的这一切还缺乏足够的心理准备，犹如梦中，更让他始料未及的是侄女从此将拥有一段让他意想不到的人生！

他的侄女之所以能在近乎惨烈的寿王妃海选中脱颖而出，除了她的美貌之外，更为重要的是她的出身。虽然门阀政治的影响力在唐代已经日渐衰微，但门第思想却依旧根深蒂固。

高宗朝宰相薛元超可谓位极人臣，位高权重，但他却说自己有三恨："做官之始未能以进士擢第，不娶五姓女，不得修国史。"注意他说的并非是娶公主。其实他的妻子便出身皇族，是太宗皇帝李世民的亲弟弟巢王李元吉的女儿和静县主，可他却依旧因没能娶到"五姓女"而耿耿于怀。"五姓"即博陵崔氏、清河崔氏、范阳卢氏、陇西李氏、赵郡李氏、荥阳郑氏和太原王氏。其中李氏与崔氏各分为两支，因此称之为"五姓七望"。

社会地位并不仅仅是由政治地位决定的。武则天的父亲武士彟是跟随高祖李渊打天下的功勋之臣，曾任工部尚书（正三品）、利州都督、荆州都督等显赫之职，还被封为应国公（从一品），可武家在传统贵族的眼里却只不过是个政治暴发户而已，因此武则天入宫时只是个才人（当时为正五品）。而王皇后的父亲王仁祐只不过是个小小的罗山县令，一个六七品的小官，可王皇后却因出身于名门望族太原王氏而被选为晋王妃。随着晋王李治登基称帝，她自然而然地成了母仪天下的皇后。

《册寿王杨妃文》中说杨妃"公辅之门，清白流庆"。虽然她的生父和叔父都只是小小的七品官，在帝国官僚体系中显得有些微不足道，但弘农杨氏却是仅次于"五姓七望"的名门大家。

更为重要的是武家与弘农杨氏早就有联姻的传统。武则天的父亲武士彟就迎娶了隋代宰相杨士达的女儿。武则天掌权后更是制定了"我家及外氏常一人为宰相"[1]的基本方针，也就是说在宰相之中武氏和杨氏至少要有一个人。武惠妃为女儿咸宜公主挑选的驸马杨洄同样出自弘农杨氏，可见她对弘农杨氏的偏爱！

幼年不幸的杨妃成年后却有幸成了寿王妃，可她婆婆武惠妃的突然去世却彻底打破了她平静的王妃生活。

杨妃的公公玄宗皇帝因武惠妃的死而体尝到从未有过而又始终无法摆脱的空虚和寂寞。正在这时，有人向他推荐了杨妃。史书上没有留下这个推荐人的名字，只是说"或奏""或言"。虽然并未明确记载此人姓名，但高力士的可能性无疑最大，因为他一直都在不遗余力地为玄宗皇帝搜罗美女！

---

[1] 《新唐书·卷一百·列传第二十五·杨执柔传》。

开元二十八年（公元740年）冬，二十二岁的杨妃怀着复杂的心情前往骊山温泉宫，而召见她的人正是她已经五十六岁的公公玄宗皇帝李隆基。

在霓裳羽衣舞的乐曲伴奏下，她缓缓地走向端坐在大殿中央的玄宗皇帝。从那一刻起，近五年平静的王妃生涯即将告一段落，全新的生活正在等待着她，而她却根本没有选择的权利。

杨妃对这次骊山相会是惊恐不安的，因为她要割舍下如今的一切，被迫接受另外一种生活。

这次会面使得玄宗有了一种重生的感觉，杨妃可谓是"回眸一笑百媚生，六宫粉黛无颜色"。即位之初，玄宗皇帝经常为操劳国事而彻夜不眠，如今他却因独守空房而辗转反侧，难以入睡，帝国的政治风气也随着玄宗皇帝的改变而改变着。

这次骊山相会不久，杨妃便以为太后"追福"的名义出家为道士。"追福"不过是为了掩人耳目，真正的目的是让她离开寿王，因为道士是不可以有丈夫的。

自从她成为道士的那一刻起，包括寿王妃在内的所有尘世身份便被无情地割裂开，唯一让她聊以自慰的是玄宗皇帝始终陪在她身旁。

天宝四载（公元745年）的七月二十六日，已经六十一岁的玄宗皇帝亲自主持隆重的册立新寿王妃的仪式，此时距离李瑁上一次当新郎已经过去了近十年的时间。时光的流逝使得很多人或许已经遗忘了东都洛阳那场豪华的婚礼和那个美丽的新娘。

李瑁的新娘韦氏同样出身名门。先祖韦旭曾任隋朝尚书令，封为郧襄公，因此他们这一支被称为韦氏"郧公房"。祖父曾任齐州刺史（从三品），曾祖父曾任太仆少卿（从四品上阶），曾祖父的堂兄韦巨源曾在中宗朝出任宰相，不过韦家与杨家一样属于没落贵族，韦氏的父亲韦昭训仅仅是左卫勋二府右郎将（正五品上阶）。

这也体现了玄宗皇帝为儿子们选妃的一贯思路，拥有一个好出身，却又不出自权势显赫的家族。玄宗皇帝所确立的选妃原则并没有随着他的离去而被废弃。从玄宗的儿子肃宗李亨开始直到大唐灭亡，两唐书中立传的后妃共有二十一人，肃宗韦贤妃、顺宗王良娣和宪宗郭贵妃等三位妃子出身显赫，此外，肃宗张皇后、德宗王皇后的家世虽说不上显赫，却还算过得去，其余十六位皆是出身卑微或者出身不明之人。

这与唐朝前期的情形截然相反，那时李唐宗室想方设法地与望族通婚，皇子们娶的，公主们嫁的，基本上都出身权臣之家。之所以会出现如此之大的转变是因为大唐的皇帝们开始担心外戚专权的悲剧会再次上演。不过事实证明所有刚性的原则在温柔的攻势下都会显得那么脆弱不堪，随着杨贵妃的得宠，外戚专权的一幕将会再次上演！

在喜庆的气氛之中，在孤寂和惶恐中生活了四年多的李瑁终于迎来了一位新的人生伴侣。虽然这位韦妃不像上一位王妃那样美艳绝伦，却可以始终如一地陪伴在他的身旁，与他笑看花开花落，闲看云卷云舒。过去他与杨妃那些美好的点点滴滴只能永远地封存在记忆的最深处，因为那段日子已经彻底地随风而去了。

李瑁心中的一块石头终于落地了，因为他觉得自己这才算是彻底安全了，可他的心中却不免涌上阵阵酸楚，他似乎已经预感到了这一切不过是为即将到来的前妻改嫁做铺垫。

同年八月初六，曾经与寿王相濡以沫的寿王妃摇身一变正式成为父皇的女人。性格懦弱的李瑁只得将所有委屈、愤懑甚至仇恨深深地埋藏在心底，因为父皇"一日杀三子"的冷酷和无情在他的心中留下了深深的阴影，使得他不敢贸然袒露心声。

忍辱负重的李瑁一直活到大历十年（公元775年）。此时，横刀夺爱的父亲玄宗皇帝已经死去了十三年，半路改嫁的前妻也已死去了十九年，登上皇位的哥哥李亨也已经死去了十三年。

经过漫长的过渡，玄宗皇帝与杨贵妃终于可以正大光明地在一起了。玄宗皇帝一直在思索应该给予这个心爱的女人一个怎样的名分。

在玄宗皇帝的后宫之中，"惠妃"的地位仅次于皇后，因此开元年间最得宠的武妃获得的封号就是"惠妃"。如若再将"惠妃"的封号赐给杨氏，不仅对不住已经故去的那个曾经最爱的女人武惠妃，也无法彰显自己对当下这个最爱的女人的宠爱。

玄宗皇帝李隆基时代的内官体系表

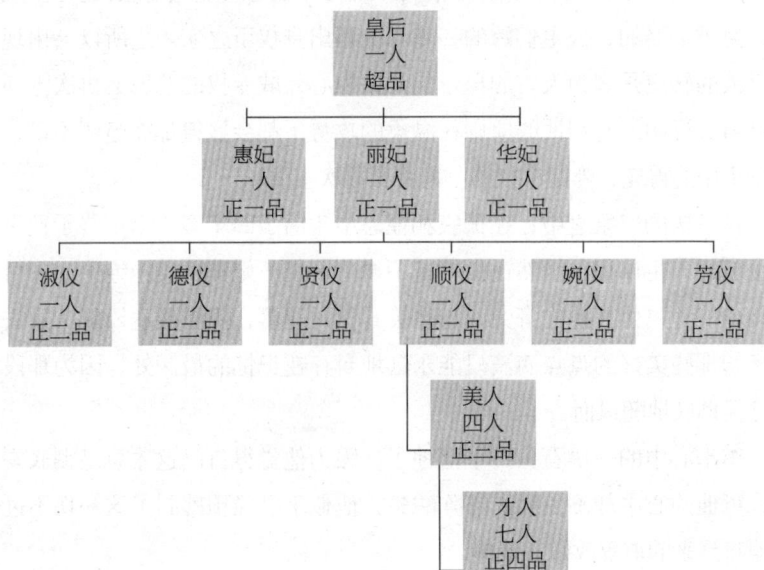

```
                    皇后
                    一人
                    超品

        惠妃        丽妃        华妃
        一人        一人        一人
        正一品       正一品       正一品

淑仪     德仪     贤仪     顺仪     婉仪     芳仪
一人     一人     一人     一人     一人     一人
正二品    正二品    正二品    正二品    正二品    正二品

                    美人
                    四人
                    正三品

                    才人
                    七人
                    正四品
```

玄宗忽然想到了"贵妃"这个称号。

"贵妃"始置于南朝宋武帝时期，在宫中的地位仅次于皇后，而且一直沿用到了唐朝。唐朝建国之初设立贵妃、淑妃、德妃、贤妃四夫人，但喜欢标新立异的玄宗皇帝却对内官制度进行了大胆的改革，将四夫人缩减为三夫人，即惠妃、丽妃、华妃。为了杨氏，李隆基决定重新启用曾经被自己废弃的封号"贵妃"。

在佳丽云集的后宫，谁要想向上攀爬，每走一步都是极其的艰难，但杨氏入宫后得到的第一个封号就是正一品的"贵妃"，可谓平步青云，一步登天。很多人不解，既然玄宗皇帝那么爱杨贵妃，为什么不直接将她册立为皇后呢？

在唐代成为皇后是件何其幸运的事！唐代皇帝对皇后的册立是极

为慎重的，一般一生之中只会册立一位皇后，或者根本就不册立皇后。

高祖李渊一生只有一位皇后窦氏，而且他登基称帝的时候窦氏已经去世五年多了，但他却并没有再册立其他女子为皇后。太宗李世民一生也只有一位皇后长孙氏，长孙氏去世后的十三年时光里，李世民虽然也有过宠爱的女子，比如博学多才而又比李世民小近三十岁的徐贤妃，但李世民却并未再册立过皇后。中宗皇帝李显和睿宗皇帝李旦一生也只册立过一位皇后。睿宗李旦第二次登基时刘皇后已经被害十七年之久，可他也并没有再立皇后。唯独高宗李治曾经破天荒地册立过两个皇后——王皇后和武则天。

在中晚唐，皇后缺位似乎成了一种政治常态。在十四位皇帝中，代宗皇帝李豫、顺宗皇帝李诵、宪宗皇帝李纯、穆宗皇帝李恒、敬宗皇帝李湛、文宗皇帝李昂、武宗皇帝李炎、宣宗皇帝李忱、懿宗皇帝李漼、僖宗皇帝李儇、哀皇帝李柷共计十一位皇帝至死都未曾册立过皇后。当然不乏有的皇帝因感念旧情追封哪位去世的妃子为皇后，也有的妃子因所生皇子后来当上了皇帝而被加封或者追封为皇后，但这却并不等于册立。比如穆宗名义上有王皇后、萧皇后、韦皇后三位皇后，实际上哪个也不是他亲自册立的皇后，她们之所以能够享有皇后的尊号是因为她们分别生了敬宗皇帝、文宗皇帝和武宗皇帝，不过是母以子贵罢了！

贞元二年（公元786年），望着病入膏肓的王淑妃，德宗皇帝含着泪册立她为皇后，仅仅三天后王皇后便在两仪殿去世，与追封也差不了多少，但她的死却具有跨时代的意义，从此之后，连续九任皇帝居然一辈子都未曾册立过皇后。

直到一百一十年以后，唐朝才诞生了一位新的皇后，也是唐朝最后一位皇后——何皇后。唐朝共有二百八十九年的历史，不包含武则天在内共有二十位皇帝，却只有十位皇后，其中高宗皇帝李治一人便册立了两位皇后，居然有十一位皇帝未曾册立过皇后，可见皇帝对于册立皇后这件事是多么慎重，对皇后的选择是多么苛刻，如若不是相濡以沫多年的正妻，即便再受宠也几乎不可能被册立为皇后。

玄宗皇帝的确曾经想过要将武惠妃册立为皇后，不过因反对之声一时间甚嚣尘上而只得作罢，但没有任何历史文献记载他曾经想过要册立杨贵妃为皇后。虽然玄宗皇帝费尽心机地想要抹去杨贵妃曾经是自己儿媳这个并不光彩的印记，但有些痕迹是永远也抹不去的！

尽管玄宗皇帝对杨贵妃爱得疯狂，爱得投入，但他却绝对不会让一个拥有历史污点的女人成为皇后，况且太子李亨比杨贵妃的岁数还要大，这又成何体统呢？

杨贵妃没能成为皇后其实还有一个很大的硬伤，那就是她未曾生育。翻遍史书，也找不到关于集三千宠爱于一身的杨贵妃有过生儿育女的任何记载。唐代历史上先后有两位王皇后遭遇了被废的厄运，她们的悲剧人生很大程度上都源于没能为皇帝传宗接代。

白居易在《长恨歌》中写道："云鬓花颜金步摇，芙蓉帐暖度春宵。春宵苦短日高起，从此君王不早朝。"

玄宗皇帝从此之后更加无心政事，富庶的大唐即将被胡人安禄山推入万劫不复的深渊。

升迁的奇迹

安禄山是身份卑微的"混血"胡人，母亲是突厥巫师，父亲是粟特商人，不过他的生父在他很小的时候便去世了，随母嫁突厥人安延偃，改姓安，更名禄山。

开元初年，正值大唐最为昌盛富庶之际，突厥各部落却陷入无休止的血腥攻伐之中。安禄山所在的部族在战争失利后溃散了。曾经熟悉而又亲切的茫茫大草原如今却再也无处容身。年幼的安禄山被迫逃至大唐境内，将目光投向了红火的边境贸易。熟知六种少数民族语言的安禄山担任互市牙郎。大唐在边境设立了方便贸易活动的互市，而互市牙郎就是利用语言优势撮合双方成交的中间商。

安禄山为了生计而奔波忙碌着。不知是迫于生计铤而走险，还是经受不住诱惑临时起意，三十而立的安禄山因为一次偷窃行为而险些招致杀身大祸。

此时张守珪刚刚调任幽州①节度使不久，经过简单的审理，安禄山偷羊罪属实，张守珪紧闭的双唇蹦出两个冰冷的字："棒杀"。

跪倒在地上的安禄山顿时便吓得面如死灰。行刑人员走到他的面前，准备将他拖下大堂，拖向行刑地点。

当衙役手中挥舞的大棒落下的时候，一个年轻的生命将会因为这个小小的过错而过早地陨落，二十多年后的那场旷日持久的叛乱也将会被消弭在萌芽之中。可是小小的偶然有时却会改变历史的发展进程。

---

① 治所今北京市区。

在生死攸关的关键时刻，安禄山却展现出自己的过人之处，他深知自乱方寸只会丧失最后一丝自救的希望。

"大夫①难道不想消灭两蕃吗？那你为何还要棒杀壮士呢？"这句给力的话语居然使安禄山奇迹般地化险为夷，因为这句话说到了张守珪的心坎上。

此时，无论是身在京城的玄宗皇帝李隆基，还是远在边陲的幽州节度使张守珪，无不为如何降服桀骜不驯的契丹人和奚人而一筹莫展。

此言一出，张守珪不得不重新审视眼前这个居然能够说出如此豪言壮语的胡人罪犯，只见他长得身材魁梧，体型健硕。硬朗的外形和豪迈的话语聚合在一起带来强大的心灵震撼。这让求才心切的张守珪心动了。张守珪不仅释放了安禄山，而且还将他留在军中效力。

作为一个并没有什么背景的卑贱胡人，依靠军功入仕无疑是安禄山最佳的仕途选择，他不仅歪打正着地选对了人生道路，更关键的是赶上了建功立业的好时候。

如果安禄山生活在太宗朝，或许终其一生也就是个名不见经传的小军官。他之所以会在日后扶摇直上是因为他幸运地赶上了盛产战斗英雄的"乱世"。开元盛世时一直是战争频仍，只不过内地的稳定与繁盛暂时掩盖了边疆的动荡与混乱而已。

太宗皇帝李世民在少数民族地区设置羁縻都督府和羁縻州。大部落的酋长会被授予羁縻都督府都督职务，小部落的首领会被授予羁縻州刺史，这些职务由酋长家族世袭担任。羁縻制度并未真正改变原来的部落管理模式，只是将归附的少数民族置于大唐的有效管辖范围之内。太宗皇帝利用自己的政治智慧使得边疆形势日趋稳定，而他也被各民族拥戴为"天可汗"。

太宗皇帝去世后，武则天、韦皇后以及太平公主三个政治女强人的干政使得大唐政局持续动荡，曾经归附大唐的少数民族部落相继叛变，太宗

---

① 即张守珪，兼任御史大夫。

皇帝呕心沥血建立起的羁縻制度也走向没落。

随着边疆局势渐趋紧张，原有的政治军事管理体制已经越来越无法适应政治军事斗争新形势的需要。

大唐在边疆的常设军事机构都督府或者都护府虽然也拥有直属部队，并且承担稳定地区局势的职能，却无法全权调动并自由指挥辖区内各种不同建制的军队。每遇到重大战事，朝廷均会设置行军大总管或者行军总管统一调度。战事一结束，行军大总管或者总管便回朝复命。可随着边疆军事斗争日益激烈化和复杂化，战争也变得愈加持久。原本属于临时差遣性质的行军大总管或者行军总管迟迟无法完成使命回朝复命。还有很重要的一点是，即便是像薛仁贵那样的当代名将也会遭遇败仗：一会儿去东北，一会儿去西北，一会儿又去西南，环境不同，对手不同，士卒也不同，自然难以应对瞬息万变的战场形势，很容易遭遇失利。

在这种背景下，节度使便应运而生了。景云二年（公元711年）四月，贺拔延嗣担任凉州都督、河西节度使。这是关于节度使最早的记载。

节度使常驻边疆地区，自然比那些临时任命的统兵将领更加了解周边环境，了解军事对手，而且朝廷还会授予节度使节制调度辖区内所有军队的权力，可以根据战争形势"便宜行事"。节度使的广泛设立无疑使得帝国边疆政策由太宗朝确立的政治安抚为主、军事征讨为辅彻底转变为军事征讨为主、政治安抚为辅。

在战火中成长起来的太宗皇帝深谙不战而屈人之兵的真谛，而玄宗皇帝除了参加宫廷政变外，并没有什么真正的战争经验，没有什么战争经验的玄宗皇帝却热衷于武力征服。他好大喜功的性格无疑传递给边镇将帅们错误的政策导向，也使得大唐陷入无法自拔的战争泥潭之中。

政绩突出的节度使往往会升任宰相，这也就是被当时的人所称道的"出将入相"。张嘉贞、张说、萧嵩、杜暹等人都是通过节度使这个跳板当上宰相的。

"出将入相"激励着许许多多的中央官员前往条件艰苦的帝国边疆地区工作。这有效地解决了边疆地区人才相对匮乏的局面。这些具有边疆工作经验的官员回京任职后在政策制定和政务决策时也会更加符合边疆的实际。官员在中央与地方间的合理流动也使得帝国更好地应对边疆日趋复杂的政治军事形势。

可任何一项政策都是一柄利害相间的双刃剑。其实胡人将领的升迁之路原本坎坷曲折，即使像阿史那社尔、契苾何力那样功勋卓著的胡人将领依旧受到汉族重臣的节制。朝廷空降的许多节度使原本是文官，既不懂边疆军事斗争形势，又缺乏军事指挥才能。"外行指挥内行"有时会极大影响军队的战斗力。很多中央官员到边疆任职不过是为了"镀镀金"，根本无心在边疆建功立业，同时地方重要官职都被朝廷空降官员把持着，广大中下级军官尤其是出身卑微的胡人将领的升迁之路无疑被严重堵塞了！

不过李林甫提出的一个建议却使得胡人将领的升迁之路陡然间变得豁然开朗。深知权力来之不易的李林甫觉得"出将入相"将会严重威胁自己的政治地位，他担心哪一天某个才华卓著的节度使会因得到玄宗皇帝特别的赏识而成为宰相，进而取代他的位置。为了将潜在威胁消弭于无形，李林甫向玄宗皇帝大胆建议提拔胡人将领以取代汉人将领，而这些胡人将领不可能对他的宰相之位构成实质性威胁。因为胡人将领文化水平普遍不高，并不具备执政能力。曾经盛行一时的"出将入相"在天宝年间渐渐销声匿迹了。

由于中央空降官员数量大幅萎缩，胡人迎来了一个千载难逢的黄金时期，一大批胡人将领得以脱颖而出，以至于安史之乱爆发前夕，在帝国十大节度使之中，居然有六个由胡人将领担任，帝国最为精锐的部队大都在这六大节度使掌控之下。

正是因为赶上了千载难逢的好时候，开元二十八年（公元740年），从军仅仅七年的安禄山便升任平卢兵马使，跻身帝国高级将领的行列。次年三月初九，安禄山加授特进，从此步入正二品官员的行列。

两年后的正月，玄宗皇帝决定弃用已经使用了二十九年的"开元"年号，改用"天宝"这个年号。史家总是习惯于将开元与盛世联系在一起，将天宝与危机联系在一起，实际上天宝危机却植根于开元末年的盛世之中。

志得意满的玄宗皇帝决定用变革来昭示新气象。他将天下的州改为郡，刺史改为太守。在这次改名风潮中，幽州改为范阳郡，幽州节度使也更名为范阳节度使。

在隋代之前，州为郡的上级行政区划。隋文帝杨坚废除郡，改州、郡、县三级制为州、县两级制。隋文帝的儿子隋炀帝杨广即位后却改州为郡。仅仅十二年后，隋帝国便灰飞烟灭。大唐建立后沿用州县制，可不知为什么，玄宗皇帝也要别出心裁地改州为郡。或许只是巧合，繁盛的大唐在这次改制十四年后也被推到了生与死的边缘。

玄宗皇帝还做出了一个对安禄山的仕途生涯影响深远的决定，将原本隶属范阳节度使的平卢军①、卢龙军②、渝关守捉、安东都护府等军事单位分拆出来，另行设立平卢节度使，而安禄山如愿以偿地成为首任平卢节度使兼柳城太守，押两蕃、渤海、黑水四府经略使，麾下军士数量达三万七千五百人。

刚过不惑之年的安禄山便已跻身十大节度使之列。当时大唐在北部边陲共设置了八位节度使。从东向西依次是平卢、范阳、河东③、朔方、陇右和河西。此外，设立于西域地区的北庭和安西两镇大致以天山为分界线。在西南地区设置剑南节度使，南部边陲设置岭南五府经略使。节度使的设置也反映了大唐"北重南轻"的军事格局，因为帝国最危险的敌人主要来自北方。

安禄山怀着一丝忐忑与兴奋前往都城长安面见李隆基谢恩。这是他与帝国皇帝的第一次会面。这次相谈甚欢的经历使得安禄山给玄宗皇帝留下了极好的印象，不久安禄山进位骠骑大将军（从一品）。骠骑大将军是武散官最高阶。

天宝九载（公元750年），安禄山兼任河北道采访处置使。玄宗皇帝将

---

① 驻扎在柳城郡，今辽宁省朝阳市。
② 驻扎在北平郡，今河北省卢龙县。
③ 今山西地区。

天下划分为十五道。河北道包括黄河以北、太行山以东的广大地区。这使安禄山可以借此插手河北道地方行政事务，安插亲信，排斥异己，为日后的叛乱进行筹划和部署。这也是安禄山发动叛乱后河北各郡县望风而降的重要原因。

这一年五月，安禄山受封东平郡王。节度使封王自唐朝建国以来还尚属首例。在唐朝开国功臣中，秦琼（字叔宝）和尉迟恭（字敬德）无疑是知名度最高的两员大将，被民间尊奉为门神。两人为了大唐开国出生入死，可他们不过才被封为国公，比郡王还要低一档。

误国的奸相

　　杨国忠，早年名叫杨钊。他的祖父杨友谅与杨贵妃的祖父杨志谦是亲兄弟，所以他只是杨贵妃的一个远房亲戚。

杨国忠家世系表

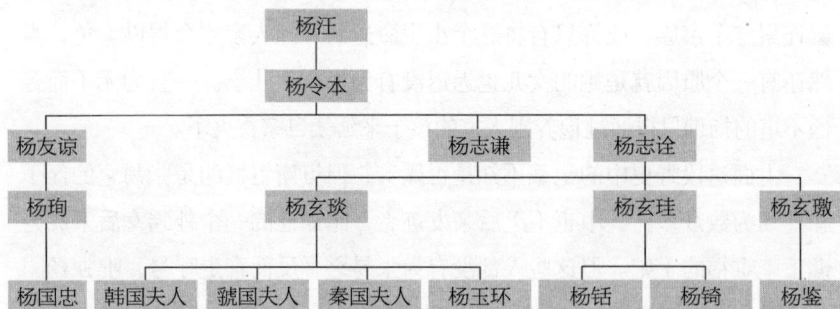

```
                        杨汪
                         │
                       杨令本
         ┌───────────────┼──────────────────┐
      杨友谅          杨志谦          杨志诠
         │               │                  │
       杨珣          杨玄琰        杨玄珪    杨玄璬
         │               │            │        │
   ┌─────┐  ┌──────┬──────┬──────┐  ┌─────┬─────┐
 杨国忠 韩国夫人 虢国夫人 秦国夫人 杨玉环  杨铦  杨锜  杨鉴
```

　　杨国忠出生于一个日渐没落的家庭，身上还有一个难以抹去的历史污点，那就是他与舅舅张易之不清不楚的关系！

　　"则天朝幸臣张易之，即（杨）国忠之舅也。"[①]让人感到不解的是同时受到武则天宠信的还有张易之的弟弟张昌宗，为什么不提张昌宗是他的舅舅，只提张易之呢？除了张易之之外，仅仅在史书上留下记载的张易之的兄弟就有张昌期、张昌仪、张同休、张景雄等好几个人。单从血缘关系上看，杨国忠同这些舅舅们的关系应该一样近，却不知为何他似乎与张

───────────────

① 《旧唐书·卷一百六·列传第五十六·杨国忠传》。

易之有着某种更为亲近的关系。

"杨国忠,太真妃之从祖兄,张易之之出也。"①

杨国忠姓杨,而张易之却姓张,这个"出"就显得太过耐人寻味了。而唐人郑审所撰《天宝故事》中有所记载,张易之、张昌宗兄弟是武则天晚年最宠信的情夫,将他们自己最宝贵的青春都奉献给了武则天。他们的母亲看在眼里,急在心里,担心张家会因此而断后。每当张易之从宫中回府后,他的母亲总会让女奴批珠上楼,然后悄悄地撤走梯子,给孤男寡女创造亲热的机会。久而久之,批珠便怀上了张易之的骨肉。虽然张易之的母亲终于了却了一桩心愿,但这个小生命却没有名分,于是张易之的母亲让自己的女儿抱养了这个孩子。

张易之的母亲如此做恐怕是出于对未来的担忧。随着武则天年事越来越高,张易之和张昌宗这两个男宠今后的命运可谓是凶多吉少,弄不好还会连累整个家族,或许只有将这个小生命送到外姓人家才会得以幸免,当然还有一个原因就是她的女儿也迟迟没有为杨家生儿子。一直为无子而苦恼不堪的杨珣只得通过抱养别人家的孩子来延续自家香火了。

上面这段野史中的记载不知是否属实,但毋庸置疑的是张易之的侄子和外甥为数众多,其中也不乏后来发迹者,比如他的一个外甥女后来成为谯王李重福的王妃。但这些人都没有为张易之平反而奔走呼号,唯独杨国忠不遗余力地这样做,可见杨国忠对张易之这个"舅舅"情有独钟!

杨国忠早年的生活其实并不如意,可谓是屡屡碰壁,饱受生活的折磨,饱尝人世的艰辛。

他的父亲杨珣虽然也是个当官的,但仅仅担任过左卫兵曹参军(正八品下阶)、宣州司士参军(从七品下阶)、杭州司士参军(从七品下阶)、元武县令这样并不起眼的小官,自然也就没有给杨国忠留下多少积蓄。杨珣在杨国忠十岁左右的时候就去世了,撇下了他们这对孤儿寡母艰难度日。

家道中落并没有激励杨国忠奋发图强,光耀门楣。我行我素的杨国忠自幼便对读书没有多少兴趣,而且行为放荡,很不检点,酷爱饮酒和赌

---

① 《新唐书·卷二百六·列传第一百三十一·外戚传》。

博，这就是一个沾染了恶习气的不良少年，无论是亲友还是近邻都很看不起他。

杨国忠到了而立之年仍旧没能有一块立锥之地，于是索性跑到剑南当兵去了，但他的从军生涯也不那么顺利，曾因得罪了上司益州①大都督府长史张宥而受到鞭打，不过他因在服役期间表现突出总算当了个小官新都县尉。

杨国忠究竟生于何时因缺乏史料一直是一个谜，但可以通过他早年的经历进行粗略的估算。张宥担任益州大都督府长史的时间很短，从开元二十七年（公元739年）八月到十一月也就三个月的时间。

杨国忠"年三十从蜀军"②，按照当时戍边士卒三年一更替的惯例，杨国忠退役时应该已经三十三岁了。开元二十六年的时候，鲜于仲通曾担任过新都县尉，不过干了仅仅二十多天就因那里的环境太过恶劣而称病辞职了。除了上县，其他的县仅设一名县尉，因此杨国忠担任新都县尉最有可能的时间就是开元二十七年左右，那么据此推算杨国忠应该生于景龙元年（公元707年），比杨贵妃大十二岁。

在唐代，广大中下级官员任期届满后需要等待朝廷重新分配工作，《循资格》颁布后，很多人还必须停选一段时间。那些赋闲在家的官员自然也就丧失了主要的生活来源。杨国忠任期届满后竟然穷困潦倒到连回家的盘缠都无法凑齐的地步，幸好得到当地富豪鲜于仲通的慷慨解囊才算暂时脱了困。

堂叔父杨玄琰在益州病故。杨国忠闻讯后赶忙跑过去帮着料理丧事。那时的杨贵妃对这个堂哥几乎没有什么印象。

在这个举家哀悼的日子里，色胆包天的杨国忠居然与自己的堂妹，也就是杨贵妃的三姐（即后来的虢国夫人）私通。此时的杨国忠绝对不会想到这次偷情居然会为他日后发迹偷出了一片新天地。

由于叔父家里人都忙着料理丧事，杨国忠还趁乱从叔父家中搜罗出大量财物，然后跑到赌场里开心地赌了一把，可是却输了个精光。自感颜面

---

① 治所在今四川省成都市。

② 《新唐书·卷二百六·列传第一百三十一·外戚传》。

无存的杨国忠只得逃走了，继续过着浑浑噩噩的日子。

后来，杨国忠调任扶风县尉，可是因为不得志而再次离职，又踏上了前往四川的路，而这一次巴蜀之旅却彻底改变了他的人生轨迹。

因为与当朝宰相李林甫不和，剑南节度使章仇兼琼急切地希望与日益得宠的杨贵妃攀上关系，从而为自己找到一座可以遮风挡雨的政治靠山，章仇兼琼派遣鲜于仲通负责此次公关活动。一筹莫展的鲜于仲通突然想到了杨贵妃的远房亲戚杨国忠，于是将杨国忠引荐给章仇兼琼。

初次见面，相貌伟岸而又善于言辞的杨国忠便迅速获得了章仇兼琼的赏识，当然章仇兼琼更看重的是他的背景。

天宝四载（公元745年）初冬时节，杨国忠携带价值百万的金银珠宝以春贡的名义进京拉关系，而这次京城之旅也将成为他命运的转折点。

杨国忠并没有冒失地去直接觐见如今已经身为贵妃的小堂妹，而是首先找到了自己的老相好，也就是杨贵妃的三姐。由于虢国夫人刚刚死了丈夫，两个人自然夜夜温存，日日笙歌。

在虢国夫人的引荐下，杨国忠如愿以偿地见到了"集三千宠爱于一身"的杨贵妃。杨国忠将自己此次携带的这些宝物一一分给了杨氏姐妹，杨氏姐妹自然格外关照自己的这个老堂兄。

章仇兼琼的投资终于有了回报，很快便进京担任户部尚书兼御史大夫。

虽然杨国忠攀上了杨贵妃这个高枝，但他却仅仅得到了金吾卫兵曹参军这样正八品下阶的小官，因为此时的玄宗皇帝对宠妃的这个远房亲戚还要好好考察一番。

杨国忠虽只是个微不足道的小官，却可以凭借贵妃娘家人的身份进宫服侍在玄宗皇帝的身边。这个宝贵的机会让李隆基发现了他身上的闪光点。

当时宫中盛行一种类似于现在掷色子的赌博游戏。嗜赌成性的杨国忠对于赌博再熟悉不过了，不过此时他还没有资格参与其中，只是负责在一旁记账，记录下每个人每次赢了多少，输了多少。玄宗皇帝查看杨国忠所记的账本时发现竟分毫不差，感觉他很有理财才能，于是命他在主管帝国财经事务的官员王鉷麾下担任判官。

玄宗皇帝晚年生活日益奢侈无度，国家财政不堪重负。王铁上任后使得国家收支状况大为改善，而杨国忠也跟随王铁步入事业的快速上升期。仅仅三年，他便升任给事中兼御史中丞，专判度支事，也就是专门负责财政收支事宜。

　　杨国忠的外戚身份无疑为他的飞黄腾达提供了一条捷径，但不容抹杀的是杨国忠的确具有一定的政治才华。无论是杨铦还是杨锜，与杨贵妃的关系都要比杨国忠亲近许多，可是两人却都没有杨国忠的官大，足见裙带关系只是敲门砖，而能力才是在官场上走得更远的关键因素。

　　天宝九载（公元750年），在杨国忠的一再请求之下，玄宗皇帝赐名"国忠"，他抛弃了使用几十年的旧名"杨钊"，而他也一跃成为仅次于宰相的帝国高级官员。

　　就在这一年，在吉温的鼓吹之下，雄心勃勃的杨国忠向权相李林甫发起了挑战。

　　李林甫的亲信御史中丞宋浑因犯贪污罪而被流放潮阳郡[①]，而李林甫对此竟然无计可施。他知道羽翼渐丰的杨国忠要开始夺权了！

　　天宝十一载（公元752年），杨国忠又将打击的矛头指向了曾经的上司王铁。王铁此时担任户部侍郎、御史大夫、京兆尹三大要职，还同时担任着二十多项使职。

　　王铁的弟弟参与了邢縡策划的叛乱。杨国忠一口咬定王铁也参与其中。玄宗对于杨国忠的话起初是半信半疑，觉得深受自己宠信的王铁并没有叛乱的动机，而且王铁还亲自参与了平定邢縡叛乱的军事行动。

　　犹豫不决的玄宗皇帝召集宰相商议。右相李林甫自然竭力为王铁辩护，可是左相陈希烈却坚称王铁肯定牵涉其中。犹豫不决的玄宗皇帝只得命陈希烈和杨国忠共同审理王铁谋逆案。其实此时玄宗皇帝的心中已经有了处置王铁的策略，只是在给李林甫一个台阶下而已。

　　审判的结果可想而知。王铁被莫须有的谋逆罪送上了黄泉路，杨国忠也成了最大的受益者。京兆尹以及二十多项使职落在了杨国忠的头上。杨

---

① 　治所在今广东省潮州市。

国忠与李林甫的争斗也变得明朗化和尖锐化。

李林甫不愧是政治斗争的高手和老手，一出手便让杨国忠领略到了他的厉害。

这年秋天，南诏屡次进犯唐朝边境。李林甫趁机上言，兼任剑南节度使的杨国忠应该赶赴前方指挥军事斗争。玄宗皇帝显然无法拒绝李林甫这个合情合理的提议。李林甫的真实用意自然是借机将杨国忠彻底排挤出朝廷。

临行前，杨国忠向玄宗皇帝哭诉自己的委屈和李林甫的阴险。杨贵妃也在一旁劝玄宗皇帝收回成命。

玄宗皇帝安慰道："爱卿只管前去，朕很快便会召爱卿入朝！"

玄宗皇帝的承诺给杨国忠带来一丝慰藉，但他只得带着无尽的惆怅前往曾经长期生活过的剑南，却不曾想局势居然会在如此短的时间内便发生如此之大的逆转。

当年十月，玄宗皇帝照例前往骊山华清宫避寒。年老体衰的李林甫自然在随行官员的行列之中，可是他的病情却迅速恶化。

鉴于李林甫病逝后留下的权力真空，玄宗皇帝急忙征召前往剑南任职的杨国忠迅速回朝。杨国忠见到玄宗皇帝派来的中使后大喜过望，策马扬鞭返回魂牵梦萦的长安。

此时的李林甫已经在华清宫附近的私人宅邸默默地等待着死神的来临。玄宗皇帝本想前往李林甫的宅邸探视，可他身边的人却说此时前去探视不祥。其实这些人不过是秉承杨贵妃的意旨，因为她担心李林甫在生命的最后时刻会做出对杨国忠乃至杨家人不利的事情。玄宗皇帝只得登上华清宫降圣阁遥望李林甫的宅邸，同时晃动着手中的红色丝巾。卧病在床的李林甫在家人的搀扶下拖着孱弱的身体勉强站了起来，遥望着华清宫方向隐隐闪现的红色，急忙命人代替他向着华清宫的方向参拜。

次日，杨国忠便以胜利者的姿态前来探视曾经势同水火的政敌李林甫。虽然杨国忠表面上流露出哀悯的神色，但心中窃喜。

自知将在不久告别人世的李林甫流着泪托付后事，悲凉地说："我将不久于人世，宰相之位非你莫属，身后之事有劳你了！"

此时的杨国忠却紧张得汗流满面，因为他不知道这位执掌朝纲近二十年的政治强人接下来将会对他做些什么！

这足见李林甫这位政治强人在行将就木时仍旧有着相当大的政治威慑力，也反映出两人的政治操控能力实在相差甚远。

这次会面不久，一代奸相李林甫便永远地闭上了双眼。他死后仅仅五天，杨国忠便接替他出任右相。

李林甫临终之际的政治哀求并没有唤起杨国忠的恻隐之心，反而激发了他的报复之心。政治斗争永远不相信眼泪！

杨国忠诬陷李林甫曾与叛将阿布思约为父子，意欲谋反。老练的玄宗皇帝当然不会轻信杨国忠的一面之词，可他后来却不得不信。

李林甫的女婿杨齐宣是一个见风使舵的小人，为了免受政治牵连而不惜对刚刚去世的岳父落井下石。

信以为真的玄宗皇帝下诏斥责尸骨未寒的李林甫，而且追夺赐予他的所有官爵，最终以庶人的礼仪下葬。曾经权势显赫的李林甫没有想到死后居然会身败名裂。

"安禄山以李林甫狡猾逾己，故畏服之。及杨国忠为相，禄山视之蔑如也，由是有隙。"[①]

老辣的李林甫能够镇得住安禄山，但继任者杨国忠却没有李林甫那般高超的政治手腕。

攀登到权力巅峰的杨国忠开始谋划着属于自己的权力版图，而深受恩宠的安禄山自然成为他的眼中钉、肉中刺！

虽然杨国忠将打击目标瞄准了安禄山，但他却并不急于与安禄山撕破脸。

杨国忠推荐安禄山的心腹吉温为御史中丞，充京畿内采访处置使，与此同时杨国忠安插自己的亲信杨光翙担任太原尹。太原府可是整个河东道的统治中心，这使安禄山通过吉温控制河东镇的阴谋彻底破产了，但杨光翙最终的人生际遇却让人唏嘘不已！

---

① 《资治通鉴·卷二百一十六》。

叛乱的准备

对付武将最有效的手段便是诬陷他谋反，而杨国忠也毫不例外地使出了这招撒手锏！

在开元、天宝四十几年间，玄宗皇帝先后任命了八十二名节度使，仅有一人，也就是北庭节度使刘涣曾发动过叛乱，但他所发动的叛乱当月便被朝廷镇压下去。这场短暂的叛乱对政局的影响可谓微乎其微，以至于史书对此事只字片语，仿佛这场叛乱从来没有发生过似的。

节度使发生叛乱少，主要得益于朝廷实行了一套行之有效的管理方法，形成了不久任、不遥领、不兼统的用人原则，而且"边帅皆用忠厚名臣"[①]。

节度使任期一般为四年，而且许多节度使根本等不到任期届满便予以迁转。"不久任"使得节度使没有充足的时间培育忠于自己的军事势力。玄宗皇帝执政后期因为军事斗争的需要逐渐突破了"不久任"原则，安禄山连续担任平卢节度使竟然长达十四年之久。

专任一道而互不兼统也使节度使无法培育起可以与朝廷相对抗的军事势力。但为了便于协同作战，玄宗皇帝后来却常常打破不兼统的原则。王忠嗣甚至曾一度兼统陇右、河西、朔方、河东四道节度使。尽管如此，兼统两镇及以上的节度使人数仅占节度使总数的九分之一，而且兼统时间一般都在三年以下。只有安禄山兼任平卢、范阳两镇节度使达十二年之久，兼任平卢、范阳、河东三镇节度使也有四年多的时间。

---

① 《资治通鉴·卷二百一十六》。

玄宗皇帝之所以甘愿为了安禄山而打破长期以来形成的用人原则是因为他被安禄山的假忠诚所蒙蔽了。他觉得自己给予安禄山这个出身卑微的胡人至高无上的殊荣，安禄山根本就没有理由背叛自己。但安禄山却在暗中蠢蠢欲动。

　　将士方面，安禄山兼任范阳、平卢、河东三镇节度使。三镇管辖近二十万精兵，军队数量竟然占到大唐整个边防部队总数的百分之四十。这对于大唐而言是极其危险的！

　　安禄山依靠职务便利和个人魅力汇聚了一大批谋臣武将。高尚、严庄和张通儒成为安禄山的高级智囊。孙孝哲、史思明、安守忠、李归仁、蔡希德、牛庭玠、向润客、李庭望、崔乾祐、尹子奇、何千年、武令珣、能元皓、田承嗣、田乾真、阿史那承庆成为安禄山的心腹将领。

　　安禄山还收养归降的同罗、奚、契丹等三个少数民族的八千勇士为养子，号称"曳落河"，其实就是壮士的意思。这八千"曳落河"日后成了所向披靡的先锋。安禄山还在家奴中挑选数百名善于射箭的人严加训练。

　　武器方面，以抵御契丹进攻为名，安禄山在范阳城北侧筑起雄武城，用以储藏兵器和军粮。

　　马匹方面，马匹是最为重要的作战工具和运输工具。河北位于中原农耕文明与塞外游牧文明的交会处。安禄山通过边境贸易囤积了大量马匹，光品种优良的单于、护真大马便达三万多匹。安禄山后来兼任闲厩、陇右群牧使，趁机又搜罗了一大批优质马匹装备自己的部队。

　　军费方面，虽然安禄山兼任度支使、营田使、陆运使以及转运使等名目繁多的经济使职，但安史之乱前的节度使们却并没有真正独立的财权。当时的军费来源分为自筹和划拨两种方式。朝廷划拨给各大军区的军费主要包括衣赐和军粮两部分。关于军粮的数据不完整而且不同史书的记载差异较大，所以并不具备分析比较的价值，现只比较一下各镇衣赐数值。

唐帝国各大军区衣赐分布图

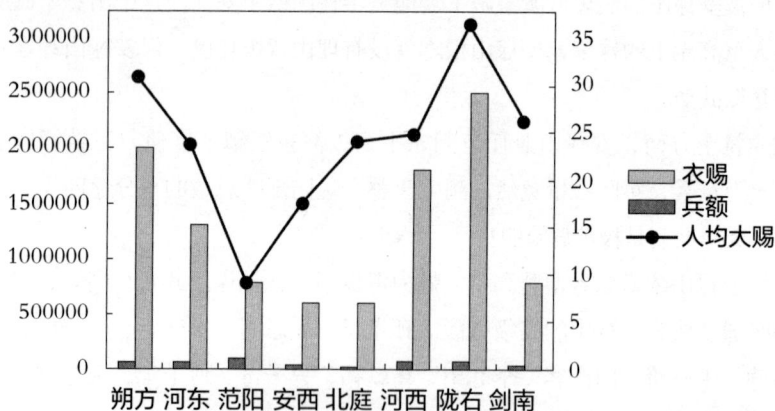

各镇人均衣赐数值相差悬殊。虽然帝国各地的军费执行标准略有差异，但是却有一个相对统一的标准，也就是史书中屡屡提及的"以长行旨为准"，可是范阳人均衣赐数值却明显低于其他军区。

这其实说明了一个鲜为人知但却极为重要的问题，那就是范阳镇自筹军费在整个军费开支中占有很大比例，对于中央拨款的依赖程度自然比其他镇要低。自筹军费主要来自营田和地租收入，而安禄山完全可以自由支配这笔巨额收入，范阳镇的军队离开中央财政支持仍旧可以独立生存下去。

这与当地的经济发展水平是密切相关的。天宝时期，河北道的户数占全国总户数的16.57%，而人口更是占到全国总人口的20.09%，在整个帝国十五道中位居第一位。古代一般用人口来衡量当地的经济发展水平，劳动力密集型产业在帝国经济体系中占据绝对主体地位。河北道的经济总量在整个大唐内定然是首屈一指的！

两个汉人的推波助澜使得安禄山在反叛这条不归路上越走越远。一个是掌书记高尚，负责"典笺奏"，职责相当于机要秘书。一个是孔目官严庄，负责"治簿书"，职责相当于办公室主任。

高尚不得志时曾仰天长叹："宁可轰轰烈烈地死，也决不窝窝囊囊地活！"在高力士的推荐下，高尚才当上了左领军仓曹参军这么一个小官，开启了自己的仕途生涯。后来，高力士又将他推荐给时任平卢节度使的安禄山。高尚摇身一变成为平卢掌书记。

身材肥硕的安禄山特别喜欢睡觉，每当他呼呼大睡的时候，高尚总是通宵达旦地拿着纸笔守候在他的床边。他不仅要忍受瞌睡的袭扰、长夜的孤寂，更要忍受安禄山震天动地的呼噜声。

高尚的付出终于收获了回报，安禄山将他视为自己的铁杆心腹。高尚想要成为开国元勋，而这一切的前提便是安禄山要成为皇帝，可此时的安禄山却陷入了痛苦的抉择和无限的彷徨之中，因为一旦踏上反叛之路，也就意味着要失去眼前的一切，甚至包括自己的身家性命。

成功说服安禄山绝对不是一件容易的事情，可是高尚却并不气馁！

势单力孤的高尚决定寻找同盟者。严庄最终进入了他的视野，野心勃勃的严庄同样不甘心安于现状。两人最终一拍即合，于是精心炮制了图谶，以至于安禄山隐隐有些动心了！

长期生活在边陲的安禄山来到都城长安后才知道什么是真正的繁华，也激发了他强大的占有欲。他屡次往来于京城与范阳也发觉内地防守空虚，而这无疑也助长了他的占有欲。

泱泱大唐怎会防守如此松散呢？这是因为府兵制的崩溃使得原有的军事格局悄然发生了改变。大唐建立之初沿用"兵民合一"的府兵制。府兵的特点是"我是一个兵也是老百姓"。他们平时在田间劳作，农闲时在折冲府训练，轮番承担番上等日常军事任务和征行、差遣等临时军事任务，当然也有主要负责训练的兵户。

全盛时期，大唐共有633（一说634）个折冲府，京城长安所在的关内道就拥有288个之多，占到全国军府总数的45.5%。手握重兵的十二卫不仅要保卫京城安全，还会出征维护边疆稳定，也可以镇压各地叛乱。

太宗时期是府兵制最后的辉煌，从此之后，府兵制逐渐走向没落。这是因为府兵制赖以生存的经济基础均田制逐渐走向瓦解。

隋朝末年，天下大乱，生灵涂炭，民不聊生，田地荒芜。大唐开国后将土地无偿分配给农民，适龄的男丁要强制性服兵役。随着土地兼并加剧，农民手中的土地逐渐集中到豪强地主手中，再也负担不起沉重兵役的兵户开始纷纷逃亡。折冲府的兵员逐渐缩减，曾经辉煌一时的南衙十二卫自然也就风光不再。

在府兵制逐渐走向衰落的同时，边疆军事斗争却日趋激烈。为了稳定边疆局势，职业化的募兵逐渐取代府兵成为边防军的主体，而京城和内地却并没有迅速填补府兵衰落后遗留下来的军事真空。

广大内地郡县只有在战略要地才会有正规军驻扎，而大多数郡县仅仅拥有一定数量的郡兵，主要是团练兵，类似于今天的武警部队或者预备役部队。

大唐军事格局由"内重外轻"逐渐变为"外重内轻"。帝国最精锐的部队基本上都集中到边疆节度使的手中。

在安禄山的眼中，北衙禁军不过是些花拳绣腿之辈，除了参与过几场军事政变外并没有什么实战经验；日渐衰落的南衙禁军早已是今非昔比；那些只能守城的团练兵更是一帮乌合之众。

安禄山之所以冒险走上反叛之路最重要的原因是为自己的后半生早做打算，否则别说享受荣华富贵，就是恐连性命都难保。这些年来，他不遗余力地逢迎玄宗皇帝，巴结权相李林甫，招致太子李亨的嫉恨和新任宰相杨国忠的不满。一旦年事已高的玄宗皇帝驾崩，他很可能会沦为权力更迭的祭品。

其实良心未泯的安禄山本想在玄宗皇帝去世后再发动叛乱，可随着他与杨国忠的矛盾日趋尖锐，安禄山不得不加快了叛乱的步伐！

为了彻底击溃政治对手，杨国忠向玄宗皇帝进言："陛下征召安禄山进京，如若他肯来，说明他对朝廷忠心不二；如若他不肯来，说明他肯定心里有鬼。"

犹豫不决的玄宗皇帝最终还是同意了杨国忠的建议。面对玄宗皇帝的征召，进退维谷的安禄山陷入了巨大的彷徨之中！

叛乱准备工作正在紧锣密鼓地进行之中，此时的安禄山还不敢过早地与朝廷决裂，可一旦要是到了凶险莫测的京城，岂不是会沦为任人宰割的羔羊？

去还是不去？这可是一个性命攸关的重大抉择。安禄山安插在京城的卧底吉温给他提供了一条重要情报：这只是一个考验，而不是一场阴谋！

经过一番激烈的心理挣扎，安禄山最终决定冒险一搏，觉得凭借玄宗皇帝对他的良好印象以及自己高超的演技肯定能逢凶化吉。

天宝十三载（公元754年）正月初四，风尘仆仆的安禄山来到骊山华清宫。他的到来无疑使得杨国忠的预言彻底破灭了！

安禄山跪在地上，泪流满面地对玄宗皇帝说："微臣是个胡人，也不认识什么字。承蒙陛下不嫌弃我，委以重任，可这却招致杨国忠的嫉妒。他不把微臣置于死地是绝不肯善罢甘休啊！"

安禄山打出的悲情牌果然收到了预期效果，玄宗皇帝自然好言劝慰一番，还对他加官晋爵，大肆封赏。

玄宗皇帝愧疚的神情让先前还有几分恐惧的安禄山彻底释然了，不过他却并没有见好就收，而是决意趁机敲起了竹杠。

安禄山请求担任闲厩、陇右群牧使。这个官相当于国家牧马场场长。在古代，马匹具有极大的军事价值。玄宗皇帝想都没想就欣然应允了，而这些战马最终却成了安禄山摧毁大唐的利器！

安禄山还恳请玄宗皇帝将自己麾下五百名将领全都提升为将军，两千名将领提升为中郎将，玄宗皇帝也都同意了，而这些军官即将成为安禄山摧毁大唐的帮凶！

心满意足的安禄山知道自己该走了，不过他能否全身而退还是一个未知数。虽然安禄山此时犹如惊弓之鸟，但表面上他却竭力掩饰着内心的惶恐与不安。好在那些担心都是多余的，他最终如愿以偿地回到了自己的老巢范阳。

颜面尽失的杨国忠却仍旧不肯善罢甘休，既然正面强攻不能奏效，那么就从侧面迂回！

安禄山的亲信吉温因受贿罪败露而被贬为澧阳长史，再贬为端州要高县县尉。杨国忠将吉温赶出京城犹如刺瞎了安禄山的一只眼睛，安禄山无论如何也不能坐视不管，他急忙上书玄宗皇帝为吉温鸣冤。和事佬玄宗皇帝只得和起稀泥。安禄山却认为这实际上是玄宗皇帝在偏袒和纵容杨国忠。

随着吉温的死，杨国忠与安禄山的关系也降到了冰点，杨国忠甚至产生了逼迫安禄山造反的险恶想法。

杨国忠授意京兆尹包围安禄山在长安的宅邸，大肆搜罗安禄山谋反的证据。其实杨国忠也知道诡计多端的安禄山绝对不会愚蠢到在长安宅邸内留下叛乱的证据。他这么做只是希望做到敲山震虎的效果。搜查人员最终逮捕了安禄山的门客李超等人，送往御史台缢杀。

杨国忠的步步紧逼无疑极大地加速了安禄山反叛的进程，这虽然使在与安禄山的对抗中屡屡受挫的杨国忠暂时获得心理上的安慰，最终他却是自食恶果，而陪葬的却是大唐的繁华盛世！

第二章 安史之乱

734
907

狂飙突进的叛军

大唐这朵在历史的百花园中最为瑰丽的花朵注定要在这个寒冷的冬日里黯然凋落，即使幸运地躲过了凛冽的寒冬，却再也无法像之前那样妖艳，那样迷人！

天宝十四载（公元755年）十月，玄宗仍旧像往常一样领着杨贵妃前往骊山避寒，在温暖的泉水中享受着最后的幸福时光。

做了四十余年太平天子的玄宗皇帝即将迎来一段不太平的岁月，而享受了十年荣华富贵的杨贵妃也即将走到生命的尽头。

此时的安禄山正征召各位将领议事，而这些将领们不会想到从他们跨入帅帐的那一刻起人生轨迹连同历史进程都将偏离原来的轨道。

安禄山将圣旨高高地举过头顶，铿锵有力地说："如今得到皇上密旨，令本帅率兵入朝讨伐奸贼杨国忠。诸君从速起兵！"

会场里静得可以听得到心跳。将领们惊愕得面面相觑，却没人敢多说一句话。

十一月初九清晨，范阳城外校军场内旌旗招展，鼓声如雷，战马嘶鸣，军士众多。整装待发的十五万大军即将给予和平日久的大唐致命一击。

这是一支由汉族、同罗、奚、契丹、室韦等不同民族组成的多民族部队，也是一支长期经受战争洗礼的精锐之师。

安禄山用力拔出自己的佩刀。一缕朝霞映照在锋利的刀刃上，闪着慑人的寒光。他将佩刀高高地举过头顶，大声喊道："诛杀杨国忠，清君侧！"

安禄山打着"清君侧"的名号无疑可以在很大程度上迷惑百姓，最大限度地争取同盟者和支持者，因为奸相杨国忠的误国早已惹得民怨沸腾。

安禄山命范阳节度副使贾循镇守范阳，平卢节度副使吕知诲守卫平卢。两人留守后方，接应粮草。大同军使高秀岩镇守大同，牵制河东军。

踏上南征之路的安禄山为吉凶未卜的前途感到一丝忧虑。虽然他为这次叛乱进行了精心的准备和周密的部署，可他也知道自己面前的这条路绝不会平坦，而且从迈出第一步起便再也无法回头。

一个隐忧一直在安禄山的心头挥之不去，他兼任河东节度使的时间并不长，还不能像控制范阳和平卢那样彻底控制河东镇。

在这个生死攸关的关键时刻，河东镇所属部队也发生了严重分化。大同军使高秀岩等将领坚定地站在安禄山一边，但更多的河东将领却陷入左右摇摆之中，或者索性站在安禄山的对立面。

为了解除南下的后顾之忧，安禄山派遣大将何千年、高邈率领二十名奚族骑兵疾驰向河东节度使驻地太原府，以进献射生手（即神箭手）为名生擒北京①副留守、太原尹杨光翙。虽然这次军事长途奔袭收获奇效，可代价也是巨大的，因为这么做无疑过早地暴露了叛变的意图。

太原守军急忙将安禄山叛乱的消息飞报京城。玄宗皇帝此时仍固执地认为这肯定是与安禄山不和的人又在故意诋毁他，这些年来关于安禄山造反的情报一直铺天盖地，这让玄宗皇帝丧失了足够的警惕。

十一月十五日，确凿无疑的军事情报摆在李隆基面前，使他不得不接受这个让他一时间难以接受的严酷现实。李隆基急匆匆返回长安后立即斩杀了一直被留在长安充当人质的安禄山长子安庆宗。李隆基这么做除了宣泄心中的愤懑外毫无益处，只会激起安禄山对李隆基以及唐帝国更深的仇恨。

此时的安禄山坐在舆车上，在十五万精锐部队的簇拥下一路向南，烟尘千里，鼓噪震地。

---

① 唐以唐高祖李渊起兵之地太原为北京。

河北地区的官员百姓们已经在和平之光的沐浴下平静地生活了一百余年，这场突如其来的叛乱让他们感到惶恐不安和措手不及。很多郡县的武器库内的兵器与盔甲因年深日久而锈蚀不堪，战士们只得拿起木棒迎敌。

兵临城下之际，大唐的那些郡守和县令们知道自己必须做出抉择，此时的安禄山再也不是大唐河北道采访使，而他率领的那支所向披靡的军队也从帝国的守护者蜕变为帝国的毁灭者！

郡守们和县令们只有三个选择，要么开城投降，要么弃城逃走，要么力战身死。

面对这个关乎帝国存亡和个人生死的重大抉择，绝大多数人选择了投降，因为抵抗意味着死亡！

安禄山心急如焚地率军奔向常山郡①。常山郡背靠巍峨的太行山，面朝平坦的大平原。横亘绵延的太行山将河东与河北地区分隔开。穿梭于太行崇山峻岭间的狭长的井陉道成为连接两大地理区域的交通要道。

井陉道东接常山郡辖区内的土门关②，西接太原府所辖的故关③。军事要地土门早在战国时代便被称为"天下九塞之一"。战国时代秦国名将王翦攻打赵国，西汉名将韩信进军赵地，北魏讨伐后燕都从这里出兵。

只有将土门关牢牢地控制在自己的手中，安禄山才可以放心地南下逐鹿中原，争夺天下。只有控制了常山郡才可以"扼住命运的咽喉"。

安禄山那颗悬着的心终于落了下来。常山太守颜杲卿、常山长史袁履谦像往常一样在路边恭候着他的到来，仿佛他仍旧是大唐的河北道采访使。

欣喜不已的安禄山当即赐给颜杲卿紫袍，赐给袁履谦绯袍。唐代对于官服颜色有着严格规定，只有三品以上的官员才可以身着紫色官服，只有五品以上的官员才能身着绯色官服，俗语"红得发紫"就是这么来的。

安禄山留下养子李钦凑率领七千兵士驻守军事要地土门关，然后继续

---

① 治所今河北省正定县。

② 位于今河北省井陉县北井陉山上。

③ 位于今山西省平定县东九十里的旧关，又称故关。

向南疾驰而去。

望着远去的安禄山，颜杲卿指着安禄山所赐的衣服对袁履谦意味深长地说："难道阁下果真想穿上它吗？"

袁履谦自然知道颜杲卿话中的深意。一场让安禄山心惊肉跳的事变随即便开始酝酿着，但此时的他对此却全然不知。

日趋乐观的战场形势赶走了埋藏在安禄山心底深处的那丝不安，他忽然觉得自己所率的这支铁流似乎代表着历史的潮流，颇有些"顺我者昌，逆我者亡"的意味。在他看来，投降或许是对手唯一的选择。

垂暮的玄宗皇帝早就到了该坐享天伦之乐的时候，却不得不面对人生中最严峻的一次考验！

忧心忡忡的玄宗皇帝立即在华清宫召见宰相商议对策。杨国忠听到安禄山叛乱后居然"多自得之色"[1]，觉得自己终于可以在玄宗面前扬眉吐气了。不过此时他对形势的判断却过于乐观了，他觉得那些将士们并不会死心塌地追随安禄山，觉得这场叛乱将会"不血刃而定矣"[2]，可让他万万没有想到的是这场叛乱居然持续了八年之久！

此时的玄宗皇帝还沉浸在叛乱可以迅速平定的不切实际的幻觉之中。自从大唐建国以来，所有的军事叛乱无论最初是多么轰轰烈烈，最终都摆脱不了昙花一现的命运！

鉴于河北地区快速沦陷的不利局面，玄宗皇帝主要在两个方向进行军事部署：一个是河东地区，一个是河南地区[3]。

为了填充杨光翙死后河东地区出现的权力真空，唐玄宗任命右羽林军大将军王承业为太原尹、右金吾大将军程千里为上党郡长史，还诏令新任朔方节度使郭子仪率领朔方军向静边军城附近进军。他想要在河东地区构筑起王承业、郭子仪与程千里三点一线的防御体系。

其实叛军在河东地区以防御为主，那里基本上也没有爆发什么惨烈的

---

① 〔唐〕姚汝能著《安禄山事迹》。
② 〔唐〕姚汝能著《安禄山事迹》。
③ 今河南、山东两省黄河以南区域。

战事，而河北与河南地区才是叛军进攻的重点。

叛军在河北地区基本上没有遇到什么实质性的抵抗。黄河天险无疑成了阻挡叛军南下的唯一屏障。唐玄宗希望叛军能够被成功地迟滞在黄河之北，从而为他调集军队赢得足够的时间。

唐玄宗马不停蹄地构筑着大唐的防线，任命卫尉卿张介然为河南节度使，驻守陈留郡①。这是节度使首次由边疆地区延伸到内地，从此之后，大江南北广泛设置节度使，而曾经繁盛的大唐也最终亡于宣武节度使朱温之手！

正当玄宗为缺兵少将而一筹莫展之际，安西节度使兼北庭节度使封常清恰巧进京面圣。

望着日渐憔悴的玄宗，封常清自告奋勇地说："臣恳请前往东京洛阳，打开府库，招募壮士，不出几日便可将安禄山的首级献给陛下。"封常清因为这番不切实际的大话与空话而饱受史学家的批判，但只要分析一下当时紧迫的形势便会得出另外一种解读。

作为一位驰骋沙场几十年的老将和一位威震西域的名将，封常清之所以故意将原本已经十分严峻的形势说得如此乐观，实际上是想要增强帝国统治者玄宗皇帝的信心。一旦连唐玄宗都变得灰心丧气，那么这场战争就彻底失去了希望。

唐玄宗随即任命封常清为范阳、平卢节度使，令其即刻赶赴洛阳，打开府库，招募新兵，准备迎击叛军。但封常清麾下精兵如今全都远在西域，此时的封常清便犹如一只被拔掉牙齿的猛虎，可是他却仍旧义无反顾地肩负起保卫东都洛阳的重任，明知不可为而为之。

唐玄宗还任命荣王李琬为元帅，右金吾大将军高仙芝为副元帅，统率京城守军以及临时招募的五万余人进驻陕郡②。唐玄宗利用张介然、封常清与高仙芝三人在河南地区仓促间从东向西构建起了三道防线。

---

① 治所在今河南省开封市。
② 治所在今河南省三门峡市。

封常清真切地感受到了时间的紧迫。他日夜兼程赶到洛阳，在十日内便临时招募了新兵六万余人，其中有在田间耕作的农民，有走街串巷的商贩，有精通手艺的手工业者，也有无所事事的街头小混混。他随即下令拆毁位于洛阳以北架设在黄河之上的河阳桥[①]，企图阻止叛军从北面进攻洛阳。

安禄山的部队很快便抵达黄河岸边，而黄河也成为唯一可以稍稍阻挡叛军南下步伐的屏障，但在大唐生死攸关之际，上天手中的天平却再度偏向了安禄山。

正当叛军广泛征集船只和草木准备横渡黄河之际，一夜之间，"千里冰封，万里雪飘"。寒冷的天气竟然使得"天堑变通途"。叛军挥舞着马鞭在冰面上疾驰，再也没有什么可以阻挡这支锐不可当的部队前进的步伐了。

十二月初二，叛军成功地渡过黄河，此时一望无垠的中原大地成为他们肆意纵横驰骋的舞台，兵锋直指陈留郡。到任才不过区区数日的河南节度使张介然不得不匆忙地投入战斗。当然这场战斗的胜负早就没有了任何悬念，唯一的悬念便是张介然到底能够坚持多久！

面对着叛军疯狂的进攻，张介然率部顽强抵抗，但堡垒却最容易从内部攻破。在生与死的瞬间，一切的信仰与忠诚都变得那么脆弱不堪。陈留郡太守郭纳居然偷偷打开城门，为自己打开了一扇继续苟且活下去的门。

叛军如同潮水般向着东都洛阳杀去。封常清虽是当朝名将，可他手中的兵却都是临时招募的乌合之众，在叛军铁蹄的冲击之下屡败屡战。封常清自知洛阳定然守不住了，于是命人推倒禁苑的西墙，砍伐大树横在路中央，然后仓皇向西撤走，前往陕郡投奔自己的老上司高仙芝。

十二月十二日，洛阳失守了。繁华的东京城一时间生灵涂炭。无数叛军士兵如潮水般涌入城中。一场前所未有的浩劫使得这座繁华的国际大都市刹那间便成了人间地狱！

随着封常清的到来，陕郡的气氛骤然间变得紧张。高仙芝没有想到洛

---

① 在今河南省孟州西南。

阳这么快就沦陷了。"贼锋不可当"是封常清经过这场激战得出的血的教训，无险可守的陕郡必定难以抵挡叛军的攻势。关中平原的门户潼关此时还毫无防备，如若叛军绕过陕郡，突袭潼关，则长安危矣！

封常清精辟而又独到的分析最终说服了老领导高仙芝，这无疑是当前危急形势下最好的选择，可无缘无故后撤数百里，一旦激怒了玄宗皇帝，后果将会不堪设想！

经过一番痛苦的抉择，高仙芝最终还是采纳了封常清的建议，因为帝国的存亡如今全都系于潼关一身，只有这座雄关才可以阻挡住叛军进攻的步伐。

在撤退的关键时刻，身经百战的高仙芝竟有些胆怯了。正是因为他的胆怯，这场本应是有组织的撤退，竟然演变为无秩序的溃退。

其实安禄山的部队攻占洛阳后便进行了短暂的休整，只是派出小股部队继续追击溃逃的唐军，但就是这一小股人马的突然出现依然使得惊恐到极点的唐军迅速陷入混乱。数不胜数的士卒并没有死在敌人的刀剑之下，反而死于战友间的相互踩踏。

此前，唐玄宗曾下诏：除必须留守城堡的守备部队外，朔方、河西、陇右三镇所有能够调动的将士在二十日内赶到指定集结地点。由于征调的援军还没有赶到，高仙芝与封常清的到来无疑使当下防守空虚的潼关的军事力量得到空前的加强。

正如封常清所料，叛军大将崔乾祐很快便率军杀到了潼关城下。这座"一夫当关，万夫难开"的雄关让所向披靡的叛军无奈地停下了脚步。正是封常清正确而又及时的主张将命悬一线的大唐从崩溃的边缘拉了回来，可玄宗皇帝却并不这么想！

三道精心构筑的防线竟然在十天之内便土崩瓦解了，在最需要冷静的时候，他却被愤怒冲昏了头脑。

十二月十八日，边令诚携带圣旨悄然返回潼关，封常清和高仙芝这两位身经百战的名将却被玄宗皇帝亲手送上了断头台，不过他很快便品尝到了无将可用的苦果！

稍纵即逝的战机

面对河北各郡县快速陷落的无奈现实，已到迟暮的玄宗皇帝不禁发出了满是悲凉的感慨："（河北）二十四郡，曾无一人义士邪！"[1]

其实平原[2]太守颜真卿早就察觉到了安禄山的异动。他虽不是第一个说安禄山要谋反的人，却是第一个为随时可能发生的叛乱而进行准备的人。未雨绸缪的他下令疏浚壕沟，加固城池，招募壮丁，储备粮草。

安禄山对颜真卿在自己眼皮底下所做的这一切竟然没有丝毫的察觉，因为身经百战的安禄山并没有把一介书生颜真卿放在眼里，而他注定要为自己的疏忽大意而付出代价。

安禄山发动叛乱后令颜真卿率领七千人防守黄河渡口。接到这个颇为反常的命令后，颜真卿知道安禄山果真要反了，急忙派遣手下官员从小道前往长安，而他则马不停蹄地招募勇士，十天就招募了一万余人。

安禄山起兵之际，颜真卿泪流满面，痛不欲生。深受感染的将士们下定决心要追随自己的主帅同生共死！

颜真卿派遣自己的外甥卢逖携带一封亲笔书信前往常山郡，邀请远房堂兄颜杲卿共举大事。

颜杲卿以安禄山的名义征召叛军将领李钦凑前来议事，然后趁机将其斩杀，并迅速传檄河北大地，声称二十万唐军已经从土门关进入河北。为了将戏演得更为逼真，他还派出一百名骑兵，每匹马的尾巴上都挂着树枝，然后向南方疾驰而去，卷起漫天灰尘，故意制造朝廷大军已经抵达的

---

[1]　《资治通鉴·卷二百十七》。

[2]　治所今山东省陵县。

假象。

河北各地军民纷纷揭竿而起，斩杀安禄山任命的伪刺史，把首级送到了常山郡。在河北二十四郡中，叛军真正能够控制的不过是河北北部的范阳、卢龙、密云、渔阳、汲郡、邺郡①等六郡而已。

大喜过望的李隆基任命颜杲卿为卫尉卿兼御史大夫，颜杲卿却即将迎来人生中最后一次，也是最为华丽的一次战斗！

颜杲卿希望太原尹王承业能够在自己危难之际伸出援手，可是望眼欲穿的颜杲卿却始终见不到一兵一卒，心中残存的那丝希望最终还是破灭了。

公元756年正月初一，安禄山在洛阳登基称帝，自称雄武皇帝，国号大燕，以洛阳为都城，以范阳为东都。当洛阳呈现一片欢乐祥和之际，孤立无援的常山郡却充满了血腥和杀戮。

其实只要再坚持半个月。颜杲卿翘首以盼的唐军便会赶来，到了那时河北地区的形势也将会发生重大而又可喜的变化。可面对凶悍的叛军，哪怕多坚持一天都是一种奢望。

经过六天血战，饮水没了，粮食没了，弓箭也没了。

至德元载（公元756年）正月上旬，这个本应是阖家团圆、共度佳节的美好时间，惨烈的战争却将一切的美好都践踏得粉碎。

城破了！颜杲卿被俘了！

叛军将领无所不用其极地逼迫颜杲卿投降，但颜杲卿在死亡威胁面前却毫无惧色，最终慷慨赴死。

渐成燎原之势的星星之火被叛军的铁蹄无情地扑灭了，但每每到了帝国生死存亡的关键时刻，总会出现挽狂澜于既倒的大英雄！

在此风云际会之际，陇右镇、河西镇、朔方镇、河东镇都有机会出现大唐的拯救者，但经过一番血与火的考验，只有朔方镇的将领抓住了这个千载难逢的机会。在战火中迅速成长起来的"中兴三将"李光弼、郭子

---

① 治所今河南省安阳市。

仪、仆固怀恩均出自朔方。

安史之乱的烽火刚刚燃起，朝廷派来的使臣便急匆匆来到朔方节度使的驻地灵武郡[①]，宣布一个重大决定，由朔方右兵马使郭子仪接任节度使。此时的郭子仪已经五十九岁了，如果按照原来的人生轨迹，他将在平静中度过自己的余生，可是突然爆发的战争却彻底打破了他宁静的生活。

玄宗皇帝之所以没有提拔曾经担任过节度副使的李光弼，很大程度上是因为他是契丹人，而安禄山的叛乱使玄宗皇帝已经对胡人将领起了戒备之心。论政治智慧和为官之道，李光弼不如郭子仪；若论军事才华和作战能力，李光弼却比郭子仪略胜一筹，被誉为"中兴武功第一"。

郭子仪默默注视着连接关内道与河东道的战略枢纽静边军城。为了防御突厥与回纥的袭扰，王忠嗣担任河东节度使时曾经主持修建了静边军城，从此静边军城便成为拱卫河东地区的西部桥头堡。静边军城的残垣断壁至今仍旧矗立在山西省西北部右玉县右卫镇，家喻户晓的西口（即杀虎口）便位于右玉县。

叛乱爆发时，大夏县[②]县丞苏日荣突然在静边军城现身，广泛结交当地的豪侠义士，准备干一番大事。挥师东进的朔方军兵临城下。苏日荣苦苦等待的机会终于来到了！

在夜色的掩映下，苏日荣领着这帮哥们儿弟兄秘密潜入静边军营，刺杀了主将周万顷和安守一。

群龙无首的叛军顿时乱作一团。郭子仪、李光弼率领朔方军在几乎没有遇到抵抗的情况下迅速占领了静边军城，长驱直入到河东地区。

郭子仪自然知道心高气傲的李光弼肯定不甘心久居自己之下，在他的竭力推荐下，李光弼很快便升任河东节度使，不过此时李光弼还只是一个光杆司令。郭子仪慷慨地将朔方精兵调拨给李光弼指挥。李光弼也即将率领这支部队开始缔造光耀后世的军事神话。

要想东征河北，当务之急便是要尽快打通通往太原府的路，因为由河

---

① 治所在今宁夏回族自治区回乐县（灵武市西南）。

② 治所在今甘肃省广河县西北。

东前往河北的交通枢纽土门关在原府下辖的石艾县境内。郭子仪率领朔方军主力打通了这条路，也为李光弼搭建了一座华丽的舞台。

李光弼东出河北，几乎兵不血刃便攻占了常山城。眼前是一片激战过后的狼藉，即便是一向刚强坚毅的李光弼都忍不住泪流满面，悔恨自己来晚了！

李光弼从监狱里将颜杲卿等人的数百名亲属全都解救出来，而且还给了他们一笔丰厚的抚恤金，以告慰逝者的在天之灵。

当然史思明也绝非等闲之辈。屡屡受挫的史思明派出奇兵断了唐军的粮道。失去粮草供应的唐军顿时陷入严重的饥荒之中。正当李光弼陷入绝境的时候，郭子仪率领大部队赶来增援了！

朔方军在九门县西侧与叛军展开了激战。谁也不会想到一个少年英雄竟会改变战争进程！他就是朔方右武锋使浑释之的儿子浑瑊，十一岁时便骑术出众，射术惊人，驰骋在茫茫戈壁，横行于辽阔草原，穿梭在崇山峻岭，征战于绿洲险滩。战争的硝烟将那个稚嫩的身影塑造为伟岸的身躯，将那个稚嫩的脸庞塑造为坚毅的面容。

正当两军激战正酣的时候，浑瑊从背后取出一支箭，搭在弓上，用尽全身的力气将这支箭射了出去。这支满带仇恨和怒火的箭带着风声洞穿叛军大将李立节的左胸。骁勇善战的李立节就这样殒命沙场了。

李立节的死引发了叛军的极大恐慌，当恐惧占据一个人心灵的时候，求生的渴望就会变得急切。叛军将士如洪水般散去，可谓是兵败如山倒！

史思明仓皇逃到赵郡①，蔡希德狼狈逃到巨鹿郡②。蔡希德后来辗转前往洛阳觐见安禄山，史思明不得不独自一人苦苦支撑着惨淡的河北战局。

唐军向赵郡发起了猛烈的攻势，一天便攻陷了赵郡。惶惶如丧家之犬的史思明仓皇逃入博陵郡③，可让人始料未及的是史思明率领的那些困兽犹斗的残兵败将竟然迸发出令人难以想象的战斗力，以至于围困十天之久唐

---

① 治所在今河北省石家庄赵县。
② 治所在今河北省邢台市。
③ 治所在今河北省蠡县南。

军仍旧攻不下博陵。

河北地区严峻的形势使得身在洛阳的安禄山忧心忡忡，他急忙派遣蔡希德率领两万精兵即刻前去救援史思明，范阳守将牛庭玠征发的范阳等地郡兵一万余人也开始动身南下。与唐军对峙的叛军数量陡然间增加到五万余人。面对敌强我弱的局势，郭子仪说："敌人刚刚增兵，必然会轻视我们，我们若是抓住这个有利时机与其决战，必然会取胜！"

这场惨烈的战斗打响了。

面对骁勇的叛军，一个贪生怕死的唐军小校想要逃跑，可是等待他的却是郭子仪手中冰冷的刀刃。当那个小校的头颅滚落在地的时候，将士们知道唯一的生路就是一直向前！

虽然初战告捷使唐军上下士气高涨，可是敌我军事力量对比却并没有发生根本性的改变，首战失利的叛军急于一雪前耻，但唐军却依托深沟高垒坚守不出。

夜幕降临，当劳累了一天的叛军士兵们睡去的时候，偷营的唐军却使他们从美梦之中惊醒。这种白天作战、晚上准备作战的生活使叛军士兵们疲惫不堪，叫苦不迭。

静观时变的郭子仪和李光弼知道决战的时机已经悄然来临了！

五月二十九日，决定河北战局的嘉山①之战打响了，大获全胜的唐军一举斩首四万人。在这场惨烈的战争中，叛军大将史思明跌下马来，披头散发，光着脚，拖着断枪狼狈地逃回军营。元气大伤的史思明不仅再也组织不起有效的攻势，即使继续活下去都很艰难！

走投无路的史思明再度逃到博陵郡，过着朝不保夕的生活，不知能否躲过此劫！

河北各郡县的军民纷纷拿起刀枪，杀死守将，归顺朝廷。从范阳至洛阳的通道再次被唐军切断。往来两地的叛军使者只能轻装简从，偷偷过境，尽管如此，叛军的联络员仍旧经常被唐军俘获。

---

① 在今河北省定州市西。

为了抵挡叛军南下的步伐，朝廷于公元756年正月设置南阳节度使，南阳郡①太守鲁炅出任首任南阳节度使，同时左赞善大夫来瑱临危受命出任颍川郡②太守。来瑱是将门之后，其父来曜曾任安西节度使、右领军大将军。面对叛军的疯狂进攻，来瑱率部顽强抵抗。来瑱是当时有名的神箭手，每当弓弦响动，敌军便会应声倒下。神勇的来瑱被叛军称为"来嚼铁"。

　　来瑱和鲁炅的到来使南线战场的形势趋于缓和，但东线却烽烟再起。其实安禄山对于东南方向的战事始终没有给予足够的重视，只是派出张通晤、杨朝宗这样的二流将领一路向东攻城略地。此前顺风顺水的叛军即将迎来真正的对手！

　　睢阳郡③下辖的单父县④县尉贾贲率军夺取了被叛军侵占的睢阳郡。仓皇逃走的张通晤途中被顿丘县县令卢韺杀死。这时一个人来到一座极其普通却又极其特殊的小县城，这个人就是已经卸任的真源县⑤令张巡！

　　张巡来到曾经长期任职的真源县。这里是老子李耳的家乡，自称是老子后裔的唐朝皇帝封老子为玄元皇帝。玄元皇帝庙前，张巡召开讨贼誓师大会。他的慷慨陈词感染了台下的官吏百姓们，众人纷纷表示决意跟随张巡共创大业。张巡从中挑选了一千名身强体壮者踏上了西去雍丘的路。

　　在六十多天的时间里，张巡率军打了大小三百余战，士兵经常是穿着盔甲吃饭，带着伤病出战。叛军在万般无奈之下只得撤退，而小小的雍丘县竟然成为一座坚城。

　　张巡后来审时度势地移驻睢阳郡，那里是江淮地区的门户，而江淮是整个大唐的经济命脉。

　　张巡麾下这支不足万人的军队与十三万叛军展开了拉锯战。当叛军登上睢阳城头时，城中所剩无几的唐军将士已经虚弱得拿不起刀枪。

---

① 治所今河南省邓州市。

② 今河南省许昌市。

③ 今河南省商丘市。

④ 今山东省菏泽市单县。

⑤ 今河南省周口市鹿邑县。

张巡被俘后神色自若，毫无惧色，最终慷慨赴死，却是死得其所！

险峻的潼关阻挡了叛军西进的步伐，南阳郡阻滞了叛军南下的征程，而更让安禄山感到不可思议的是名不见经传的张巡居然使得他东进占领江淮地区的计划搁浅。

最让安禄山感到惊恐不安的是他的老家范阳随时都有可能被唐军攻陷，时间一长，他手下那支思家心切的军队肯定会生出事端！

此前还雄心勃勃的安禄山此时犹如一只被拦腰斩断的猛龙，愈加强烈地感到末日正在一步一步地向他走来。可就在此时形势却发生了惊天大逆转！

关系重大的潼关

潼关位于今天陕西、山西、河南三省交界处。"鸡鸣闻三省，关门扼九州"的潼关西接华山，南靠秦岭，北临黄河，东依悬崖，可谓是"一夫当关，万夫莫开"。这里始终是叛军难以逾越的屏障，而构筑这道钢铁防线的便是一代名将哥舒翰，不过此时的他却因中风而落下了半身不遂的后遗症。

在十镇统帅之中，范阳、平卢兼河东节度使安禄山已然反了。曾任安西兼北庭节度使的封常清和高仙芝因战败而被玄宗皇帝亲手处死。剑南节度使崔圆和岭南五府经略使何履光远在南方而且都缺乏军事斗争经验。目前只有河西、陇右节度使哥舒翰，新任朔方节度使郭子仪，新任河东节度使李光弼三人可用。

防守潼关的二十余万部队番号不一，鱼龙混杂，既有最初的潼关戍守部队，又有封常清和高仙芝败退到潼关时率领的残部，还有从朔方调来的边防部队，以及从河东①、华阴②、冯翊③、上洛④等四郡征调的郡兵，但主力却是从河西、陇右两镇征调而来的镇兵以及生活在河西、陇右地区的落奴剌、跌、朱耶、契苾、浑等十三个部落的蕃兵。

郭子仪与李光弼显然难以驾驭这支构成复杂的军队，况且河北前线更需要他们，因此一直在长安养病的哥舒翰便进入了玄宗的视野。疾病缠身

---

① 治所在今山西省永济市。
② 治所在今陕西省华县。
③ 治所在今陕西省大荔县。
④ 治所在今陕西省商洛市商州区。

的哥舒翰起初三番五次地推辞，可缺兵少将的李隆基执意将他推到了潼关主帅的位置。

就在潼关战事日渐舒缓之际，哥舒翰与宰相杨国忠之间的关系却日趋紧张。李隆基得到一个重要军事情报：驻守陕郡的崔乾祐的手中只有区区四千士卒而且全都羸弱不堪，防备松懈。

近期从帝国四面八方传来的捷报让玄宗皇帝有些冲昏了头脑。在宰相杨国忠的竭力怂恿下，李隆基做出了一生之中最为愚蠢，也是最为后悔的一个决定：责令哥舒翰出关迎战！

头脑清醒的哥舒翰自然知道这不过是崔乾祐的诱敌之计。仓促出关无疑会使半年来无数将士用鲜血和生命换来的有利局面毁于一旦。可哥舒翰此时任何的规劝都是徒劳的，因为李隆基决意要做的事情任何人都阻拦不了，况且还有杨国忠一直在旁边煽风点火，添油加醋。

天宝十五载（公元756年）六月初四，哥舒翰恸哭出关，或许他已感觉自己再也回不来了！

虽然哥舒翰出关有诸多无奈，但他率领守军倾巢而出，居然没在潼关留下足够数量的防守部队，这无疑为后面的大惨败埋下了祸根！

唐军出关后驻扎在灵宝西原①。这里南面靠山，北临黄河，中间是一条长达七十余里的狭窄山道，而这条依山傍水的山道也成为叛军精心布置的伏击区！

六月初八，这场大战终于打响了。

三万唐军士兵在黄河北岸高地上敲击着战鼓，但催人奋进的鼓声最终却蜕变为凄惨悲凉的离歌。

唐军将领王思礼率领五万精锐骑兵一马当先闯入敌阵，另一位将领庞忠率领十万大军紧随其后。

叛军见到唐军后望风而逃，紧追不舍的唐军来到了一处狭窄山道。无数滚木礌石如同冰雹般从山上滚落下来。狭窄的山道使唐军没有一丝回旋

---

① 位于今河南省灵宝市。

余地，成了人家的活靶子！

哥舒翰眼见大势不好，急令毡车在前面开路，想要杀出一条血路。而叛军却点燃数十辆草车推下山谷。整个山谷刹那间烈焰熏天，烟雾弥漫。由于看不清目标，唐军只得胡乱放箭。

日落时分，烟雾渐渐散去。唐军的弩箭也已耗用殆尽。直到此时他们才发现刚才那一顿乱射根本就没能杀伤敌人！

叛军精锐骑兵从唐军背后杀出，狭窄的山道使唐军的人数优势根本无从发挥。受到前后夹击而首尾难顾的唐军顿时便乱作一团，四散奔逃。

急于逃命的唐军发现了停靠在黄河岸边的运粮船，便如同潮水般涌上了船。上船的人数严重超过了船只的运载能力，可仍旧有大量将士不断地涌入。本来承载着生的希望的几百艘运粮船最后却因超载全都沉入了黄河河底。

被命运逼到绝境的唐军将士们只得将军械捆绑在一起当作船，用枪当作桨，狼狈地划向黄河对岸。无数士兵葬身于黄河的波涛之中，最终能够幸运登岸的士兵仅有十分之一二，但他们的噩梦却仍旧没有结束！

潼关城外原本挖有宽二丈、深一丈的三条壕沟，可这些原本用来防御敌军的壕沟却成为唐军的地狱。

疯狂逃向潼关关内的唐军将士们纷纷掉进深深的壕沟之中，三条很深的壕沟被不断惨叫的唐军将士填满，后面的人踏着同伴的身体才得以成功地越过壕沟跑回潼关。

二十万大军最终能够活着逃回潼关的仅有八千人。此时的哥舒翰却没有时间悲伤，因为他知道叛军很快便会杀过来。

六月初九，坚守半年的潼关陷落了。小小的潼关牵动着整个大唐的神经。

哥舒翰仓皇逃到关西驿，但他却并不甘心，张贴榜文收拢溃逃的士卒，企图重新夺回潼关，但是上天不会再给他任何机会了！

哥舒翰手下蕃将火拔归仁率领一百余名骑兵团团围住了驿站。火拔归仁飞身下马，大步流星走进驿站，对哥舒翰说："叛军马上就要到了，请大帅您赶快上马！"

哥舒翰有些踉跄地上了马，策马走出驿站，却发现情形有些不对！

火拔归仁和他手下那帮人全都跪下，规劝道："您一战损失了二十余万将士，还有什么脸面再见天子！难道您想步高仙芝和封常清的后尘吗？东行才是咱们唯一的出路！"

虽然高仙芝和封常清血淋淋的教训让哥舒翰不寒而栗，但他与安禄山却是积怨甚深，还曾在酒后发生过激烈争执，险些大打出手，他自觉落到安禄山的手中绝对不会有什么好下场！

哥舒翰想要挣扎着跳下马，但火拔归仁已经将他骗上了马将他的双脚绑在了马腹上。

哥舒翰不断挣扎着，但此时一切的反抗都是徒劳！

端坐在朝堂之上的安禄山绝对想不到竟会以这样一种方式与一向看不起自己的宿敌哥舒翰会面，他带着一丝得意冷冷道："你没想到会落到朕的手中吧？"

在死亡威胁面前，哥舒翰竟然低下了高傲的头。曾经耀眼的英雄形象瞬间便褪色了！

哥舒翰被安禄山囚禁在禁苑之中，又在屈辱中多活了一年多的时光，而这也成了他人生中永远都无法抹去的一个污点！

父子相残的悲剧

公元756年六月十三日凌晨，长安还没有从沉睡中醒来。蒙蒙细雨无声地洒落。

唐玄宗带着杨贵妃姐妹、皇子、皇妃、公主、皇孙、杨国忠、韦见素、魏方进、陈玄礼及亲近宦官和宫女悄悄地从延秋门出了长安，踏上了逃亡之路。但队伍行至马嵬坡时却发生了兵变，宰相杨国忠被诛杀，杨贵妃被逼自缢，而太子李亨却趁乱北上灵武，登基称帝。

此时新皇帝李亨的手中急需一支强有力的军队，否则不仅平定叛乱无从谈起，甚至连生存都是个问题！

大唐各镇的军事力量无疑是极不均衡的。范阳、陇右、河西三镇兵力最多，装备最好，实力最强。朔方和河东的实力次之，河东、范阳两镇经常联合作战，而朔方、河西两镇时常一起出征。北庭、安西、剑南、平卢四镇实力相对弱一些，而岭南无疑实力最弱。

范阳、平卢以及河东的部分军队已经跟随长官安禄山走上了叛乱之路。虽然平卢后来发生了分裂，部分将士又重新归附朝廷，但是对于整个战局却并没有太大影响。如今分裂为两大阵营的河东镇除了自保外已经无力他顾。陇右、河西两镇主力部队在潼关之战中基本上损失殆尽，只有当初留守在城堡要塞中的少数部队得以幸免。

朔方、北庭、安西、剑南、岭南无疑成为兵力保存最为完整的五镇。剑南负责拱卫已然临幸到那里的玄宗皇帝。岭南本就只有一万余人，而且还需要防守地域广阔的岭南地区。这两支部队自然不在李亨的征调范围之列。

李亨向朔方、北庭、安西三镇发出了征调命令。北庭、安西原本各有两万多将士，而且还需要戍守地域辽阔、民族情况复杂并且军事斗争极为激烈的西域地区，可以征调到内地的兵力实在有限，因此朔方军的回归才是决定战局走向的关键。

朔方节度使郭子仪、河东节度使李光弼率领五万精兵返回驻地灵武，如释重负的李亨随即任命两人为"使相"。"使相"就是荣誉宰相，却不实际主持政务。荣誉宰相一般授予镇守一方的节度使，因此有了个专有名词"使相"。

虽然朔方主力部队的回归使得灵武军威大振，但李亨却在灵武只待了两个月便匆匆离开了。他离开的理由是前往彭原郡^①迎接从西域赶来勤王的队伍，其实他是对朔方军心存戒备，担心会受到郭子仪等人的挟制！

迟暮的李隆基得知自己的儿子居然擅自称帝，只得黯然接受了这个既成事实，随即派遣崔涣、韦见素、房琯三位宰相携带赍册北上册封儿子为大唐新皇帝，将收复河山的重任寄托在儿子身上。

李亨半推半就地接受了，他这位新皇帝也算是彻底合法了。他之所以能在险恶的环境中立足，除了大唐昔日荣耀的感召力，还因为叛军内部发生了严重分裂，忙于内斗的叛军无暇他顾！

至德二载（公元757年）正月初六清晨，安史叛将们听到了一个让人极为震惊的消息：皇帝安禄山病重，要立晋王安庆绪为太子。他们不禁猜测久未露面的安禄山是不是出事了。

自从安禄山登基称帝，健康状况却每况愈下，尤其是视力急剧下降，最后竟然什么也看不见了。饱受疾病折磨的安禄山就此陷入恶性循环，身体状况越不好，就越抓紧时间享受生活，而过度沉迷酒色又使得本已堪忧的健康状况雪上加霜。

身边的人稍有不如意，安禄山便用鞭子狠狠地抽打他们，有时甚至会将他们残忍地杀掉，即使像严庄这样的心腹重臣也会经常挨打。安禄山的

---

① 治所在今甘肃省庆阳市宁县。

变态行径使身边的那些宫女太监们人人自危！

健康状况每况愈下的安禄山一直居于深宫之中，与手下那帮同生共死的弟兄们日渐疏远。严庄成了叛军将领们与安禄山沟通的唯一途径。

严庄悄悄地找到安禄山的次子安庆绪。自从安禄山的长子安庆宗沦为政治牺牲品之后，安庆绪便成为安禄山最年长的儿子。他不到二十岁便官至鸿胪寺卿。"安庆绪"这个名字还是李隆基亲自给他取的，所以他无论走到哪里都会被别人高看一眼！

不过这一切却随着父亲的小妾段夫人的到来悄然发生着改变。自从段氏给安庆绪生了一个多余的弟弟，他便生出一种越来越强烈的危机感！

安禄山最信任的臣子严庄、曾经很器重的儿子安庆绪、最宠信的贴身宦官李猪儿在宫殿阴暗的角落里密谋着，而此时被病痛折磨得奄奄一息的安禄山对此全然不知！

夜幕低垂，三人蹑足潜踪来到安禄山的寝宫。安禄山震天动地的呼噜声从帷帐中传了出来，可是严庄和安庆绪却突然停下了脚步，他们紧握兵器的手不由自主地抖动起来。

正在这时，李猪儿用手撩开帷帐，举起手中明晃晃的大刀毫不犹豫地向着安禄山的腹部狠狠地砍了过去。

剧烈的疼痛使安禄山从睡梦中惊醒。此时的他已经彻底失明了，唯一能做的便是伸手去摸枕头旁边的配刀，可是摸了半天也没能摸到。对安禄山了如指掌的李猪儿自然不会给他任何反击的机会。

曾经不可一世的一代枭雄就以这样凄惨的方式告别了这个世界。安禄山的尸体被严庄等人扔进寝殿内事先挖好的大坑里。

一切处理妥当后，安庆绪就为父亲安禄山发丧。正是安禄山的过早离世为本就前途未卜的叛乱大业增添了更多的变数，也为正处于风雨飘摇之中的大唐赢得了难得的喘息之机！

大燕帝国的权力更迭看似在平静中完成，但带给叛军的负面影响却逐渐显现。在那些身经百战的叔叔们眼中，并没有经受过多少战争历练的安庆绪，战略眼光和军事才华跟他的父亲安禄山相去甚远，因此安庆绪对手下那帮拥兵自重的叔叔辈的节度使们的威慑力自然颇为有限。安庆绪也深知自己资历浅、威望小，于是便格外倚重物质诱惑这个手段，可这对于野心勃勃的史思明毫无效果！

　　叛军攻陷长安和洛阳后获取了不计其数的金银财宝。虽然洛阳名义上是叛军的都城，可安禄山却总觉得自己在洛阳只是一个匆匆的过客，于是便将劫掠来的珍宝财物源源不断地运往老巢范阳，但让他始料未及的是呕心沥血积累的财富最终却给他人做了嫁衣！

　　镇守范阳的史思明得到这么一大笔意外之财后开始谋划着逐鹿中原，但他也深知现在还不是时候。

酣畅淋漓的反击

至德二载（公元757年）正月十五日，李亨有些恋恋不舍地离开了彭原，前往凤翔①。凤翔成为他在长安收复之前的临时指挥部。凤翔的政治地位也得到空前的提高，不仅升格为府，而且一度成为大唐的西京。

安禄山死后，四分五裂的叛军便再也组织不起有效的攻击，而从四面八方赶来的唐朝援军却陆陆续续抵达凤翔周边区域，有来自安西、北庭的，有来自河西、陇右的，也有来自龟兹国、于阗国的，甚至还有来自中亚古国拔汗那国、大食及其附属国的，大唐收复两京的号角也至此吹响了！

九月二十七日，长安城西香积寺，唐军战马嘶鸣，战鼓声声。李嗣业部为前军，郭子仪部为中军，王思礼部为后军，一场惨烈的战事即将拉开帷幕！

十万叛军磨刀霍霍，严阵以待。叛军大将李归仁率先出阵挑战，不甘示弱的唐军也选择主动出击。当逼近叛军军阵的时候，一直静静等待的叛军却突然间万马奔腾，形成强大的视觉和听觉冲击。从未见过如此阵势的唐军顿时便胆怯了，溃退像瘟疫一样在唐军中迅速蔓延开来。

就在唐军开始溃逃之际，叛军开始哄抢唐军撤退时丢弃的军用物资，这也为陷入惊恐中的唐军赢得了难得的喘息之机。

唐军大将李嗣业袒露上身，手执长刀，立于阵前，大声呼喊："今日不以身饵贼，军无孑遗矣。"②他的意思很明确，如果今天不拼死抵抗，我们

---

① 治所在今陕西省宝鸡市凤翔县。

② 《资治通鉴·卷二百二十》。

就彻底完蛋了！

李嗣业身先士卒，挥舞着手中的陌刀，刀锋所到之处，人仰马翻。唐军也终于从惊恐中挣脱出来，稳住了阵脚，站稳了脚跟。

李嗣业率领前军手持长刀，排成横队，像一堵墙一样向前推进着。他手下的北庭和安西将士可是见识过大战阵的唐军精锐，在与大食和吐蕃的厮杀中逐渐成长起来。他们顿时便汇聚成一股所向披靡的钢铁洪流，逼迫着叛军纷纷后退。

叛军本来将精兵埋伏在阵地东面，想要从背后偷袭唐军，可叛军的异动很快便被唐军的侦察兵发现，朔方左厢兵马使仆固怀恩与回纥骑兵突然杀出，将叛军埋伏的精兵一举歼灭，彻底打乱了叛军的军事部署！

这时李嗣业部也迂回到了叛军的身后，叛军彻底陷入腹背受敌的不利境地，可是他们却不肯轻易屈服。

战斗从午时一直持续到酉时，沟堑之中填满了阵亡将士的死尸，阵地之上流淌着殷红的血。

在付出了损失六万余人的惨重代价之后，叛军仓皇逃回长安城内。

夜幕降临了，一直在硝烟中厮杀的唐军终于可以享受难得的胜利时光，可是仆固怀恩却找到统帅广平王李俶，也就是后来的代宗皇帝李豫。他说："叛军今晚可能要放弃长安城逃走，请让我率领二百名骑兵前去追击，一举提住安守忠、李归仁等贼首！"

一生从不冒险的李俶没有同意这个极具冒险意味的计划，可他也不便打击仆固怀恩的战斗热情，于是安慰道："将军今日作战已然很是疲劳，暂且休息一晚，等到明日再说吧！"

仆固怀恩可不是一个轻言放弃的人，坚持说："李归仁与安守忠皆是叛军之中骁勇善战的大将。如今可是消灭他们的天赐良机，放虎归山必要伤人！兵贵神速，迟则生变！"

仆固怀恩的话终究没能说动李俶，他只得悻悻地返回营中，可是他仍旧不甘心。这个晚上，他来来回回劝说李俶达四五次之多，因为他不甘心眼睁睁地看着这个如此宝贵的机会就这样从他的身边溜走。

这夜，长安城中充斥着喧嚣和繁杂，而这晚也注定是对战局走向有着深远影响的一夜。

战争的胜利不在于一城一地的得失，也不在于一战一役的胜负，而在于最大限度消灭敌人的有生力量。斩杀对方的重要将领无疑可以在很大程度上削弱对手的实力，这一切原本可以在这一夜做到，但因没有抓住时机此后便用了数年时间来弥补这个错误！安守忠、李归仁、张通儒等叛军将领全都逃之夭夭，而他们也将继续与大唐对抗下去。

九月二十八日，唐军终于收复了沦陷一年零两个月的都城长安，长安的百姓们争相迎接王师的到来。

张通儒等人收罗残兵败将退保陕郡。这里是拱卫大燕帝国都城洛阳的最后一道屏障。惊慌失措的安庆绪急忙调集洛阳地区几乎所有可以调动的部队，在御史大夫严庄的率领下前去援助张通儒。

虽然叛军多达十五万之众，却没有了当年锐不可当的气势，俨然成了惊弓之鸟，尤其当他们发现令人望而生畏的回纥骑兵再度出现的时候，顿时崩溃了！

身在洛阳的安庆绪焦急地等待着前线的战报，看到严庄与张通儒狼狈归来，知道自己这回彻底完了！

十月十六日夜晚，安庆绪带领残兵败将急匆匆逃离了洛阳。逃走之前，安庆绪特意叮嘱部下杀害了此前俘虏的哥舒翰等三十余名大唐高级将领。

安庆绪在邺郡停下了逃跑的脚步。此时他手下的那些将领们全都作鸟兽散，麾下骑兵不足三百，步兵不足一千。或许一支小规模的唐军部队便可以将势单力孤的安庆绪彻底击溃，可是这一幕却并没能出现！

面对接踵而至的胜利，唐军就像当年的叛军那样陶醉其中，可战场形势却是瞬息万变，不会给人犯错误的机会。

仅仅十天的时间，邺城形势便发生了重大逆转。蔡希德从上党郡[1]，

---

[1] 治所在今山西省长治市。

田承嗣从颍川郡，武令珣从南阳郡率领本部兵马赶来邺郡增援。与此同时，安庆绪在河北各郡紧急招募大量军马。邺郡驻军规模急剧膨胀，迅速达到了六万余人。这时，唐军再想攻占邺郡就很困难了！

惶惶如丧家之犬的安庆绪顽强地活了过来，仍旧占据着七州六十余座城池。但史思明却率所辖十三郡土地、八万兵士归降了朝廷，而他的投诚也彻底改变了河北地区的力量对比。

不过唐肃宗对两面三刀的史思明却并不放心，暗中授意乌承恩设法除掉史思明。乌承恩用自己丰厚的家财招募家兵，名义上是看家护院，实际上却是在培植党羽。他还屡次穿上妇人的衣服暗中到其他将领的住处进行策反。虽然史思明很快便察觉到了乌承恩的异常举动，但老辣的史思明却既没有声张，也没有急于出手，而是在暗中窥视着他的一举一动。

在这个关键时刻，乌承恩被唐肃宗召入长安。刺杀计划随即提上了议事日程！

史思明玩了一招绝的，派了两个武艺高强的高手暗中潜入乌承恩府邸卧室的床下。古代的床结构复杂，又体积庞大。这两人用床上的帷帐将自己遮盖起来，没有留下一丝破绽！

史思明特地安排乌承恩的小儿子去看望父亲，只有见到小儿子，乌承恩或许才会将藏在心中的话和盘托出！

夜半时分，乌承恩悄悄地对儿子说："为父这次回来是奉旨除掉史思明这个逆贼的！"

一直藏在床下的两个高手闻听此言顿时便蹿了出来，将乌承恩父子当场擒获。

计划败露，乌承恩父子最终被乱棍打死，受到他的牵连而被处死的多达二百余人。

叛乱之处，安禄山率领的叛军所向披靡，在偌大的河北地区竟然没有遇到任何实质性的抵抗，确实出人意料。当时，河北地区那些忠于朝廷的官员们要么惨遭杀戮，要么被迫逃亡，严重动摇了朝廷在河北的统治基础。更为可怕的是河北百姓对于大唐的认同感在不断地消退，一旦分裂成为一种常态，统一便会让他们感到不适。

　　善于借势造势的史思明自然不会放过这个机会。皇帝是两面三刀的！朝廷是反复无常的！唐肃宗费尽心机构建起来的宽容和仁慈的形象刹那间便崩塌了。那些叛军将士和河北百姓不得不重新思索自己未来的路，觉得朝廷既然不会真正地宽恕史思明，自然也就不会宽恕他们！或许与朝廷对抗下去才是他们唯一的出路，投降不是重获新生而是自取灭亡！

　　原本缓和的形势陡然间变得严峻起来，但李亨和他手下的那帮将领们对形势的变化却缺乏足够的预判！

久攻不下的邺城

　　乾元元年（公元758年）九月二十一日，唐肃宗李亨下诏朔方节度使郭子仪、淮西节度使鲁炅、兴平节度使李奂、滑濮节度使许叔冀、安西和北庭节度使李嗣业、郑蔡节度使季广琛与河南节度使崔光远等七位节度使以及平卢兵马使董秦率领本部兵马讨伐安庆绪，又令河东节度使李光弼与关内泽潞节度使王思礼率兵助战。

　　回纥可汗也特意派遣大臣骨啜特勒与将军帝德率领三千精锐骑兵赶来协助唐军。朔方左武锋使仆固怀恩又可以与回纥人发挥联合作战的巨大优势，可昔日锐不可当的回纥骑兵却在这次战役中毫无建树！

　　虽然史书记载的唐军参战规模多达六十万之众，可是这支规模庞大的部队却并没有看上去那么强大。淮西、兴平、滑濮、郑蔡、河南这五支军队是在安史之乱后由郡县官员仓促间组织起来的地方部队，战斗力颇为有限。崔光远部实际上一直在外围活动，并未真正参与邺城会战。平卢兵马使董秦率领的这支平卢军与安禄山当年率领的那支平卢军也不可同日而语。只有朔方、安西和北庭、河东、关内泽潞这四支部队是依托安史之乱爆发前的边防部队组建起来的主力部队，有着很强的战斗力。

　　大唐几乎出动了所有能调动的主力部队，却没有设置统帅，居然让大宦官鱼朝恩出任观军容宣慰处置使，主持军务。肃宗皇帝这么做其实也有着诸多无奈。郭子仪与李光弼的威望、官职和资历都不相上下，让谁来统率这支规模庞大的军队或许都会引起对方的不满！即便两位统帅间并没有因此而产生什么成见和隔阂，两人手下的将领们也难免不会有什么想法。此外，唐肃宗还有着深层次的忧虑。这次战役几乎动用了大唐所有的精锐部队，一旦担任统帅的郭子仪或者李光弼像安禄山那样产生了反叛之心，那么大唐很可能会遭遇灭顶之灾。只有让宦官来统率这支庞大的部队才会让唐肃宗安心，因为宦官对于皇帝有着先天的人身依附关系！

战争初期，唐军的军事行动异乎寻常的顺利。困兽犹斗的安庆绪退缩到最后的据点邺城。命悬一线的他急忙派部将薛嵩向史思明求救，主动提出要将帝位让给史思明。志得意满的史思明集结十三万大军南下逐鹿中原，而唐军对于史思明的异动却并没有给予足够的重视。

孤军深入的河南节度使崔光远刚刚收复魏州^①，因此精明的史思明将立足未稳的崔光远作为首要攻击目标。

大军压境之际，崔光远派部将李处崟出城迎战。攻势凌厉的叛军将李处崟打得连战连败，唐军被迫退回城中。

追至城下的叛军大声喊道："李处崟召我们前来。他为什么不出来呢？"

这招并不高明的离间之计居然成功地骗过了崔光远。这是个人的悲哀，更是时代的悲哀。身逢乱世的统帅对部下缺乏信任，其实是对自己没有足够的信心！

恼羞成怒的崔光远居然残忍地将大将李处崟腰斩。李处崟的死也彻底摧毁了崔光远麾下将士战斗的决心。这一仗使得三万唐军将士惨遭杀戮。崔光远只身逃回汴州^②。这无疑为即将拉开帷幕的邺城大决战蒙上了一层阴影。

乾元二年（公元759年）正月初一，史思明在魏州城北建造祭坛，祭天称王，自称大圣燕王，任命周挚为行军司马，任命李归仁为大将。

朔方牙前兵马使吴思礼（注意：并非关内泽潞节度使王思礼）无意间说了一句话："史思明果真反了！一个蕃将怎么能够为国尽忠呢？"

吴思礼的话打击面实在太大了，朔方军中有很多少数民族将领，说者无心，听者却有意。吴思礼绝对不会想到这句话在不久的将来会给自己招

---

① 治所在今河北省大名县。

② 治所在今河南省开封市。

来杀身大祸，也会给整个战局带来灾难性的影响！

其实这一切并非是不可避免的，战争经验丰富的李光弼对战局发展有着非常清醒的认识，他认为最可怕的敌人并非是龟缩在邺城的安庆绪，而是一直按兵不动的史思明！

李光弼趁机献上一计：河东军和朔方军联手进逼魏州城。嘉山之败的惨痛教训必然会使史思明不敢贸然出战。只要史思明被牢牢钳制在魏州，收复邺城便指日可待。安庆绪覆亡后，孤军深入的史思明便成了瓮中之鳖！

这个足以改变战争进程的计策却被观军容使宦官鱼朝恩否决了。鱼朝恩否决这个方案可能存有私心，他不愿意再看到郭子仪和李光弼继续立功。李光弼的计策在战略层面无疑是英明的，但是在实施层面却有着诸多困难。

朔方军和河东军无疑是围困邺城各支唐军部队中实力最强的两支部队。如果两军同时离开，安庆绪会不会趁机突围而走呢？朔方军肯不肯配合河东军完成钳制史思明的战略任务呢？

其实唐军两大主力的关系并不融洽，随时都可能使潜在的矛盾迅速激化，这个计策即使实施也未必会取得预期的效果，但战争的结局或许会有所改观。

让唐军将领始料未及的是邺城之战居然会陷入惨烈的拉锯战之中！

六十万唐军居然攻不下邺城，不是对手太过顽强，而是犹如一盘散沙的唐军根本就没有形成战斗合力！除了缺乏磨合外，最重要的原因便是缺乏统一指挥。许多节度使为保存实力而始终观望不前。

在这个关键时刻，李嗣业再次站了出来。"诸将无功，独嗣业被坚数奋，为诸军冠。"[①]他带领手下人发起了猛烈的攻势。在交战中，李嗣业不幸中箭，病情日益恶化。正月二十八日，李嗣业带着遗憾离开了人间。

唐军在邺城外筑起两道壁垒，挖掘三重沟壕，堵塞漳河水灌城，邺城

---

① 《新唐书·卷一百三十八·列传第六十三·李嗣业传》。

一时间被水所淹。但安庆绪依旧死死地坚守着，从冬天一直到春天，因为有一个坚强的信念支撑着他，史思明肯定会来救他！

可是，史思明却迟迟未出现，城中的粮食已经吃光了，以至于连一只死老鼠的价格都上涨到四千钱。唐军都认为危在旦夕的安庆绪投降是迟早的事情。城中的确有人想要投降，却因水太深而出不了城。

邺城久攻不下，疲惫不堪的唐军一时间士气低落。就在此时，史思明悄悄地向着唐军靠近了！

史思明在距离邺城五十里的地方安营扎寨，每营中配备三百面战鼓。隆隆的战鼓声传到弹尽粮绝的邺城中。绝望的安庆绪急匆匆跑到城墙之上，兴奋地跳了起来，觉得自己终于有救了！

史思明从各营之中挑选了五百精锐骑兵，每天到城下进行抢掠，唐军如若出来交战，他们就跑回各自的军营。各路唐军的后勤辎重不断被叛军劫走，甚至连采集取暖的薪柴都变得很艰难。

如若唐军白天防备，叛军就在夜里来骚扰；如果是夜里防备，叛军就在白天来挑战。这一招郭子仪和李光弼曾经在嘉山之战中用过。

唐军所用粮饷都是从南边的江淮地区和西边的河东地区运来的，后勤补给线很长，也很脆弱，给史思明施展袭扰战术提供了可乘之机。

史思明让部下穿上唐军军服并窃取唐军号令假扮唐军前去督运粮饷，斥责那些运输粮饷的民工们行动缓慢，还动不动就向他们举起杀戮的屠刀，惹得那些怒火中烧的民工们纷纷罢工。

凡是运送粮饷的船车聚集的地方都会出现叛军的身影。在熊熊的烈焰中，停在一起的漕船，靠在一起的推车，全都化为了一片灰烬，随着交通工具被损毁，唐军的运输线也濒临崩溃。

"断粮了！断粮了！"这个爆炸性的消息在唐军军营中疯狂地传播着，传播的速度比瘟疫还要快！

俗话说："军中无粮，不战自乱。"原本就被史思明的疲惫战术搞得筋疲力尽的唐军将士如今却又面临着吃不饱的困境，因此这仗还没有打便注定会失败！

三月初六，一场决定历史走向的对战终于打响了。

双方主力部队悉数出动。唐军在安阳河北岸摆开了阵势。面对规模如此庞大的唐军，一身是胆的史思明亲率五万精兵气势汹汹地掩杀过来。

正当唐军误以为这是一支流动部队，还没有引起足够警惕的时候，身先士卒的史思明居然已经率兵杀到了近前！

位于整个战阵最前列的河东、淮西、滑濮、泽潞四镇兵马率先与叛军厮杀起来，一时间人仰马翻，血流成河。紧跟在后面的朔方节度使郭子仪急忙指挥部下布阵。

正在这时，大风突起，黄沙漫天，吹沙拔木，天地一片昏暗，咫尺之间，人马不辨。这场罕见的大风让两军士兵都惊恐不已。在这场伸手不见五指的大风中，一场大逃亡开始了。

唐军向南逃，叛军向北逃，仿佛是两场毫不相关而且奔向各自目的地的长跑比赛。叛军跑出了胜利，唐军却跑出了惨败。

唐军之所以最终失利了不是因为跑慢了而是跑快了，而且最不应该逃亡的朔方军居然率先逃跑了。

正史将此次不可思议的惨败归结为天气恶劣。事实果真如此吗？

《资治通鉴考异》给我们提供了一个重新解读这场战争的新视野。《考异》引用了《邠志》中的一段不被正史所引用的重要记载。《邠志》的作者是朔方军的一个文职官员凌准，他写道：决战当天，郭子仪率朔方军主力部队在万金驿阻截叛军。正在此时，史思明派遣一支骑兵疾驰向滏水西岸地区。郭子仪急忙派遣最精锐的仆固怀恩部前去阻击叛军的骑兵小分队。仆固怀恩很快便将史思明派出的那支骑兵彻底击溃了，可是旗开得胜的仆固怀恩在回军过程中却与吴思礼部相遇。

吴思礼那句"一个蕃将怎么能够为国尽忠呢"曾深深地刺痛了仆固怀恩。仆固怀恩可是个做事不计后果的人，他用一支箭将吴思礼送上了黄泉路，随后大声喊道："吴思礼阵亡了！"

这起意外事件很快便传到郭子仪的耳中。郭子仪很快便做出一个错误的判断：仆固怀恩反了！基于这个错误判断做出了一个更加错误的决定：

率先撤退。

各路节度使率领本部兵马逃回本镇。这些犹如脱缰野马的败兵们沿途大肆抢掠，胡作非为。沿途官员根本管不了，军中的将帅也管不住。直到十多天之后这股骚乱才渐渐平息下来。

堪称抢掠冠军的是淮西节度使鲁炅的部队。鲁炅既感到惭愧难当，又感到惊恐不已，最终饮下一杯毒药结束了自己的生命。

在各支参战部队中，只有李光弼与王思礼两部得以完整地返回驻地。

面对兵败如山倒的危局，郭子仪令朔方军切断河阳桥以确保洛阳的安全，可是截断河阳桥却并不能阻止恐惧在洛阳城迅速传播开来。

无数的官员百姓逃离洛阳，跑到山中避难，甚至连洛阳的两位最高官员东京留守崔圆与河南尹苏震也跑了。

郭子仪本来想继续坚守河阳城，可是他却发现手下的部队已经彻底失控了。逃跑在军中似乎成了一种惯性。郭子仪在缺门[①]清点人马，发现只剩下区区几万人，十万套盔甲、兵器几乎损失殆尽，一万匹战马仅剩下三千匹。

六十万大军围攻小小的邺城收获的居然是一场惨败，自然让李亨一时间难以接受，可他也知道战争还得继续，还得依靠那些将领们！

唐军逃跑时能扔下的全都扔下了。到处都是武器盔甲，到处都是粮食辎重。安庆绪仅仅靠"捡"便捡到了六七万石粮食。

经过好几日的观察后，安庆绪才命人缓缓打开邺城城门，在三百名骑兵的护卫下前往史思明的军营，却刚进军营大门便生出一种不祥的预感，他觉得自己绝对不会轻而易举地离开这里。

果不其然，史思明以杀父篡位的借口拿下了安庆绪，兼并了安庆绪的地盘。史思明自称大燕皇帝。但眼前这烈火烹油、鲜花着锦之盛却不过是过眼云烟！

---

① 在今河南新安县西二十二里。

始料未及的逆转

叛军将领史思明、史朝义、令狐彰、周挚分率四路兵马气势汹汹地向洛阳杀来。李光弼主动放弃洛阳，移军至与洛阳近在咫尺的河阳，理由有三个：

第一，容易守。河阳城地势险要，易守难攻。

第二，进可攻。河阳与洛阳仅仅一河之隔。只要坚守河阳，史思明肯定不敢轻举妄动！

第三，有退路。河阳与泽潞近在咫尺，两地可以相互配合。一旦形势不利，可以撤到泽潞。

九月二十七日，史思明率军如愿以偿地进入洛阳城，可他的脸上却没有一丝得意，因为他得到的仅仅是一座空城！

史思明对李光弼这个老对手不敢有丝毫的懈怠，因为稍有不慎便可能会落入到他的圈套之中。史思明担心李光弼会抄了他的后路，根本不敢入住皇宫，而是退兵驻扎在白马寺南面。

对于肃宗李亨而言，这注定是一个寒冷无比的冬天，急转直下的战争局势让他感到彻骨的寒冷。对于唐军将士而言，这个冬天更难熬，严峻的战场形势让他们一直在绝望的边缘痛苦地挣扎着。

只有两万军士，只有十天的粮食，李光弼居然铤而走险，化危局为僵局，双方又回到了彼此对峙的态势，但宦官鱼朝恩却将李光弼之前所有的努力都化为了泡影。

上元二年（公元761年）二月，陕州①观军容使鱼朝恩得到了一个重要情报：驻守洛阳的叛军将士都是河北人，因长期背井离乡而思归故土，上下早已是离心离德。此时攻击他们，必然会大获全胜！

鱼朝恩拿着这份情报三番五次地在李亨面前说，收复东京洛阳的时候已经到了！

历史竟然惊人地相似：一个含有水分的情报被一个居心叵测的人利用了，一个急躁冒进的皇帝催促一个头脑清醒的军事统帅贸然出战！

对于出兵作战的命令，强硬的李光弼却拒绝执行，因为他不想重蹈哥舒翰的覆辙。但此时一个人的态度却成为左右局势走向的重要砝码，这个人就是仆固怀恩！

仆固怀恩居然站在了宦官鱼朝恩一边，而他的上司李光弼顿时便被推向了极端不利的境地。仆固怀恩的话彻底打消了李亨心中的顾虑，因为李亨极为相信仆固怀恩的战略眼光和军事判断。

中使一个接一个地来到河阳，带来了同一个命令：收复洛阳。

李光弼知道自己再也顶不住了，就像当年哥舒翰那样被自己所效忠的皇帝推到了绝境。

在神策军节度使卫伯玉率领的神策军的拱卫下，宦官鱼朝恩带着缔造绝世功绩的美梦上路了。

二月二十三日，邙山之战打响了。大战在即，唐军却依旧激烈争吵着。

李光弼下令军队依据险要地形布阵，进可攻，退可守。战争一触即发，可他的权威却受到了前所未有的挑战。李光弼主张依山布阵，但仆固怀恩竭力主张在平原地区布阵。因为一旦依险布阵，那么他手下那支剽悍神勇的精锐骑兵部队便会彻底丧失机动性和打击力。急于再立新功的仆固怀恩将眼下视为一个宝贵的机会，自然不想放弃。当然两人的争执除了战术安排外，还夹杂着意气之争！

---

① 即陕郡，治所在今河南省三门峡市。

正当唐军为了在哪里布阵而争论不休的时候，善于捕捉战机的史思明悄然吹响了进攻的号角。唐军顷刻间土崩瓦解，又一场争先恐后的大逃亡开始了！

邙山之战将之前便已存在的矛盾彻底暴露出来。邺城之战失利后，郭子仪便被免去了朔方节度使之职，河东节度使李光弼接任逆方节度使。但两人的治军风格却有着极大的差异，郭子仪素来以宽松治军，而李光弼却一直以严厉治军，因此朔方军一时间根本适应不了这位严厉的新统帅。

当时在夜幕的掩映下，在五百河东骑兵的护卫下，新任节度使李光弼疾驰而来，权力更迭就在茫茫的夜色中完成，但由此而引发的动荡却久久难以平息。

李光弼发檄书征召屯驻在河阳的朔方军左厢兵马使张用济，可张用济居然不来，因为他对这个新统帅充满了不屑和不满。不听招呼的张用济自然不幸地沦为了权力的牺牲品。

为了平衡朔方军内部各派系，李亨提升勇冠三军的仆固怀恩为朔方节度副使。朝廷赐给仆固怀恩大宁郡王的爵位，而此时李光弼还只是个国公。李光弼与仆固怀恩这对正、副职之间的关系变得愈加微妙。

此次邙山之战前后暴露出来的种种矛盾不仅仅是两个人的矛盾，而是唐军两大主力之间的矛盾。在此之后朔方军与河东军彻底分道扬镳，渐行渐远。

战败后，唐军几乎所有参战部队都在逃跑，与邺城之战的情形极其相似，唯一的不同就是邺城之战时对方也在逃跑，而这次敌人却在紧紧地追赶！

历史仿佛是一个宿命般的轮回。如今的情形与六年前惊人的相似。正当惶恐不安的肃宗皇帝深深担忧之际，警报竟然奇迹般地解除了。成功地使得大唐转危为安的人却并非是帝国的将军，居然是帝国的敌人！

三月初九，大唐上下无数双眼睛都将目光投向了礓子岭①，因为大唐再次被推到了生死存亡的边缘！

史朝义率领先锋部队疾驰向陕州，却不得不在礓子岭前停下了前进的步伐，使叛军"乘胜西进入关"的计划不得不暂时搁浅了。

礓子岭战败的消息很快传到史思明耳中。他摇着头，叹息道："史朝义终究难成大事！"

老谋深算的史思明对儿子的剖析无疑是极为精准的，局势的发展很快便印证了他的判断，可他却没能看到那一天！

史思明此时还没有意识到最危险的敌人其实并不在对面的阵地上，而是在他的身边！

铩羽而归的史朝义前来觐见父亲史思明。父亲愤怒的样子在他的心中幻化成一个恐怖的黑洞，足以将他彻底吞噬掉！

史思明与安禄山有着同一个爱好——杀戮！只要稍微不如意，他便会向部下举起血腥的屠刀，甚至有时还会诛杀九族。

史朝义愈加强烈地感受到来自父亲的死亡威胁，不仅仅因为这次战败，更因为父亲的偏心！

父亲从心底里偏爱小儿子史朝清，于是便给了史朝清一个美差，镇守范阳。史朝清如今正在范阳悠闲地享受着生活。身为长子的史朝义在战场上冲锋陷阵，浴血厮杀，却依旧免不了要时常受到父亲的斥责，而他也不止一次地从父亲身边人的口中得到一些对他很不利的消息。

"父亲真的忍心杀我吗？"这个大大的问号始终萦绕在史朝义的心头。

"军法从事，斩！"史思明冷冷地说，跪在地上的史朝义与他形同陌路。

叛军将领们急忙跪下求情。虽然史朝义暂且逃过了一劫，但新的劫难却接踵而至！

---

① 位于今河南省三门峡市南。

三月十三日，用于贮存军粮的三隅城已经初见规模，可是史朝义却仍旧不敢有丝毫的松懈，带领手下将士们在紧张地忙碌着。虽然史朝义的心中充斥着不满与怨恨，可他依旧希望能够通过自己的努力来获取父亲的肯定。

这座军粮城在一天之内便拔地而起，可前来监工的史思明却完全无视儿子的努力，不但没有一丝肯定，反而大加斥责。

"你这个混账东西！真是没有用！怎么还没有抹泥呢？"

史思明转而对身边的随从说："你们几个监督他们赶紧完工，否则军法从事！"他随后对史朝义说了一句为自己招来杀身大祸的话："等攻克了陕州，我再收拾你！"

史思明带着满腔的怒火走了。面如土灰的史朝义呆立在原地。也许胜利之日就是自己身亡之时。怎么办？简单而又残酷的抉择摆在了他的面前。

位于今河南省洛宁县东宋乡北旧县村的鹿桥驿如今早已化作一缕尘埃，只有残存的石碑可以证明这片土地上曾经存在过这么一座驿站。这座普通的驿站因为史思明的到来而变得不再普通，因为这里即将上演血雨腥风的一幕。

正当史朝义陷入无限纠结之际，他的亲信骆悦与蔡文景却再也坐不住了，因为他们愈加强烈地感受到死神正在他们的身旁游弋。

"如今已到了生死攸关的关键时刻！请您速速召见曹将军共商大事。"曹将军是专门负责史思明值宿警卫的将领。史朝义自然明白他们的用意，却仍旧低头不语，因为这可是一个生死攸关的大事。

"假如您不答应的话，我们今日便归顺朝廷。"

此时的史朝义俨然没有了退路，只得派人将曹将军召来了。在死亡威胁面前，曹将军最终背叛了一直信任自己的主子，因为他没有杀身成仁的勇气与决心。

当天傍晚，三百名全副武装的士兵在骆悦的带领下气势汹汹地杀奔驿站。负责警戒的卫兵发觉情况不妙，可是看了看默不作声的曹将军，只得假装没看见。

骆悦带兵径直闯入史思明的寝室，可史思明却并不在屋内，而是恰巧上厕所了。

嘈杂声使史思明顿感大事不妙，赶忙跳墙来到马厩，找到自己的坐骑，飞身上马准备扬鞭离去，可一支冰冷的箭却将他逃生的梦无情地击碎了。曾在马背上纵横驰骋几十年的史思明在生命的最后时刻从马背上重重地坠落在地，被一拥而上的士兵捕获了。

史思明痛苦而又无奈地闭上了双眼，而他的儿子史朝义以这种惨烈的方式登上了皇位，杀戮却仍在继续。

一场史无前例的腥风血雨席卷了繁华富庶的范阳城，持续了好几个月，数千人为此而丧命。其中就包括史朝清和他的母亲辛氏。

史朝义命亲信部将李怀仙镇守范阳。可让他万万没有想到的就是这个他最为信赖的人在他走投无路之际竟会将他拒之门外，以至于将他硬生生地逼上了绝路。

虽然史朝义接管了父亲的军队，却无法彻底掌控局面。那些节度使们都是史朝义的叔叔辈，根本就不把他这个侄皇帝放在眼里，内部早就四分五裂，犹如一盘散沙。

战争的威胁暂时解除了，李光弼引咎辞职的申请也得到了肃宗皇帝的批准，不过李亨仍旧给足了他面子，让他以开府仪同三司（从一品）、侍中（正三品）的身份出任河中节度使。

不久，李光弼又以太尉兼侍中之职出任河南副元帅，河南、淮南东、淮南西、山南西、荆南、江南西、浙江东、浙江西八道[1]都统，镇守淮南重镇泗州。李光弼从此淡出了安史之乱的主战场，不过他一刻也没有停下征战的步伐，因为史朝义一度将主攻方向对准了江淮地区。

李光弼火速进入徐州驻防，紧接着命田神功在宋州[2]城下与叛军大

---

[1] 《新唐书·卷一百三十六·列传第六十一·李光弼传》记载为五道。

[2] 治所在今河南省商丘市睢阳区。

战，大败叛军，沉重打击了叛军的嚣张气焰。

浙东人袁晁在台州举起反叛大旗，短时间内便聚集了近二十万人马。李光弼迅速挥师南下，擒拿袁晁，平定浙东。

大唐和叛军进入了一段难得的平静期，只是偶尔爆发一些低强度、小规模的局部战争，因为双方都有着更加棘手的内部问题需要处理。

后患无穷的胜利

公元762年四月初五，孤寂的太上皇李隆基在太极宫神龙殿走完了长达七十八年的漫漫人生路。仅仅十一天后，大唐便陷入一场政治危机。

张皇后希望自己的儿子能够在肃宗百年之后成为帝国新皇帝。正当她为此而处心积虑地谋划时，她所生的大儿子兴王李佋却突然病逝了，次子李侗又很年幼，张皇后的政治梦想破灭了，可她却并不甘心。此时的太子是李豫，不过李豫的母亲吴氏出身卑微且死得早。张皇后动了废太子的心思，欲拥立越王李系为储君。可是，张皇后没想到这场阴谋被掌握禁军兵权的大宦官李辅国毁掉。

公元762年四月十六日夜，宦官李辅国率兵进宫，肆无忌惮地搜捕张皇后，唐肃宗李亨也在惊吓中过世。继任的代宗皇帝李豫接过了平叛大旗。

虽然唐军在邺城之战中元气大伤，自此便彻底丧失了武力统一全国的能力，但众叛亲离的史朝义却也是不堪一击。

公元762年十月三十日，洛阳之战打响了。

叛军设置栅栏进行最后的抵抗，可是这种负隅顽抗在大唐和回纥联军的联合打击之下显得脆弱不堪。此时的叛军已经彻底丧失了抵抗意志。战败后互相践踏的叛军一度填满了尚书谷。史朝义知道自己无可挽回地输了，于是率领数百名轻骑仓皇地向东逃窜，寄希望于那些手握重兵的节度使们可以收留自己。

洛阳光复了！河阳光复了！

仆固怀恩却停下了征战的步伐，留在了河阳回纥可汗的营帐之中，派遣自己的儿子右厢兵马使仆固玚和朔方兵马使（一说北庭兵马使）高辅成率领一万精锐步兵开始了追击。

由于史朝义手下的那帮节度使们对于他的到来全都紧闭城门，史朝义不得不从濮州①北渡黄河，叛军势力至此已被唐军彻底赶出了河南地区。

眼见大势已去，那些叛军将领们纷纷开始为自己的后路谋划。邺郡节度使薛嵩向朝廷献出相州、卫州、洺州、邢州②。陈郑、泽潞节度使李抱玉代表朝廷接受了薛嵩的投诚。恒阳节度使李宝臣向朝廷献出赵州、恒州、深州、定州、易州③。河东节度使辛云京代表朝廷接受了李宝臣的投诚。

对于如何处置这些投降将领，唐军将领们产生了分歧。

李抱玉、辛云京等河东将领主张趁机解除他们的兵权以免节外生枝，可主帅仆固怀恩却竭力主张继续留用这些人。这是政策分歧，更是朔方与河东两大主力之间矛盾日趋激化的外在表现。

仆固怀恩之所以反对彻底解除薛嵩与李宝臣的军权，其实也有多方面的考虑。史思明投降朝廷后险遭暗杀的遭遇也使许多叛军将领对于投降后自己的命运充满了忧虑，很多前来投诚的叛军将领都希望能掌握一支武装部队，以免沦为任人宰割的羔羊。如果强行剥夺被这些将领们视为最后救命稻草的兵权，必然会使那些原本准备投降的叛军将领彻底放弃投降的念头，从而使最大限度分化瓦解叛军的战略图谋化为泡影！

当然仆固怀恩也有自己的小算盘。战争已经接近尾声了，他的老长官郭子仪自从邺城之战失利后便一直赋闲在家，李光弼虽然依旧是手握重兵的封疆大吏，却也无奈地远离了中原，仆固怀恩难免会产生"兔死狐悲"的悲凉之感，想要借机培植一股忠于自己的政治军事实力，增加与朝廷博弈的筹码。

《资治通鉴》中有这样一段记载："时河北诸州皆已降，（薛）嵩等迎仆固怀恩，拜于马首，乞行间自效；（仆固）怀恩亦恐贼平宠衰，故奏留

---

① 治所在今山东省鄄城市。

② 相州：治所在今河南省安阳市。卫州：治所在今河南省卫辉市。洺州：治所在今河北省邯郸市永年区。邢州：治所在今河北省邢台市。

③ 赵州：治所在今河北省赵县。恒州：治所在今河北省正定县。深州：治所在今河北省深州市。定州：治所在今河北省定州市。易州：治所在今河北省易县。

嵩等及李宝臣分帅河北，自为党援。朝廷亦厌苦兵革，敬冀无事，因而授之。"①

一些史学家借此认为唐军原本可以一举荡平叛军抵抗势力，从而彻底铲除河北地区的割据势力，而仆固怀恩却因一己私利使大唐白白丧失了这个千载难逢的机会，以致大唐在此后长达一个半世纪的时间里一直饱受藩镇割据的困扰。

其实唐军真正有能力解除武装的只有薛嵩部。李抱玉事实上已经率军进驻薛嵩的军营，而且薛嵩也已做好了被替换的心理准备，但在仆固怀恩的庇护下，薛嵩得以幸运地保住了军队和地盘。

唐军能否顺利接管李宝臣的军队，只能说具有很大的可能性。但李宝臣毕竟是骁勇善战之人，而他的手下又有一批像张孝忠、王武俊那样的勇将。一旦强行收编会激化彼此之间的矛盾，或许困兽犹斗的李宝臣会选择与唐军殊死一搏。至于田承嗣和李怀仙无疑就更加难以对付了。

虽然身为前线最高指挥官的仆固怀恩的意见对朝廷决策会产生重大影响，可是对安史旧部采取姑息妥协的政策无疑是唐代宗李豫定下的主基调。这次平叛之战之所以势如破竹，并不是因为唐军的军事实力有了突飞猛进的飞跃，而是因为大唐将对手仅仅限定为史朝义，而不是整个安史叛军。

唐代宗之所以不惜用政治妥协来换取战争的早日结束，是因为旷日持久的战争已经使唐朝筋疲力尽了，日益深重的财政危机严重威胁着唐朝的生存，而吐蕃的军事蚕食时刻威胁着唐朝的安全。

广德元年（公元763年）正月，冬天的严寒凝结了生机，萧索中透着苍凉和悲怆。由于迟迟无法冲破唐军的战略合围，一筹莫展的史朝义不知道自己究竟还能支撑多久。

"您亲自前往幽州征调军队，然后再回救莫州②。或许这是我们唯一的生路！"田承嗣慷慨激昂地说。

---

① 《资治通鉴·卷二百二十二》。
② 治所在今河北省任丘市鄚州镇。

"那你怎么办？"

"末将甘愿留守莫州，等待陛下归来！"

史朝义心中充满感激，此时的他还不知道这不过是田承嗣精心策划的一场阴谋。

史朝义挑选五千精锐骑兵从北门杀出唐军的重重包围，向北方疾驰而去。史朝义前脚刚走，田承嗣马上就举城投降了，将史朝义的母亲、妻子、儿子当作见面礼一起送给了唐军。

与李宝臣、李怀仙、薛嵩三人不同，田承嗣一直在与唐军激战。虽然两军互有胜负，可是田承嗣却是输多胜少，从河南一路溃逃到河北的莫州。

仆固玚其实并不想如此轻易地接受老对手田承嗣的投诚，而是希望能将其一举歼灭。仆固玚虽然同意了田承嗣提出的投降条件，可是他却并不甘心就此放过他，他想要在田承嗣出城投降的时候趁机将他杀死！

老谋深算的田承嗣自然洞悉仆固玚心中的盘算，于是称病没有出城，而是邀请仆固玚入城。

仆固玚仍旧没有放弃除掉田承嗣的想法，因为他知道放虎归山必要伤人，不过他很快发现自己根本无从下手。田承嗣手下那支不容小觑的虎狼之师也使仆固玚不敢轻举妄动。田承嗣拿出自己压箱底的财宝交给仆固玚，说："还望您能高抬贵手，况且您还有重要的事情要做！"

在物质诱惑和政治劝说之下，仆固玚最终还是选择了放弃。如果强行除掉田承嗣，成功了并没有多大功劳，要是一旦失败了势必会引起不必要的动荡，从而违背圣意。

仆固玚循着史朝义北逃的步伐踏上了北征之路。诛杀史朝义可是大功一件，而且除掉这个已经沦为孤家寡人的伪皇帝的难度无疑要比干掉田承嗣小得多！

惶惶如丧家之犬的史朝义逃到了范阳县却被拒之门外，因为他所信任倚重的范阳节度使李怀仙早就暗中向大唐投诚了，并且还临时起意要用他的头颅作为自己向朝廷投诚的见面礼。

史朝义看情形如此不利，便一路疾驰向北而去，他想或许奚人和契丹人的领地才是唯一可以容身的地方。身后的追兵距离他越来越近了，这些追杀他的人正是他曾经最为信赖和倚重的李怀仙派来的。

　　史朝义知道自己在劫难逃了，索性勒住了马，飞身下马，将一条长长的白绫挂在树枝上。

　　正月三十日，史朝义的首级被送到了京师长安，历时八年之久的安史之乱也终于画上了句号。但这个句号并不圆满，幽州、昭义、魏博、成德四镇节度使仍旧割据着今河北和河南北部！

第三章 德宗危局

734
/
907

小试牛刀的曙光

大历十年（公元775年）正月，春节的喜庆气氛还未彻底散去，昭义节度使薛嵩的死便引发了一番血腥的争夺。老辣的田承嗣一举夺取昭义节度使管辖的相州、卫州、贝州①、洺州。若是代宗皇帝此时再不出面干预，那些贪婪的节度使们将会更加目无朝廷。

唐代宗随即征调九镇兵马前去围剿胆大妄为的田承嗣，但征讨大军却被田承嗣一一击破。骑虎难下的唐代宗只得无奈地颁布赦免田承嗣的诏书。田承嗣成功地度过了这次性命攸关的危机。

虽然田承嗣得到原本属于昭义镇的相州、卫州、洺州、贝州四州，可是却失去了瀛州②、沧州、德州三州。朝廷将瀛州划归幽州节度使，将沧州划归成德节度使，将德州划归淄青节度使。此时田承嗣手中仍旧掌握着魏州、博州、相州、卫州、洺州、贝州、澶州③七州之地，拥兵五万之众。昭义镇的邢州和磁州以及临洺县划归泽路节度使管辖，两镇合并成为新的昭义镇。

大历十四年（公元779年）二月十二日，魏博节度使田承嗣走到了人生的尽头，生命定格在了七十五岁。

安史之乱时，田承嗣与大唐明着对抗；安史之乱后，田承嗣与大唐暗中角力。即使在弥留之际，他仍旧想着如何将这种对抗延续下去！

虽然田承嗣有十一个儿子，却在行将就木之际将节度使之位传给了侄

---

① 治所在今河北省清河县。

② 治所在今河北省保定河间市。

③ 澶州是田承嗣于大历七年（公元772年）上奏朝廷将原属魏州的顿丘、临黄两县设置的新州。

子田悦，还特意叮嘱儿子们要悉心辅佐田悦。

田悦虽是一个骁勇善战的"将"，却并不是一个运筹帷幄的"帅"。作为一位割据一方的节度使，他应当审时度势，顺应潮流，可他却迷信武力，穷兵黩武。

正是田承嗣这个自认为英明的决定在不久的将来将田氏家族推到了灭亡的边缘，而且还引发了一场血腥的家族杀戮！

成德节度使李宝臣、淄青节度使李正己等人纷纷上书恳请代宗李豫准予田悦继承叔父的职位。与田承嗣明争暗斗了一辈子的李宝臣这次居然表现得格外积极，三番五次地上书代宗。其实他这么做不过是为了给自己的儿子顺利接班做准备，因为田承嗣的死让他感到上天留给自己的时间恐怕也已经不多了。

大历十四年（公元779年）五月二十一日，奄奄一息的代宗皇帝李豫下诏让皇太子李适代行处理国政。当天夜里，五十三岁的李豫便离开了这个让他心力交瘁的大唐。他没有力挽狂澜的魄力，也没有定鼎乾坤的能力，只是一位称职的守成之君。

李适即位时已经三十八岁了，正值意气风发的年纪，急于铲除那些割据势力，不过他却低估了自己的那些对手们！

唐德宗任命十一位黜陟使分道巡查帝国各地。河北黜陟使洪经纶来到了魏博镇，而他的到来也将打破那里的宁静。

"什么？你们居然有七万士卒，为何要养这么多兵啊？"如今朝廷财政捉襟见肘，洪经纶的初衷无疑是好的，但他却没有考虑到河北地区独特的政治生态环境，于是大笔一挥便让田悦裁军四万。田悦并没有抗议。

自认为成熟老到的洪经纶绝对不会想到眼前这个看起来很听话的后辈其实是个极为凶恶的家伙，更没有想到正是自己这个草率的决定竟然使河北地区再度烽烟四起、硝烟弥漫。

田悦将那些准备裁减的士兵召集在一起，无奈地说："你们长期在军中效力，如今却因黜陟使的一句话而遭到裁撤。你们都有父母，都有妻子，都有儿女，真不知你们今后的日子该怎么过啊！"

将士们不禁失声痛哭起来。

"不用悲伤，我会拿我个人财产来供养你们！你们安心返回军营吧！"

田悦慷慨激昂的话语传进了每位将士的耳中。将士们纷纷对田悦感恩戴德，从此之后，他们的眼中只有田悦而没有朝廷。这场裁军闹剧俨然成了田悦树立个人威望的动员大会。

田承嗣在世时一直有一个未了的心愿，那就是仅仅占领了原本属于昭义镇的四州，而邢州和磁州以及临洺县仍旧掌握在昭义节度使李抱真的手中。如鲠在喉的田悦决意要完成叔父这个未了的心愿。

为了能够让有些稚嫩的儿子李惟岳顺利接班，成德节度使李宝臣也开始紧锣密鼓地忙碌着。一场血腥的屠杀就像瘟疫一样在成德镇迅速蔓延开来。李宝臣此时已经彻底地失去了理智，有时一天之内竟会杀害十余名将领。

在这场大清洗中，李宝臣忽略了一个原本最不该忽略的人，那就是猛将王武俊。李宝臣为了笼络王武俊，曾将自己的女儿嫁给他的儿子王士真。王士真利用这层特殊的关系结交和笼络了一大批李宝臣身边的人。

可让李宝臣始料未及的是，正是这个被他遗漏的人最终给他的家族带来了毁灭性的灾难！

建中二年（公元781年）正月初九，距离元宵节还有六天时间，成德节度使李宝臣却永远都无法与自己的家人团聚了！

李宝臣留下了一个志大才疏的儿子李惟岳，虽然他为了能够让儿子顺利接班可谓是煞费苦心，但李惟岳未来的路却异常坎坷。

李惟岳自称成德节度留后，授意手下那帮将领和官员们联名上奏朝廷请求赐给他节度使的旌节，却被德宗皇帝拒绝了。

魏博节度使田悦作为既得利益者，本可以保持沉默，他却上书恳请朝廷准许李惟岳接任成德节度使，而淄青节度使李正己为了日后能让自己的儿子顺利接班也积极地上书声援。

唐德宗一时间犹豫不决。虽然拒绝可以赢得尊严，却可能会招致动荡；同意可以获取安宁，却会丢掉朝廷的颜面。如今河北三镇和淄青镇的节度使已然是终身制，朝廷根本无力更换节度使，如若是再默许了"父死子继"，藩镇岂不是彻底沦为了独立王国？那些越来越跋扈的节度使们迟早有一天会触碰朝廷的底线，无路可退的时候再回头可就晚了！

正是因为唐德宗的断然拒绝，一场空前的政治暴风雨即将向大唐袭来。

魏博节度使田悦、成德节度留后李惟岳和淄青节度使李正己暗中结成了对抗朝廷的三角同盟。

昭义节度使李抱真将河北地区严峻的形势上报朝廷。此时的唐德宗决意用武力平定河北地区的藩镇割据势力。他随即征发了两支部队参战，一支是神策军将领李晟率领的禁军，另一支则是河东节度使马燧率领的河东军。

就在河北激战正酣的时候，淄青节度使李正己突然去世了。

安史之乱爆发后，平卢镇发生了严重的分裂，一部分人跟随安禄山走上了反叛之路，另一部分则选择归顺朝廷。李忠臣（当时名叫董秦）率部分士卒渡海来到中原参加平叛，最终成为淮西节度使。因环境急剧恶化，平卢节度使侯希逸后来也率领大部队南下，被朝廷任命为淄青节度使，淄青镇从此有了"平卢"军号。侯希逸的部将李正己后来却篡夺了节度使之位，一度拥有十五州之地。

李正己死后，儿子李纳秘不发丧，希望利用这段时间迅速巩固地位。朝廷不愿承认李惟岳的继承人地位，自然也不会承认李纳的继承人地位。

李纳很快便与田悦、李惟岳结成了政治同盟，希望通过武力来确立自己的地位，通过暴力来实现自己的梦想。

面对朝廷的讨伐，魏博节度使田悦向盟友李纳和李惟岳发出求救信号，李纳当即派去了一万人，李惟岳也派去了三千人。他们知道田悦是自己的带头大哥，只要大哥这杆大旗不倒，自己抗争下去才会有希望。

就在河北战事呈胶着状态之际，德宗皇帝紧急征调河阳节度使李芃率领河阳军北上支援。

河阳兵的到来顿时壮大了唐军的声势。士气高涨的唐军在漳水之滨驻扎。田悦派遣部将王光进沿漳水修筑半月形的城墙来防守长桥，使唐军从长桥渡河的计划搁浅了。

马燧命人用铁锁链将数百辆车连接在一起，然后装入盛满土的口袋，推进波涛汹涌的漳水之中。由于上游被堵塞了，下游水位迅速下降。唐军蹚过浅浅的河水奔向漳水对岸。

不过田悦也找到了唐军的弱点：缺粮。唐军只带了十天的口粮，根本就耗不起。

田悦下令固守营垒，不许出战。面对严峻的形势，唐军内部发生了严重分裂，李抱真、李芃对于目前的处境深感忧虑，可是马燧却坚定地认为只要顽强地坚持下去，获胜的概率很大。

马燧在河上搭起三座浮桥，每天派出将士前去挑战。虽然田悦依旧龟缩在营垒中不肯出战，但马燧也找到了田悦的弱点。半夜时分，马燧命令部队起来吃饭，因为他们要乘着夜色去袭击一个重要目标：田悦的老巢魏州。

唐军并不是偷偷摸摸地走，而是大张旗鼓地走。马燧命令一百骑兵留守营中，击鼓吹号，想要让对手知道自己的动向。

当大军出发后，这些人便暂时偃旗息鼓，躲在黑暗的角落里抱来柴草，握好火种，等待着下一个任务的下达。

田悦陷入了痛苦的挣扎之中，可是他却赌不起，因为一旦魏州丢了，自己可就彻底无家可归了。

田悦率领魏博、淄青、成德步骑共四万人匆匆通过浮桥。他不会想到跨过这道浮桥容易，可要想再回来就难了。

唐军并不想把对手甩得太远，走了半天才走了十里地。而田悦则命令部下急行军，准备攻击唐军的尾部，还命人随时借助风势放火，擂鼓呐喊，希望从气势上压倒唐军。

此时，马燧却下令各军原地不动，铲除眼前百步之内的野草。他随后召集五千多精锐士卒组成敢死队，静静地等待着对手的到来。

等到两军真正要交手的时候，周边并没有什么可以燃烧的东西，叛军放的火很快就熄灭了。

战斗打响了，叛军依旧迸发出惊人的战斗力，以至于唐军感到了前所未有的压力，开始不断地退却。好在马燧率领的河东军最终突破了叛军防线，神策、昭义、河阳三军自然也就受到了巨大鼓舞，不再向后退却，而是坚定地向前。

横跨河两岸的三座浮桥已被唐军烧毁，叛军的退路已经被截断了，但叛军仍旧疯狂地往前跑，不管前面有没有路，不管前面是不是河，因为唐军手中明晃晃的刀枪使他们不敢后退，甚至不敢向后看一眼。

除了死于唐军刀枪下的两万人之外，更多的叛军士卒掉到河里淹死了，以至于尸首连绵三十余里。

田悦收拾残兵一千余人仓皇逃回魏州。此时他唯一的希望就是能够继续活下去，不管将来还有没有翻盘的机会。

失魂落魄的田悦回到了熟悉的魏州城，仅仅几个月前，他曾雄心勃勃地离开这里，可如今却灰头土脸地回来了。

好在马上就要进城了，即将彻底告别这种颠沛流离的生活，可他那颗原本稍稍舒缓下来的心却再次紧绷起来，因为不管他如何呼喊，魏州城门却始终紧闭着。

驻守魏州的大将李长春已然对主子田悦丧失了信心，想用老主子的首级作为自己归顺新主子的见面礼。

田悦在魏州城外痛苦地徘徊着，唐军随时都有可能追到这里，唐军杀到之日便是他的丧命之时。

当年，李抱真担任昭义节度使时曾经一度管辖着怀州①和河阳三城。那时身为河阳三城使的马燧和怀州刺史杨钦还都是李抱真的属官。李抱真原本打算杀掉怀州刺史杨钦。杨钦事先得到消息，逃到马燧那里。马燧不仅收留了他，还上奏称杨钦无罪。这件事无疑成为李抱真与马燧心底深处难以解开的心结。

李长春翘首以待的唐军迟迟没有出现，此时一贯彼此猜忌、相互观望

---

① 治所在今河南省沁阳市。

的马燧与李抱真在这个关键时刻并没有能给予田悦致命一击。

这个足以改变大唐未来百余年发展轨迹的机会就这样悄悄地溜走了，留下的是深深的懊悔和无奈的沮丧。

天色渐渐亮了，李长春迫于各方压力只得打开城门。田悦进城后的第一件事便是诛杀李长春。此时他手下的将士并不多，于是他开始大肆笼络民心。田悦将府库中的财宝物资全都拿出来犒赏手下士兵。

虽然魏州保住了，但是魏博镇下辖的博州等州县却先后宣布脱离田悦，归顺朝廷。田悦暂时赢得了喘息之机，可是危险的处境却并没有实质性改观。

战事胜利在望

自从李惟岳擅自称成德节度留后，幽州节度留后朱滔便响应朝廷征召率军南下，可是首先朱滔却必须突破易州这道防线。猛将张孝忠率领八千精兵驻守在那里。正是因为张孝忠的存在，朱滔一直不敢轻举妄动。

对于张孝忠，朱滔觉得只能智取，不可强攻，于是派遣说客前去游说张孝忠。张孝忠听后不免有些心动了，其实他也觉得自己没有必要沦为李氏父子的陪葬品。他曾为李宝臣拼杀了大半辈子，可李宝臣在行将就木之际竟然想要除掉自己，那个并没有经历过什么风雨锤炼的毛头小子李惟岳又能成什么大事呢？

朱滔将张孝忠的可喜变化上报德宗皇帝。欣喜若狂的德宗随即任命张孝忠为成德节度使，责令李惟岳护送父亲灵柩即刻回朝。

张孝忠成了彻底摧毁成德镇的突破口，而李惟岳的日子也变得越来越艰难了。他和田悦有所不同，田悦是在战火硝烟中成长起来的，而他却是在锦衣玉食中长大的。他并不具备转危为安的能力，更没有遇难成祥的运气，此时的他已经四面楚歌，危机重重。

面对朝廷的讨伐，成德军一败再败，主要是因为前锋王武俊的消极应战，他担心自己会落得个兔死狗烹的悲惨下场。

朱滔准备乘胜一举拿下成德镇的治所恒州，可是他的盟友张孝忠却突然停下了前进的脚步。张孝忠显然比朱滔更了解李惟岳，更了解成德镇，与其血腥厮杀，不如静观其变。

李惟岳手下将领康日知率先归顺朝廷，献出赵州。康日知的归顺引发了多米诺骨牌效应。

李惟岳接下来下错了两着棋。第一着错棋居然是让王武俊与卫常宁一起带兵前去进攻赵州的康日知，这无异于放虎归山；第二着错棋是居然让王武俊的儿子王士真带兵住在军府中保卫自己。

棋错一着或许还有亡羊补牢的机会，连错两着或许还有回旋的余地，可稚嫩的李惟岳却在这场生死对弈中一错再错！

走出恒州城，心有余悸的王武俊对卫常宁说："今日我侥幸逃出虎口，再也不会回去了！"

王武俊决意西返，准备向自己的新主子举起屠刀，可他对城中的形势却并不了解，一时间也不敢贸然行事。就当王武俊在命运的十字路口痛苦徘徊的时候，李惟岳却下出了第三着错棋！

李惟岳一直对即将打响的赵州之战牵肠挂肚，于是派遣谢遵前去督战，可谢遵却成功地被王武俊策反，从谢遵回城的那一天起，李惟岳的生命便进入了倒计时。

建中三年（公元782年）闰正月二十一日，王武俊和卫常宁悄悄地带着部队返回恒州，而李惟岳对于他们的异动居然一无所知。

谢遵与王士真假托李惟岳的命令偷偷地打开了城门。王武俊、卫常宁率领部队雄赳赳气昂昂地开进恒州城。

天刚微微亮，王武俊就带领数百名骑兵冲入军府，而王士真早就在里边响应。王武俊将李惟岳缢杀，随即将他的头颅传送京城。

李惟岳手下将领深州刺史杨荣国眼见大势已去，索性归降了朱滔。但随后对于深州的争夺居然使河北地区再次陷入到战乱之中。

二月初五，李惟岳手下的定州刺史杨政义也向朝廷投诚。此时此刻除了还未攻克的魏州，河北地区都回到了朝廷的怀抱。

朱滔因立有大功，从暂时主持本镇事务的留后，成了正式的幽州节度使，还检校司徒，位列三公。

与此同时，德宗皇帝也在河南地区着手围堵越来越不安分的淮西镇。淮西节度使李希烈与朝廷越来越离心离德，使德宗皇帝感到颇为不安。淮西镇位于战略咽喉地位，而且与淄青镇、魏博镇近在咫尺，一旦李希烈与他们联手对抗朝廷，后果将会不堪设想，德宗皇帝一直在盘算着如何对其进行有效遏制。

为了防范心怀鬼胎的淄青节度使李正己和咄咄逼人的淮西节度使李希烈，德宗皇帝决定设立河阳节度使，管辖怀州和河阳三城；还从永平镇划出宋州、亳州和颍州三州另行设立宣武镇。宋州刺史刘玄佐成为首任宣武节度使。此时，谁也不会想到这么一个新设的小藩镇最终却埋葬了强盛一时的大唐，而掘墓人就是最后一任宣武节度使朱温。

永平、河阳、宣武三足鼎立的态势，不仅形成了对李希烈的战略包围，阻挡其咄咄逼人的态势，还有效地将淮西镇与淄青镇和魏博镇进行了战略分割。

淄青节度使李正己的堂弟李洧长期担任徐州刺史，派亲信携带表章前往京师长安表示归顺，而他那个亲信对朝中局势不甚清楚，居然先向宰相张镒禀告，奸相卢杞得知此事后大为恼火。

李洧原本恳请朝廷任命其为徐、海、沂三州观察使，李洧与两州刺史有约定，如果能够得到朝廷的诏书，他们也会归顺朝廷。此事关系前方战事进程，可心胸狭窄的宰相卢杞却暗中阻挠。李洧担任三州观察使的梦最终还是破灭了，而海州和沂州①也因此未能趁机回到朝廷的怀抱之中，但徐州至此彻底脱离了淄青镇的控制，江淮漕运也得以恢复。

刘玄佐乘胜一鼓作气攻下了濮州外城，光复濮州城指日可待。

绝望的李纳站在濮州城墙上请求朝廷能够给自己一个悔过自新的机会。李纳的归降原本可以使河南的战事迅速平息，可是一个名叫宋凤朝的宦官却使局势急转直下。

---

① 治所在今山东省临沂市。

宋凤朝劝道："皇上，如今李纳已经到了山穷水尽的地步，斩草务必除根啊！"

德宗皇帝听了宋凤朝的话，彻底断绝了李纳的投诚之路。既然投降归顺是死路一条，那么李纳索性破釜沉舟，拼死一搏，或许还有活下去的希望！

急转直下的形势

建中三年（公元782年）二月十一日，德宗皇帝颁布了一道让他悔恨终生的诏书。在这道诏书中，朝廷决定撤销成德节度使，将其辖区一分为三。张孝忠为义武节度使，管辖易州、定州、沧州三州；王武俊为恒冀都团练观察使，管辖恒州和冀州；康日知为深赵都团练观察使，管辖深州和赵州。

原属淄青镇的德州、棣州二州划归朱滔管辖。但朱滔却并不满足，因为他早已对深州垂涎三尺，自然不愿将自己浴血奋战得来的深州拱手让给他人，便一直屯驻在深州不肯走。

诛杀李惟岳的王武俊自认为立下首功，幻想着自己能够成为下一任成德节度使，可是这道诏书却将他的美梦彻底击碎。他只是一个都团练使，而张孝忠却贵为节度使。这种差距让他实在无法接受，更让他难以接受的是自己居然会与名不见经传的康日知平起平坐！

唐代的使职可谓名目繁多，节度使的政治地位要高于观察使，观察使要高于都防御使，都防御使要高于都团练使。安史之乱后，都防御使大多被裁撤，只在东都洛阳等极少数地区依旧设置都防御使。

唐德帝又诏令王武俊给朱滔拨粮三千石，给马燧拨马五百匹。王武俊对这个命令更是充满了抵触。在他看来，朝廷从心底并不信任他这个成德旧将，一旦河北局势稳定后，他很可能会成为下一个被清除目标，所以朝廷才会通过调拨他的粮食和马匹的方式来刻意削弱他。

田悦很快觉察到了朱滔和王武俊二人内心的异动，敏锐的嗅觉加上灵活的应对成为他不断化解危局的要诀，他秘密派人去离间二人与朝廷的关系。

远在京城的唐德宗对此还一无所知，不合时宜地派中使征调幽州、恒冀、义武三镇的部队前往魏州讨伐田悦，但王武俊却将朝廷的使者抓起来送给朱滔。

当一切准备就绪后，朱滔集结了两万五千名步骑兵准备南下逐鹿中原，进攻到宁晋，屯兵等待着王武俊的到来。

王武俊向宁晋进发，进攻到赵州。见形势有变，昭义节度使李抱真随即拨出两千兵马戍守本镇的邢州[①]。河东节度使马燧愤愤不平地说："如今残敌尚未铲除，应想着如何共同御敌，可是李抱真竟然分兵去防守自己的地盘！"

马燧一怒之下准备带兵撤回河阳，神策行营节度使李晟急忙出面规劝道："邢州与赵州接壤，李尚书（即李抱真）分兵防守邢州。这样做其实对大局并没有什么害处，可是如果你贸然领兵离开，大家会怎么说呢？"

马燧也意识到在目前的危局之下，或许只有精诚团结才可以共渡难关。

马燧独自一人骑马来到李抱真的军营。虽然大家名义上是战友，可是谁也不会真正地相信谁，况且马燧与李抱真此前积怨甚深。但马燧如此出人意料的举动感动了李抱真，多年来的心结都伴随着这次特殊的会面而彻底消除了。李晟率领的神策军原本隶属李抱真指挥，李抱真请求他同时隶属他和马燧两人，以示二人亲睦和谐。

恰逢一直被魏博镇控制的洺州刺史田昂请求归顺朝廷，马燧当即上奏请求将洺州转隶昭义镇，这也算是物归原主吧！

昭义镇从此成为管辖泽州、潞州、邢州、洺州、磁州五州之地并且横跨河东与河北两大区域的重要藩镇，在此后半个多世纪里一直是遏制河北藩镇割据势力的重要屏障，可是六十年后却沦为了大唐危险的敌人。

朱滔和王武俊在宁晋会师后南下援救魏州。本已露出和平曙光的河北地区再次战云密布。

---

① 治所今河北省邢台市区。

鉴于河北战场形势发生了逆转，德宗皇帝无奈之下不得不动用自己的老本，派遣朔方、邠宁节度使李怀光率领朔方军前去救援。李怀光是在年事已高的郭子仪渐渐退出历史舞台后迅速成长起来的朔方将领。

马燧等人也以盛大的军容迎接远道而来的李怀光。李怀光率领的朔方军一向骁勇善战，马燧等人都坚定地认为他们很快就会赢得战场的主动权，李怀光也这么认为，而且比任何人都急切地想要看到这一天的到来。

李怀光还未洗去一路的征尘就急于出战，想要趁着朱滔和王武俊尚未安顿好的时候打他个措手不及。马燧力劝李怀光三思而后行。可李怀光却是一个固执的人。

李怀光一出战，朱滔的军队顿时就崩溃了。幽州军逃跑的时候将所有能扔的东西全都抛弃了，朔方军大肆哄抢幽州军丢下的财物。

正当朔方将士们争抢之际，王武俊率领两千精锐骑兵突然杀来，将朔方军拦腰截断，使其首尾难顾。朱滔手下那帮失魂落魄的幽州兵一下子又来了精神，又转过身杀向了朔方军。朔方军一时乱作一团，不少人死于践踏，以至于"人相蹈藉，其积如山，水为之不流"[1]。

尸体堵塞了永济渠，可见唐军损失之惨重，但这还不是最可怕的！

就在这天晚上，朱滔等人在永济渠上筑起堤坝，将永济渠水导入王莽故河，无情地断绝了唐军的粮道与归路。

第二天，唐军惊奇地发现营外的水居然有三尺多深，绝望的情绪在唐军将士中间迅速弥漫开来。

马燧急忙派遣使者用极其谦卑的词句向朱滔道歉，并且信誓旦旦地承诺："只要您允许诸位节度使率军返回本道，我们肯定上奏朝廷将河北事务全权委托给五郎（即朱滔）处理。"

朱滔心动了，正是这种心动给陷入绝境中的唐军带来了一线生机。

王武俊无疑要比朱滔更为老辣，知道放虎归山必要伤人，可此时有些飘飘然的朱滔却听不进别人的话，幻想着朝廷能够承认他在河北的霸主地

---

[1]　《资治通鉴·卷二百二十七》。

位，不过他很快便发现这其实只是一个一厢情愿的幻想！

建中三年（公元782年）七月，马燧与诸位节度使怀着复杂的心情蹚着水向西艰难地行进着，但他们却并没有走远，更没有像之前承诺的那样撤回本道，而是在与魏州城近在咫尺的魏县①停下了脚步。

感觉自己上当的朱滔不得不承认自己在政治上的稚嫩和决策上的自负。他主动向王武俊承认错误，却难以彻底消除两人心底深处因此而形成的隔阂。王武俊强烈地感受到朱滔是一个难成大事的人，但他也知道此时还不是决裂的时候。

十一月，为了携手对抗朝廷，朱滔、田悦、王武俊与李纳仿效春秋战国时期的诸侯共立四国，一律称王。朱滔自称冀王，田悦自称魏王，王武俊自称赵王，李纳自称齐王，共同推举朱滔为盟主。只有朱滔可以自称为"孤"，而王武俊、田悦、李纳只能自称为"寡人"。

四王的出现无疑将这场变乱推向了新的阶段，因为与朝廷对抗的将不再是一个个割据的藩镇，而是一个拥有政治纲领并且组织较为严密的强大联盟。

朱滔等人领兵气势汹汹地杀奔魏县，与唐军隔河对峙，但谁也不敢贸然进攻。

为了鼓舞前线的士气，唐德宗加授河东节度使马燧、朔方兼邠宁节度使李怀光同中书门下平章事，成为拥有无上荣耀的"使相"。唐德宗还任命淮西节度使李希烈兼任淄青节度使，全权负责讨伐李纳事宜，可李希烈却一直在拥兵观望，停滞不前。

神策行营节度使李晟率军悄悄地离开了魏县，从那时开始，李晟的部队成为一支脱离别人控制，可以自由执行作战任务的独立兵团。

李晟的突然北上使围攻赵州的王武俊之子王士真感到巨大的军事压力，只得无奈地撤围而去，而这却只不过是李晟宏伟计划的第一步。

李晟率领的神策军在赵州休整了三天，不过他也没有闲着，而是与义武节度使张孝忠磋商下一步的军事计划：要么西进直捣王武俊的老巢恒

---

① 今河北省邯郸市魏县，当时隶属于魏博镇魏州。

州，要么北上进攻朱滔管辖的涿州①、莫州二州。经过一番权衡最终确定了北进战略。

张孝忠自然不愿意与昔日的成德战友兵戎相见，况且莫州还有一个让他感到厌恶并且对他构成威胁的人。这个人就是郑景济，他被朱滔任命为易州刺史，而易州却是张孝忠的地盘。张孝忠自然无法接受别人染指自己的地盘。

李晟与张孝忠的儿子张升云在莫州清苑县②将郑景济团团围住，可是郑景济也不是个省油的灯，李晟和张升云攻打了好几个月竟然攻不下来，即使放水淹城都未能攻克。

朱滔留下爱将马寔带领步兵、骑兵一万余人继续防守魏州，而他自己则带领步兵、骑兵一万五千人火速援救郑景济。李晟顿时陷入内外夹击的不利境地，只得率领残部退守易州。

李晟第一次独立指挥战役居然以失败而告终。连日来的劳累、失败后的痛楚以及愧对朝廷的自责使他突然病倒了，而且病得很严重。

收获胜利的朱滔一直滞留在瀛州，迟迟没有返回魏州。焦急万分的王武俊急忙派遣部将前去催促朱滔迅速南下，言语中充斥着不满，也隐含着指责，使朱滔不禁勃然大怒。无边的怨气也在王武俊的心底深处迅速堆积着，内心的天平已然开始有所倾斜了。

---

① 治所在今河北省涿州市。
② 今河北省保定市区。

生死攸关的局面

虽然河北的战事仍旧处于胶着状态，可是唐军的优势却逐渐显现出来。各地为唐军源源不断地运来粮食，输送兵员。而孤军深入的朱滔和王武俊的后勤保障却只得依赖田悦供给，这笔巨大的财政负担使田悦渐渐感到力不从心。

正当胜利曙光初现的时候，有人却在伤痕累累的大唐的躯体上再撒了一把盐。这个让大唐痛不欲生的人就是李希烈。

当河北打得不可开交的时候，身在许州①的李希烈一直都在冷眼旁观，仿佛那些在河北战场上生死搏杀的帝国将领们跟他形同陌路，仿佛焦头烂额的帝国皇帝跟他素昧平生。

坐山观虎斗的李希烈一时间成为各方政治势力竞相拉拢的目标，因为他的政治导向将会在很大程度上左右着战局的走向。

建中三年（公元782年）十二月二十九日，李希烈自称天下都元帅、太尉、建兴王。随后李希烈又登基称帝，这普天之下，除了德宗皇帝李适这位正牌皇帝之外，居然一下子又涌现出了朱泚、李希烈两位皇帝，此外还有朱滔、田悦、李纳和王武俊四位藩王，这场"二帝四王"的叛乱闹剧至此达到了最高潮！

大唐漕运枢纽汴州处在李希烈和李纳的联合打击范围之内，大唐那些主管财经的官员们不再敢将朝廷的物资经汴州中转，而是不得不经蔡水北上。

---

① 治所在今河南省许昌市。

此时的德宗仍旧希望李希烈能够悬崖勒马，但蓄谋已久的李希烈却开始出手了，攻击目标就是战略要地汝州[1]。

建中四年（公元783年）正月二十一日，忍无可忍的德宗皇帝李适任命左龙武大将军哥舒曜为东都、汝州节度使前去讨伐李希烈，诏命各道一同进军。

哥舒曜出征时率领的部队是禁军主力神策军。那他究竟带了多少人呢？《旧唐书·德宗本纪》和《新唐书·德宗本纪》都没有记载准确人数。《新唐书·哥舒曜传》和《资治通鉴》都记载是一万人，可是《奉天[2]录》却记载是五万人。哥舒曜率领的到底是一万人还是五万人呢？一万人无疑更可信一些，否则他也不至于会被李希烈率领的三万精兵包围在襄州[3]。况且德宗皇帝事前难以预料到会身陷南、北两线作战的不利境地，因此朝廷此时不可能一下子派得出五万神策军。

哥舒曜是一代名将哥舒翰的儿子，八岁时就曾受到玄宗皇帝的召见，破格提升为尚辇奉御。安史之乱时，哥舒曜跟随名将李光弼屡立战功，还曾担任过东都镇守兵马使，对东都洛阳周边地区较为熟悉。

临行前，德宗皇帝亲切地对他说："令尊在开元时，朝廷无西忧；今日朕得卿，亦无东虑。"这既是德宗皇帝对哥舒曜无上的褒奖，更是一种美好的期待，但现实却往往是残酷的！

德宗皇帝即位之初寄希望于嫡系部队神策军的出战能够彻底扭转战局，可随着南、北两个战场的同时开辟，先后有四支禁军部队奔赴前线，形成了"神策军皆临贼境"的危险局面。

河北战事刚起的时候，德宗皇帝曾经派遣阳惠元率领三千神策军开赴战场，但这是一支没有独立成军的先锋部队，后来隶属于朔方、邠宁节度使李怀光。

神策先锋都知兵马使李晟很快又率领神策军主力部队奔赴河北。这是

---

[1] 治所在今河南省汝州市。
[2] 今陕西省乾县。
[3] 治所在今湖北省襄阳市。

一支独立建制的部队，而且此时德宗皇帝的注意力还仅限于河北。虽然史书对于这支部队缺乏更详细的记载，但李晟统率的这支部队无疑是四支参战的神策军中数量最多的，也是战斗力最强的。

哥舒曜率领的那支禁军部队离开后，京城的防守也变得空前薄弱。神策军主力走了，老牌禁军六军，也就是左右羽林、左右龙武、左右神武已渐渐沦为皇帝仪仗队，充充门面而已，毫无战斗力可言。

神策军使白志贞出任京城召募使，招收适龄人员入伍。白志贞是文官出身，最大的本事是揣测圣意，也正是因为这一点，德宗皇帝才有些出人意料地让他这个司农卿去掌管禁军。

不打仗的时候，谁都愿意去当禁军，不仅可以免去杂役，即便干点违法的事，地方官也总是睁一只眼闭一只眼，可如果真要上战场了，大家却又都胆怯了。神策军始终无法有效增员，这可急坏了白志贞，开始强征入伍，"贫者甚苦之，人心始摇"[1]。人心思变往往是大变乱的前兆。

建中四年（公元783年）二月二十日，骁勇善战的哥舒曜光复汝州，一举擒获了李希烈任命的汝州刺史周晃。哥舒曜的东征之路是在凯歌声中开始的，这与他的父亲在潼关的遭遇何其相似，但"祸兮福之所倚，福兮祸之所伏"。

急于结束战争的德宗皇帝一再督促哥舒曜迅速进军。或许这就是他们父子的宿命，同样要为此而付出惨重的代价。他不仅改变了自己的命运，也将改变整个帝国的命运。

哥舒曜抵达颍桥[2]时遇到大雨，只得回军防守襄城[3]。襄城之战将成为哥舒曜一生都难以抹去的阴影。

八月初二，李希烈率领三万精兵将哥舒曜团团包围在襄城，唐军的战略优势彻失殆尽，而襄城之围也成为将帝国拖入万劫不复深渊的死结。尽管如此，德宗皇帝只要能够借助潜藏的"机遇"渡过这场"危难"，这场

---

[1] 《资治通鉴·卷二百二十八》。

[2] 在今河南省许昌市襄城县东北。

[3] 在今河南省许昌市襄城县。

危机或许还会变成一次新的契机。

焦头烂额的德宗皇帝只得拿出自己最后一点本钱。神策军将领刘德信率领第四支神策军部队奔赴前线。这支部队的数量众说纷纭。《资治通鉴》记载的是三千将士，《奉天录》的记载却多达十万，相差悬殊。估计一万人左右的规模是较为合理的。

那么《资治通鉴》记载的"三千"又是从何而来呢？刘德信本部兵马可能是三千人，基本上是由"官二代"构成。与刘德信一同前去的还有高秉哲部，这支部队可能大概有七千人，不过高秉哲部在战争中因几乎没有什么作为而被历史所遗忘。

与李晟和哥舒曜所率领的那两支禁军部队相比，刘德信率领的这支公子哥部队的战斗力并不强。德宗皇帝自然知道光凭这点军队肯定解不了襄城之围，而他执意要派出禁军参战其实是想向那些手握兵权的节度使们传递一个强烈的信号：解围是当前压倒一切的头等大事！

德宗皇帝之所以寝食难安是因为被围在襄城的是他的命根子神策军。如若换成另外一支部队，他或许并不会如此着急上火。可是往往"欲速则不达"，此时已方寸大乱的德宗皇帝就因为太过急切不仅没能解除襄城之围，反而将自己置于极其危险的境地。

担任淮西招讨使的永平节度使李勉派遣将领唐汉臣领兵一万人与神策军刘德信部会合后前去援救襄城。

九月十二日，唐军与淮西军在沪涧①刚一交战便惨遭败绩。但这次失利却并不是一件坏事，反而促使永平节度使李勉深刻反思目前的处境，想出了一招"围魏救赵"的妙计。

如今李希烈亲率精兵围困襄城，那么他的大后方许州必然空虚，如果趁机攻打许州，那么襄城之围自然也就可以迎刃而解。由于战事紧张，李勉还未得到皇帝批准便匆匆派遣刘德信、唐汉臣两位将领带兵偷袭许州。

如若这个计划最终能够坚决地得以贯彻，那么历史很可能将会被改

---

① 在今河南省郏县西四十里。

写，可是这个计划却遭到了阻挠。唐军刚刚走出几十里地便接到朝廷使臣带来的圣旨，他们只得原道返回。

没想到，淮西军正在暗地里密切关注着他们的一举一动，为他们准备了一场暴风骤雨般的葬礼。

当唐军缓缓进入淮西军包围圈的时候，从天而降的淮西军突然杀到了他们的面前。这是一场不对称的战争，战争的一方因为错过一场预期的战争而悔恨，因为遇到了一场意外的战争而慌乱。

刘德信和唐汉臣手下的将士死伤大半，元气大伤。唐汉臣逃往汴州，刘德信逃往汝州。李希烈派出的流动哨已经劫掠到了与东都洛阳近在咫尺的伊阙^①。

由于河南地区的形势刹那间变得异常紧张，永平节度使李勉不得不在兵力极为短缺的情况下分兵四千人协助防守东都洛阳，再也无力对李希烈发起有效的攻势，"汴军由是不振，襄城益危"^②。

虽然德宗皇帝调动了几乎所有能够调动的军队，可是襄城之围不仅未能解除，战场形势反而急剧恶化。

忧心忡忡的德宗皇帝发布了一道令：泾原节度使姚令言火速率领五千精兵前去援救襄城。

---

① 唐代洛阳附近有两个伊阙，一个是县名，因境内伊阙山而得名，治所在今河南省伊川西南；另一个是山名，位于今河南省洛阳市区南，又名"龙门"，两山对峙，伊水中流，如天然门阙，故曰伊阙。此处所言"伊阙"应为距离洛阳稍远一些的伊阙县。
② 《资治通鉴·卷二百二十八》。

骤然而至的兵变

泾原节度使姚令言率领五千将士冒着淅淅沥沥的秋雨出发了。此时将士们仍旧穿着单衣。潮湿冰冷的雨水打湿了他们的衣服，一阵比一阵猛烈的寒冷向他们袭来。

建中四年（公元783年）十月初二，繁华的京城长安逐渐进入了他们视野，队伍里不禁爆发出一阵阵热烈的欢呼声。将士们觉得帝国皇帝和都城百姓肯定会热情地款待即将开赴前线的他们，可他们却失望了，没有欢送的人群，也没有丰厚的赏赐。

十月初三，京兆尹王翃奉命前去犒劳泾原将士，却不曾想到自己居然亲手点燃了这个火药桶。

望着京兆尹王翃送来的粗米饭和菜饼，将士们心中的愤怒再也按捺不住了。他们踢翻了送来的犒劳品，大声嚷道："我们将要提着脑袋去上战场，如今却连口饱饭都吃不上！听说皇上琼林、大盈两个内库里金银锦帛装得满满的。既然你们不给，不如我们亲自去取！"

众人急忙穿上铠甲，举起旗帜，擂鼓呐喊，浩浩荡荡地杀奔长安城。

此时节度使姚令言正入宫向德宗皇帝辞行。正当两人亲切交谈之际，一名宦官慌慌张张地跑进来，大声呼喊："大事不好了！泾原兵哗变了！"

这个突如其来的消息使得大殿内的空气顿时就凝固了！

姚令言急忙起身离开。望着姚令言匆匆远去的背影，此时的德宗皇帝还不会想到局势居然会恶化到难以控制的地步。

姚令言乘马急驰到长乐坂，与哗变的部下相遇了，他本想用自己的威严弹压那些叛乱士兵，却很快发现这不过是一种不切实际的幻想。

被愤怒冲昏头脑的士兵们此时已彻底失控了，任何人也阻挡不了他们抢掠金银财宝的步伐，他们甚至肆无忌惮地向姚令言放箭。

姚令言急忙趴在马背上，箭镞带着冷风从他的身边划过，他却依旧大声呼喊道："诸位不要意气用事！这次东征是一个千载难逢的立功机会。难道你们还愁得不到富贵吗？你们怎么能干出这种满门抄斩的事情呢？"

此时将士们却听不进他的任何劝告，立功是用命来换富贵，而兵变也是用命来换财宝，两者都是以命相搏，立功遥遥无期，而国库如今就在他们眼前。

将士们拿起刀枪将自己的长官姚令言劫持了。这段短短的路程居然走了好久好久，因为这一路走来，忠诚逐渐离他而去，信仰逐渐离他而去，而姚令言也将彻底地完成从忠臣到逆臣的蜕变。

顿感事态严峻的德宗皇帝急忙命令中使赏赐给每名泾原将士两匹锦帛，但愤怒的将士们却用箭射死了中使。

德宗皇帝赶忙拿出金银锦帛二十车准备赐给那些乱兵，却为时已晚，只得紧急征召禁军护驾。可神策军使白志贞对东征死亡的兵员一概隐瞒不报，收受市井商贾富人的贿赂，将这些人补为兵员。这些人的名字虽然写在军籍里，也享受着供给与赏赐，却根本不在军中。

乱兵的喊杀声越来越近了，德宗皇帝不得不踏上了逃亡之路，但翰林学士姜公辅却一把拉住他手中的缰绳，请示如何处置太尉朱泚。

此前，朱泚通过发动兵变成了幽州节度使，那一年他只有三十一岁，三十三岁便成为检校户部尚书。志得意满的朱泚觉得自己如此轻而易举就获得如今的一切，应该为朝廷做些什么！

每当硕果累累的金秋时节，吐蕃的铁骑总会出现在大唐的西部边陲，大肆践踏硕果累累的庄稼。辛辛苦苦耕作了一年之久的老百姓们不得不眼睁睁地看着自己的劳动果实在顷刻间化为乌有。每到此时，代宗皇帝便会征召各道军队前往西部边陲要地"防秋"，可响应号召的节度使却寥寥无几，尤其是河北地区那些桀骜不驯的节度使们更是按兵不动。

在那个天高气爽的秋季，朱泚派遣自己的弟弟朱滔带领五千精锐幽州骑兵踏上了西去防秋之旅。此次西征的政治意义远远大于军事意义。自从安禄山谋反后，幽州兵一直都站到朝廷的对立面，如今却再次回归帝国保卫者的角色。

代宗皇帝高规格接待了远道而来的朱滔。后世人给朱滔贴上的标签是性情多变，让人捉摸不透。或许正是这次会见燃起了朱滔心中的欲望之火，而且从那时开始，烧得越来越旺，以至于最终欲火焚身！

"爱卿与朱泚的才华谁更胜一筹呢？"李豫笑着问道。

朱滔的回答颇为巧妙："统御士众，操控大局，微臣不及家兄；可臣年仅二十八岁便可以面见天子。家兄比臣年长，却至今都未能有幸面见天颜。这点家兄不如微臣！"

代宗皇帝赞许地点点头，为朱泚两兄弟的忠诚而欣慰，更为远在千里之外的幽州城内发生的可喜变化而兴奋。或许他此时还没有彻底看清朱泚、朱滔兄弟的真面目。

代宗皇帝下诏特批朱滔带兵横穿长安城，而且还在开远门设置酒宴为朱滔送行，同时给予即将出征的幽州将士丰厚的赏赐。在天子的赞许和百姓的期待中，朱滔率军进驻西部重镇泾州。

警报解除之后，朱滔怀着复杂的心情率军返回驻地幽州。此时他的心中正酝酿着一个可怕的阴谋。

"如今那些手握重兵的节度使们对天子的征召全都置若罔闻。如果哥哥率先入朝，肯定会得到皇帝特别的恩宠，不仅您自己会加官晋爵，就连您的子孙也会从中受益！"朱滔的话让哥哥朱泚有些心动了，但他却陷入巨大的彷徨之中，因为他并不愿意轻易放弃手中来之不易的权力。

经过内心的一番挣扎，朱泚率领五千精兵踏上了西去长安的路，这一去便再也没有回到生他养他的幽州。

朱泚途经蔚州时身染重病，卧床不起。他手下的将领们纷纷劝道："咱们还是暂且返回幽州，等您痊愈之后再做打算。"

"我就是死了，你们也要抬着我的尸体前往长安！"朱泚虚弱的语气中却透着坚定和决绝。

那些将领们自然就再也不敢提及回师之事。此时的朱泚还是一个心系朝廷的忠臣，恐怕连他自己都想不到日后居然会走上另外一条人生路。

大历九年（公元774年）九月初四，朱泚有生以来第一次目睹了长安城的繁华。他驻足观望着帝国都城长安富丽的景象，而他也成为京城百姓们眼中的一道风景。前来一睹朱泚尊容的老百姓人山人海。此时的朱泚在百姓心中还是一位为报效朝廷而不远千里来的忠臣。

当时朝廷有个不成文的规定，皇帝只在单日才上朝处理政务，可是朱泚来的那天恰恰是双日，代宗皇帝毅然决然地打破常规，立即在内殿接待远道而来的朱泚。

哥哥前脚刚走，朱滔便开始夺权了，将朱泚手下二十余位亲信将领全都残忍杀害。代宗皇帝只得任命朱滔为幽州节度留后，却一直也不曾免去朱泚所担任的幽州节度使职务。但朱泚也意识到自己恐怕再也回不去了，请求皇帝能够赐给他和他率领的这支部队一块容身之地。代宗将他们安置在奉天县，这也成为幽州兵长期屯驻关中的开始。

为了安抚朱泚失落的心，李豫毫不吝惜地授予他高官厚爵。朱泚三十五岁时加授同中书门下平章事，成为人人艳羡的"使相"；三十六岁时检校司空，位列三公；四十岁时升任太尉，位居三公之首。郭子仪戎马一生，李光弼屡立奇功，他们几度以性命相搏将大唐从毁灭的边缘拯救过来，也不过才博得太尉之位。郭子仪被封太尉时已六十八岁高龄，李光弼出任太尉时也已五十三岁。

尽管如此，这依旧难以抚慰朱泚的心。兄弟反目，大权旁落，有家难回，那种苦涩是旁人无法感受的。德宗初即位，在德宗的安排下，朱泚曾短暂担任过泾原节度使，后来接任凤翔兼陇右节度使。凤翔府成为朱泚率领的那群无家可归的幽州兵暂时的归宿，这却始终割不断他们浓浓的乡愁。

如今变乱突起，如何处置朱泚成为一个棘手的问题。姜公辅劝德宗道："要么杀了朱泚，要么带着朱泚一起逃亡，否则贻害无穷！"太尉朱泚被削去兵权后一直郁郁寡欢，更为关键的是他曾担任过泾原节度使，一旦他和那些泾原乱军走到了一起，那么这场自发的变乱便会演变为有组织的叛乱。

急于逃命的德宗皇帝却根本顾不上这些，他正急切地渴望离开这个是非之地。不过他将在不久后品尝到自己亲手植下的恶果带给他的苦涩！

三年之前，术士桑道茂曾经神秘兮兮地对德宗皇帝说："在数年之内，陛下便会有暂离宫廷的危难。微臣望见奉天有天子气，应当将奉天城建得更高，更坚固。"德宗皇帝居然信了桑道茂的话，征发京城的民夫和六军士兵重修奉天城。如今却真的应验了！

德宗皇帝决意前往奉天城，而那里也的确成了他的福地。

长安城内顿时大乱，乱兵们争相闯入大内禁地，甚至还登上含元殿，大声喊叫着说："如今皇上已经逃了，现在可是我们大发横财的时候！"

乱兵欢呼鼓噪着争相进入府库，运走金银锦帛，直到实在运不动了，才停下来。

望着哄抢财物的部下，姚令言深深地叹了一口气，说："如若得不到天下，无论得到多少财物都不过是为他人作嫁衣，因为天下虽大，你们终将无处容身！你们想过今后的日子该怎么过吗？"

闻听此言，那些泾原将领全都面面相觑，眼前的这一切来得实在太突然了，也太梦幻了。谁也不会想到区区五千人居然可以占领偌大一座长安！谁也不会想到朝廷府库中的金银财宝居然可以任意拿取！唯有姚令言冰冷的话语将他们又拽回到残酷的现实。

姚令言接着缓缓道："如若想长久，必须找到一位可以带领我们夺取天下之人！听说朱泚太尉正闲居在府中，不如我们一起拥戴他吧！"

朱泚终于登场了！

烽烟再起的关中

德宗皇帝到了奉天。虽然文臣武将们陆陆续续前来奉天投奔，可是他却仍旧惶惶不可终日，因为这个小小的县城让他很没有安全感。

奉天城虽被重新修葺过，却毕竟只是一座县城，德宗皇帝李适自然嫌弃这里过于狭小，准备前往重镇凤翔府。他的祖父唐肃宗李亨曾驻跸在那里指挥收复两京的战役。但群臣却对德宗的凤翔之行忧虑重重——如今戍守凤翔的将士大都是朱泚带到关中来的幽州兵！

德宗皇帝却挥挥手说："朕去凤翔的主意已定，不过因爱卿的这一席话，权且再留一日吧！"

正是这短短的一天使德宗皇帝免于惨遭厄运。因为就在第二天，凤翔府发生了兵乱。德宗皇帝暗自庆幸并未去凤翔府，否则后果不堪设想。

朱泚率领声势浩大的军队前来攻打奉天城。他对于即将到来的这场惨烈的血战充满了信心，因为对手实在是太弱了，奉天城实在是太小了！

朱泚特地派遣使者给弟弟朱滔送去了一封信，颇为乐观地认为关中地区很快将会被平定，希望弟弟能夺取河北，挥师河南，这样他们兄弟二人便可会师洛阳，问鼎天下。可是小小的奉天城却很扛扛。朱泚围攻奉天长达一月之久，始终未能攻破。不过奉天城中的物资和粮食却也消耗殆尽，一场空前的饥饿席卷全城。

朔方、邠宁节度使李怀光率领大军从河北火速回援，派遣兵马使张韶穿着普通百姓的衣服抄小道先行前往奉天。

当张韶来到奉天城的时候，叛军正向城内发动猛攻。叛军仔细打量着张韶这个穿着破衣烂衫的陌生人，不会想到他竟然会是李怀光手下的兵马使。叛军驱使张韶与那些穷苦老百姓一起填塞壕沟，从而为他们发动下一轮猛烈的进攻铺平道路。

张韶一直苦苦等待着进城的机会。瞅准叛军防备松懈之际，他突然越过壕沟跑到城下，大声地呼喊道："我是朔方军的使者！"

由于时间紧急，守城将士并没有多少时间来核实这个陌生面孔的真实身份，况且这个孤零零的人也不会给城防构成多大的威胁，于是从城头上扔下了绳子。

城下的叛军被眼前突然发生的一幕惊呆了。经过短暂的停顿之后，一个如梦方醒的将领大声喊道："放箭！射死他！射死他！"

张韶紧紧地攥着绳索用力向上攀爬，可雨点般的箭镞向着他射来，深深地扎进他的肉里。鲜血顺着冰冷的箭镞向外流淌着，染红了他爬过的每一块墙砖。他没有时间理会身上巨大的疼痛，唯一能做的便是加快速度，一定要把那封重要的表章送进城里去。

他用颤抖的手从怀中取出那颗蜡丸，交到翘首以盼援军到来的德宗的手中。那是一颗希望的火种，足以燃起那些濒临绝望的将士们心中继续抗争下去的希望之火。

随后，李怀光率领的从东来的大部队到了咸阳，在醴泉①与叛军遭遇，将其打得落花流水。惊恐不已的朱泚得到这个消息后领兵火速逃回长安，龟缩在长安城里。

倘若李怀光再晚来三天，小小的奉天城肯定会被攻陷。虽然李怀光的到来将大唐从灭亡的边缘挽救回来，可他站在人生的巅峰，却在不知不觉间一步步走向毁灭的边缘。

李怀光生性粗疏，大大咧咧，他认定宰相卢杞、户部侍郎赵赞、神策军使者白志贞是这场劫难的罪魁祸首，他不止一次地说："一旦我见到圣上，一定奏请圣上杀了他们！"

老谋深算的卢杞极力阻止李怀光与德宗皇帝见面，他劝德宗道："如今

---

① 今陕西省咸阳市礼泉县。

叛军因刚刚打了败仗而士气低落，军心动摇。如果陛下诏令李怀光一鼓作气攻克长安，那么这场变乱很快便会平定。一旦给了叛军喘息之机，再想攻克长安可就困难了！"

德宗皇帝点了点头，不知不觉又犯起了急躁冒进的错误。

李怀光怀着激动的心情等待着德宗皇帝的召见，不断幻想着自己数千里赴难勤王，打败朱泚，德宗皇帝会用何等隆重的礼节来迎接他这位大功臣。终于，热切期盼的圣旨来了，他却大失所望：责令他限期攻克长安！

这个命令浇灭了李怀光的热情，不满的种子开始在他心底深处发芽。李怀光逐渐猜到了其中的隐情，将满腔肺腑之言都化作奏章上洋洋洒洒的文字，道出了朝中官员敢怒而不敢言的话，在朝野上下引起了强烈反响。

其实真正将李怀光推上反叛这条不归路的是李晟。正是在李晟的算计下，李怀光才一步步走向了一条不归路。

李晟上奏德宗皇帝请求将军队移驻东渭桥[①]，德宗并未允准。李晟却擅自将自己所率的兵马单独移驻东渭桥。一个统帅竟然无法预知所属部队的动向，给李怀光带来的心灵震撼可想而知，更为重要的是李怀光无从知晓这是李晟的个人行为，还是皇帝的旨意，无疑更加深了他对朝廷的不满和猜忌。

李晟却还不满足，希望鄜坊节度使李建徽和神策行营节度使阳惠元脱离李怀光的控制，也移驻东渭桥。

移驻风波还未平息，另一波又起。

神策军与朔方军的待遇水平存在着很大差异。李怀光上奏德宗皇帝希望尽快解决"同工不同酬"的问题。李怀光这个举动被认定为企图制造事端，借机损害李晟在军中的地位。但一个很重要却极易被忽略的细节需要重新解读。李怀光手下的将士们常常掠夺百姓的牛马，而李晟军却秋毫无犯。表象是李晟治军有方，军纪严明，深层次原因是神策军将士有的吃，

---

① 位于今陕西省西安市高陵区。

112

有的喝，还用得着抢吗？

一向治军严整的李怀光严厉得几乎不近人情，但他的部队来到长安城下却突然变得无组织，无纪律，其中肯定另有隐情！

自古以来"不患寡而患不均"。待遇的落差肯定会使将士们出现情绪波动。李怀光在向朝廷反映朔方将士们的一个强烈诉求：平等。

德宗皇帝确实也有难处，如果都按照神策军将士的标准发放军饷粮食，朝廷肯定承受不了这笔巨额开支——朔方军足足有五万之众。

德宗皇帝对此始终犹豫不决，特意派遣自己的亲信陆贽到前线去调研，召集李怀光和李晟商讨可行性方案。但李晟却将这个难题抛给了李怀光。如果李怀光执意坚持下去，他无疑将会成为神策军将士们的众矢之的，况且两军的关系一直以来都不太融洽。李怀光曾经为了示好主动将劫掠的牛羊分给神策军将士，可是自视高傲的神策军将士却将友军送来的礼物拒之门外。

神策军是中央禁军，皇帝和朝臣对这支部队有着本能的偏爱，而朔方军则是一支让皇帝既倚重又猜忌的部队。由于郭子仪与代宗皇帝有着特殊的情谊，朔方军曾迎来了一个前所未有的黄金时期，可随着代宗皇帝的去世，一切都在悄然发生变化。

李晟上奏德宗皇帝恳请任命自己三名亲信副将分别担任洋州、利州、剑州三州刺史。洋州是关中通往山南东道的门户，而利州和剑州则是山南东道通往剑南的门户。他这么做的目的是保证德宗皇帝南下道路的畅通。这自然又是为了防范手握重兵的李怀光。

虽然这个建议再次被德宗皇帝否决，可是随着李晟与李怀光的矛盾不断升级，德宗皇帝一个不经意的举动却将之前所有的努力都化为了泡影。刚刚从一场灭顶之灾中挣脱出来的大唐再次被推到了危险的边缘。

德宗皇帝决定往咸阳前线视察，这无疑让李怀光和他手下的那帮将领们顿时绷紧了神经，之前发生的种种不快使李怀光与朝廷的关系变得微妙而又敏感。

兴元元年（公元784年）二月二十三日，德宗皇帝任命李怀光为太尉，还特意赐给他铁券，但升官的诏书和免死的铁券带给李怀光的却不是荣耀，而是不安。

当着朝廷使者的面，李怀光竟然将铁券重重地摔在地上，愤愤不平地说："难道皇上猜忌我李怀光吗？"

之前许许多多铁券的拥有者如安禄山等人，最终都走上了反叛之路。李怀光也得出这样的结论：我本来不想造反，如今赐给我铁券，这是想逼我造反啊！

德宗皇帝派遣李怀光的儿子李璀前往咸阳做最后的努力，可李怀光却说了一句发自肺腑的话："主上无信，吾非贪富贵也，直畏死耳，汝岂可陷吾入死地邪？"①

史书按照统治者的要求重构了李怀光的历史形象，很多记载其实都是失实的，可是这句话无疑是最接近李怀光真实心境的话语。李怀光反叛不是为了荣华富贵，也不是因为他有什么政治野心，就是为了能够活下来！

李怀光并没有将儿子李璀留在自己的身边，居然允许李璀又回到德宗皇帝的身边，因为他希望德宗皇帝能理解自己的处境，体谅自己的苦衷，否则他怎么会忍心让自己的亲生儿子回到政治对手的身边呢？

如若李怀光果真像史书描写得那样蓄谋已久和阴险狡诈。此时他只需派出一支奇兵便可以将德宗皇帝扣为人质，这样便可以"挟天子以令诸侯"，可是他却并没有那么做。

随着形势日趋紧张，德宗皇帝李适也意识到必须尽快离开奉天，准备去梁州②投奔山南西道节度使严震。

犹豫良久的李怀光终于要出手了，不过他错过了最佳时机，也选错了攻击方向。

在茫茫夜色掩映下，李怀光率领的朔方军向曾经的友军李建徽部和阳惠元部悍然发动了偷袭。这两支并无多少戒备之心的部队瞬间便崩溃了。

---

① 《资治通鉴·卷二百三十二》。

② 治所在今陕西省汉中市区。

李建徽得到上天的眷顾成功逃脱了。阳惠元死得颇为壮烈，披头散发，袒露着身体与叛军力战身死，而他的两个儿子藏于井中依然被叛军搜出后惨遭杀害，父子三人一同为国捐躯。

李怀光公开宣称："吾今与朱泚连和，车驾且当远避！"[①]这无疑是赤裸裸的挑衅，而此时的李怀光也彻底没有后路了。

兴元元年（公元784年）二月二十六日注定是一个特殊的日子。李怀光手下将领赵升鸾带着主帅的嘱托来到奉天城，因为他们的阴谋将在这个月冷星稀的夜晚实施。

到了约定的时刻，朔方别将达奚小俊将会放火焚烧乾陵。当熊熊的火光传到奉天城的时候，赵升鸾便可以动手了，而他的任务就是接应李怀光的大军进城。那时德宗皇帝将会彻底沦为他们手中的猎物。

朔方出身的将领数量众多而又盘根错节。很早就成名的浑瑊虽说如今没有李怀光官大，可是他的资历却比李怀光还要老，在朔方军中也有着连李怀光都不可小觑的政治影响力。赵升鸾将李怀光的阴谋告诉了浑瑊。顿感事情严峻的浑瑊立即禀告了德宗皇帝。

危险再度降临到德宗的头上，可当初前来勤王的各路队伍，除了一些嫡系部队外都陆续返回了原来驻地。

德宗命浑瑊全城戒严。可浑瑊还没有布置停当，早就吓破胆的德宗便迫不及待地逃跑了，就像当初逃离长安那样狼狈不堪。

此时的李怀光一时间不知该何去何从了，最后做出一个惊人的决定：东撤。

---

① 《资治通鉴·卷二百三十》。

再次降临的曙光

　　魏博宣慰使孔巢父带着德宗的嘱托悄然来到了魏州。一直沐浴在战火中的魏州城终于闪现一丝和平的曙光。

　　田悦担任了五年节度使，却与朝廷打了四年仗。几度死里逃生的田悦再也不愿像过去那样在刀尖上行走了。兴元元年（公元784年）三月初一，田悦与孔巢父酣畅淋漓地喝着酒，痛快地聊着天。能言善辩的孔巢父趁机将叛逆招来的祸和归顺得来的福说得明明白白，清清楚楚。

　　为了表示归顺朝廷的诚意，田悦竟然将自己的警卫们都支得远远的，可是他却不会想到，危险正在一步步地向他靠近。

　　为了报答叔父的提携之恩，田悦颇为善待自己的那些堂兄弟们。正是源于这种信任，田承嗣第六子田绪一直执掌着魏博镇最为精锐的部队牙军，可是田绪与田悦的关系却不断恶化。一次偶然醉酒事件后，田绪趁着夜色袭击了入睡的田悦。年仅三十四岁的田悦就这样惨死在田绪的屠刀之下。

　　原本准备援救贝州的李抱真和王武俊得知这场变乱后只得停下了进军的步伐。

　　最兴奋的人无疑当数朱滔。他对暗中背叛自己的田悦充满了仇恨，认为这是上天在帮助自己，不过此时他却高兴得太早了。

　　朱滔想要趁着魏博内乱一举攻下魏州。围困魏州城的幽州兵激增到一万两千人。这座坚固的城池顿时变得岌岌可危。

　　在大兵压境的关键时刻，田绪屈服了。在他的眼中本就没有道义可言，只要能够生存下来就行。

李抱真与王武俊密切关注着田绪的一举一动，不遗余力地想要将田绪拉到自己的阵营。李抱真与王武俊派来的使者承诺一定履行田悦在世时定下的盟约，肯定会前来援救。

经过一番艰难的抉择，田绪派遣使者带着归顺表章踏上了西行的路。田绪望着城下的幽州兵，知道一场暴风雨即将袭来。

朱滔率军进攻贝州已经一百多天，进攻魏州已经四十多天，却迟迟没有进展。

在决定战争未来走向的关键时刻，唇亡齿寒的隐忧和建功立业的梦想促使恒冀观察使王武俊下定决心不再继续充当一个旁观者。

兴元元年（公元784年）四月二十八日，王武俊和李抱真的部队相继在南宫县东南相距十里的地方分别安营扎寨。

曾经兵戎相见的两支部队充满了猜忌，李抱真深知两军只有真正地形成战斗合力才会彻底地扭转河北的战局。

李抱真向着王武俊的军营坚定地走去。李抱真握着王武俊的手，泪流满面地诉说着社稷蒙难和皇帝流亡的苦难岁月。他的悲伤感染了王武俊，也感了王武俊身边的每一个人。因为那是李抱真的真情流露，而真诚无疑最能打动人！

朱滔急忙征调围困魏州的部队前来增援，决定次日与对手决一死战。

五月初六清晨，王武俊率领骑兵位于战阵的前端，而李抱真率领步兵位于战阵的后端。王武俊手下的兵马使赵琳带领五百精锐骑兵埋伏在桑林之中。正是这支部队即将在这场惨烈的战争中发挥决定性作用！

战事的结果是朱滔率领的三万将士中，死亡一万余人，逃散的也有一万余人，朱滔仅仅带领数千人逃入营垒坚守。

正赶上天刚刚黑，雾气也变得越来越浓重，前来追击朱滔的李抱真和王武俊两支军队只得停下了前进的步伐。李抱真在朱滔营地的西北面驻扎下来，王武俊在朱滔营地的东北面驻扎下来。就在这天夜里，朱滔烧掉营垒，丢下堆积如山的财物仓皇逃走了。

在返回幽州的路上，朱滔的内心无疑是极其纠结的，既惭愧又担忧，好在留守范阳的大将刘怦夹道列队二十里将朱滔迎入城中，仿佛朱滔并不是惨败而归，而是凯旋！

次年六月，悲愤交加的朱滔在病痛中结束了自己的生命。他短暂的人生颇为值得玩味，三十岁左右便达到了许多人一生都难以企及的高度，可是他却想爬得更高，最终从高处重重地摔下。

朱滔郁郁而终之后，幽州将士们拥戴刘怦主持军务。尝够了颠沛流离滋味的德宗很快便任命刘怦为新任幽州节度使。但刘怦的节度使生涯仅仅持续了三个月就戛然而止了。刘怦病逝后，刘怦的儿子刘济成为幽州节度使。刘济此后镇守幽州二十五年，深得军心，后来却因诸子不和，争权夺利，以致最终祸起萧墙。

为了彻底稳定河北战局，德宗皇帝加封李抱真、张孝忠、王武俊为同中书门下平章事，同时将康日知调离河北，改任同州①刺史、奉诚军节度使。同州距离都城长安仅仅二百八十里，一直是拱卫京师的重要门户，也是地缘政治地位极为重要的"四辅州"之一。德宗皇帝让康日知这个归顺朝廷时间并不长的昔日叛将来镇守具有举足轻重地位的同州不过是权宜之计，一直想着让他换个地方。河中镇陆续收复后，康日知成为首任晋慈隰节度使，管辖晋州②、慈州③、隰州④三州。

王武俊成为新任成德节度使，恒冀观察使和深赵观察使也一同被撤销。王武俊管辖恒州、冀州、深州、赵州四州。朱滔北返幽州后，其占领的原属于淄青镇的德州、棣州也随即被王武俊所侵占，此时王武俊管辖的地域已经接近于成德镇全盛时期。

德州、棣州两州位于黄河以北，与淄青镇其他属州被黄河所阻隔，因此失去两州对于李纳来说并无大碍。加上此前失去的徐州，此时李纳手中的地盘已经比父亲李正己在的时候缩减了三州，但淄青镇仍旧是管辖十二

---

① 治所在今陕西省渭南市大荔县。
② 治所在今山西省临汾市尧都区。
③ 治所在今山西省运城市新绛县。
④ 治所在今山西省临汾市吉县。

州之地的大藩镇。

为了尽快收复都城长安，平定叛乱，兴元元年（公元784年）三四月份德宗皇帝任命了浑瑊为朔方、邠宁、振武、永平、奉天行营兵马副元帅，任命李晟为鄜坊、京畿、渭北、商华副元帅。浑瑊屯驻在奉天城，与屯驻东渭桥的李晟东西相互呼应，即将对长安发动东西夹击的攻势。

朱泚被压缩到长安城内，不过他的手中此时还掌握着一个诱人的砝码：李晟以及手下许多将士的家属。

李晟的手下人自然会挂念家人的安危，私下里一直在讨论这个话题，恰巧被李晟听到了。其实李晟全家一百多口如今也全都攥在朱泚的手中。

朱泚希望通过善待这些人的家属来软化他们的战斗意志，还特地让李晟的一个朋友给他捎去一封家信。李晟谢绝了朱泚的好意无异于宣判了家人的死刑，可他却觉得自己必须要这么做，因为这一切都只不过是一场阴谋。一支顾念着家人安危的部队怎会向操控着家人生死的敌人痛下杀手呢？

李晟毅然决然地断绝了家人的生路，因为只有这样做才能彻底断绝朱泚的活路！

五月二十日，旗幡招展，炮号连天，蛰伏已久的唐军排列成整齐的队列，李晟当即下达了将士们期待已久的命令：收复长安。

朱泚仓皇逃离长安，一路向西直奔驿马关。只要过了这道关口，前面便是吐蕃人的领地。宁州刺史夏侯英却拦住了他的去路，朱泚最后一丝逃生的希望也破灭了！

走到彭原县西城的时候，跟随朱泚多年的梁庭芬突然反叛，射死了朱泚。朱泚的生命永远地定格在了四十三岁。

翘首以盼的德宗李适终于等到了收复京城的好消息，不禁流着眼泪说："天生李晟，以为社稷，非为朕也。"[1]

七月十一日，德宗派遣给事中孔巢父带着任命李怀光为太子太保的敕

---

[1] 《资治通鉴·卷二百三十一》。

书前往河中去见李怀光，并悉数恢复朔方将士们原来的官爵。

七月十八日，风尘仆仆的孔巢父终于抵达了河中府。李怀光身着素服向孔巢父请罪，因为他不希望错过这最后一丝和解的机会。所有人都认为孔巢父会对李怀光好言安慰一番，可是孔巢父却一脸漠然地看着他。

李怀光的亲信们唉声叹气地说："李太尉的官爵恐怕是保不住了！"

就在将领们窃窃私语的时候，孔巢父开始宣读圣旨，当念到李怀光新职务的时候，他突然有些不合时宜地问了一句："军中有谁可以代替太尉统领军队呢？"

李怀光的亲信大多是直来直往、脾气暴躁的胡人。这些人一听朝廷是来收缴兵权的，顿时就炸窝了，因为他们觉得李怀光一走，自己的末日恐怕就要到了。

巨大的喧哗声顿时掩盖了孔巢父宣读圣旨的声音，孔巢父的声音越来越微弱。

终于有人按捺不住心中的怒火，举起手中的兵刃恶狠狠地向孔巢父砍去。宣读圣旨的声音戛然而止，孔巢父扑通一声倒在地上，鲜血随即浸红了他身下的那片土地。

虽然这些久经沙场的将士们对于死亡和鲜血早就司空见惯了，可是眼前这个人的死却仍旧给他们带来了巨大的心灵震撼，因为他们知道与朝廷和解的最后那道门已然被他们亲手关上了。

这是一起纯属偶然的突发事件，还是蓄谋已久的政治阴谋，已经不得而知了，但此时的李怀光无疑已经彻底无法再回头了，只得整治兵马，为即将到来的恶战准备着。

朔方节度使浑瑊、河东节度使马燧、镇国军节度使骆元光、鄜坊节度使唐朝臣四路大军完成了对李怀光的战略合围。日益严峻的形势使李怀光的军中再度发生了分裂，有人企图投降，有人企图逃亡。虽然李怀光用杀戮来维系自己的权威，却犹如强弩之末！

贞元元年（公元785年）八月，马燧与浑瑊率领大部队抵达与河中府近在咫尺的焦篱堡①，守卫那里的李怀光将领望风而降。

这天傍晚，李怀光举火报警，可是却没有一个将领响应。这还不是最令李怀光心碎的。戍守河中府的部下居然自己先乱了起来。

蜿蜒的黄河将河中府分为东、西两城，而两城的士兵们互相观望着，因为他们知道继续抵抗下去已经没有任何意义了。

深知大势已去的李怀光最终自缢而死，草草地了结了残生。随着李怀光的离去，曾经立过大功、又犯过大错的彪悍的朔方军也彻底淡出了历史舞台。那个曾经风光无限，甚至可以左右帝国命运的朔方镇也彻底沦为一个地域狭小、微不足道的小藩镇，渐渐消失在历史的深处。

河中已经平定，此时的李希烈也逐渐陷入四面楚歌的绝境之中。德宗皇帝下令与淮西接壤的各道藩镇不得贸然进攻，承诺给李希烈留一条活路。可是李希烈却从登上皇位的那一刻起便没有想过再回头。

困兽犹斗的李希烈进犯襄州以失败告终，进犯郑州也以失败而告终。处处受挫让他急火攻心，病倒了，而且这次倒下便再也没有起来。

当初李希烈攻入汴州时听闻户曹参军窦良之女颇为美貌，便强娶她为妾。与父母临别之际，窦氏跟他们耳语道："你们不要悲伤，且看女儿我如何为国杀敌！"虽然李希烈对其颇为宠爱，却依旧无法得到窦氏的心，窦氏想的依然是如何为朝廷除去这个叛贼。恰巧李希烈手下大将陈仙奇的妻子也姓窦，窦氏便对李希烈说："陈仙奇忠勇可用，其妻与奴家同姓，愿与其结为姐妹，也好借此笼络陈仙奇。"对窦氏百依百顺的李希烈自然欣然应允。窦氏与陈仙奇的妻子就这样结盟了。

一日，窦氏屏退左右，对陈仙奇的妻子说："叛贼如今虽强，却终究会败，不如早作打算！"陈仙奇的妻子惊奇地望着窦氏，随后心领神会。

贞元二年（公元786年）四月初七，孱弱的李希烈毫无防备地喝下医师为他"精心"配置的草药，这碗草药不仅不能治病，反而要了他的命，而下毒之人正是陈仙奇！

---

① 在今山西省永济市北。

李希烈死后，他的儿子秘不发丧，想要诛杀诸位将领后自立为淮西留后。

窦氏一时间急得如同热锅上的蚂蚁。恰在此时，有人进献樱桃，窦氏请求分一些送给陈仙奇的妻子。由于窦氏和陈仙奇的妻子之间走动一向颇为频繁，李希烈的儿子自然也就没有起疑心。窦氏用蜡封上帛条夹在樱桃之中送了出去。

陈仙奇得知后不禁大惊失色，随即带兵鼓噪而入，斩杀了李希烈之子。李希烈的兄弟、儿女全部被杀，就连窦氏都未能幸免。陈仙奇还将李希烈及其妻子、儿子共七人的首级放入匣子中封好献给德宗。李希烈的死标志着这场席卷半个帝国的叛乱风潮宣告结束。

德宗皇帝因感念陈仙奇诛杀首恶，任命他为淮西节度使，为当地百姓减免赋税二年。但仅仅四个月后，大将吴少诚便以复仇之名将陈仙奇送上了黄泉路。

兵权在握的宦官

德宗皇帝登基之初想要撤换执掌禁军多年的王驾鹤，却又怕激起变乱，于是让老练的宰相崔祐甫亲自出面解决这个棘手的问题。这不是一项简单的人事任命，而是关乎朝廷安危的重大政治决策。

那天，崔祐甫特地召桀骜不驯的王驾鹤来宰相官署谈话。王驾鹤来了，但让他没想到的是他再也回不去了。

王驾鹤和崔祐甫的谈话持续了很长时间。就在两人相谈甚欢之际，德宗皇帝新任命的神策军使白志贞已经马不停蹄地前往神策军军营接管部队了。德宗另给王驾鹤安排了一个新职务——东都园苑使，命他到东都洛阳去管理园林宫苑去了。

德宗皇帝是觉得武将不可靠，才特意选择文官白志贞来掌管禁军的。白志贞虽然对德宗皇帝俯首帖耳，却最终辜负了他的殷切期望，以至于让德宗在泾原兵变后落到无家可归的悲惨境地。

德宗皇帝落荒逃跑当然并不是白志贞一个人的错，他也有着许多不为外人所知的无奈和委屈，但唐德宗却从那一刻起又不得不重新考虑谁出任禁军统帅才更合适，既可以使他安心，又可以让他放心。

兴元元年（公元784年）十月三十日，德宗皇帝命宦官窦文场监神策军左厢都知兵马使，命宦官王希迁监神策军右厢都知兵马使。这无疑成为宦官再度染指禁军兵权的开始。虽然此时神策军的最高统帅仍旧是由武将出任的神策大将军，但神策军也由一元领导变为二元领导，宦官在军中的影响力日渐增强。

代宗皇帝李豫曾费尽心机地铲除了大宦官李辅国、程元振、鱼朝恩，使宦官势力一度一蹶不振，可是宦官势力却在德宗皇帝执政时死灰复燃。因为在德宗皇帝最孤独无助的时候，是宦官寸步不离地守候在他的身旁。

左神策大将军柏良器招募勇士代替禁军中原本是小商小贩的劣质兵员，引起了窦文场的强烈不满，因为他觉得这是柏良器在故意排斥异己，借机扩大自身的影响力。德宗皇帝听信谗言很快就将柏良器免职，任命其担任有名无实的右领军大将军，"自是军政皆中官专之"[①]。

但是我们也应该看到窦文场阻止不了柏良器，这说明左神策大将军仍旧拥有独立处理军务的能力。左神策大将军这个职位基本上还是和那些宦官平起平坐的。可是这种脆弱的平衡很快将被打破。

贞元十二年（公元796年），德宗皇帝又创制了两个新职务——左、右神策军护军中尉，由宦官窦文场和霍仙鸣分任。

中尉在古代是负责京城治安的高级军官，相当于今天的北京卫戍区司令员。汉代时，"中尉"更名为"执金吾"，而且一直沿用下来。唐代的左、右金吾卫仅仅负责京城治安，而保卫皇帝的重任则由北衙禁军负责。

神策军护军中尉在唐代并不是体制内的官职，史书中自然也就没有记载它的级别，但是我们依旧可以从一些史料中找到端倪。

"（元和）十四年三月，屯田奏：'左、右神策中尉准令式二品官，令受田一十顷，请取京兆府、折冲府、院戎场、埭圩、公廨等地七十七顷二十六亩八分，数内取二十顷，充前件官职田。'依奏。"[②]职田是根据官员担任的职事官品级而确定的"福利分地"制度，通过这项制度可以看出中尉实际上享受着二品官的待遇。左、右神策军大将军只是正三品，中尉的级别在大将军之上。这也就意味着由武官出任的大将军和将军彻底沦为由宦官担任的护军中尉的属官。

"（中尉马）存亮遣左神策大将军康艺全、将军何文哲、宋叔夜、孟

---

① 《新唐书·卷一百三十六·列传第六十一·柏良器传》。

② 《册府元龟·卷五百七》。

文亮，右神策大将军康志睦、将军李泳、尚国忠，率骑兵讨贼。"①这个"遣"字将二者的上下级关系暴露无遗！

神策军护军中尉成为左、右神策军的最高统领，而且一直延续了一百零七年，直到唐朝末年宣武节度使朱温将宦官屠杀殆尽，这项制度才彻底走到了历史的尽头。

这似乎是一个历史的轮回，但德宗皇帝并未走老路，因为他并没有完全忘记李辅国、程元振和鱼朝恩宦官干政的血淋淋的教训。

德宗皇帝不再让一个人统领禁军，而是让两个心腹宦官各自统领一军，从而互相牵制、互相制约。此外，枢密使制是与中尉制相继确立的一项重要制度，这么做的初衷就是军政分离，避免像李辅国、程元振和鱼朝恩那样借助军事权力来谋求政治影响，进而要挟皇帝。

窦文场和霍仙鸣虽然权势煊赫，却都对皇帝恭敬顺从。可让德宗皇帝始料未及的却是那些原本卑躬屈膝的宦官们一旦操控了神策军往往会蜕变成身边最危险的敌人，他们甚至可以左右皇帝的册立，决定皇帝的生死。

在德宗皇帝之后，大唐共迎来了十一位皇帝，只有顺宗皇帝李诵依靠太子身份即位，却也受到宦官干扰，最后一位皇帝唐哀帝由篡唐的朱温拥立，剩下的九位皇帝均由宦官拥立。俱文珍拥立宪宗皇帝李纯，王守澄、陈弘志拥立穆宗皇帝李恒，王守澄拥立敬宗皇帝李湛，王守澄拥立文宗皇帝李昂，仇士良拥立武宗皇帝李炎，马元贽拥立宣宗皇帝李忱，王宗实拥立懿宗皇帝李漼，刘行深拥立僖宗皇帝李儇，杨复恭拥立昭宗皇帝李晔。宪宗皇帝李纯和敬宗皇帝李湛更是直接死于宦官手中。

德宗皇帝定然不会想到日后宦官势力竟会猖獗到如此程度。宦官专权在其他朝代虽然也曾经出现过，可是如中晚唐那样可以决定皇帝的废立和生死，确是前无先例、后无来者。

德宗皇帝一生用过三个年号，分别是建中、兴元和贞元。这三个年号

---

① 《新唐书·卷二百七·列传第一百三十二·马存亮传》。

无疑代表着他的三种心境。

建中年间，他意气风发，雄心勃勃，决意建功立业，谁知却导致天下大乱，自己流离失所，烽烟四起，百姓生灵涂炭。

兴元年间，他久经磨难，不停反思，不断地改变，不断地妥协，虽然那场震惊天下的变乱平定了，可朝廷的尊严却也被践踏了。

贞元年间，他心有余悸，得过且过，对于藩镇割据势力一味地妥协，一味地退让。

刚刚从那场"二帝四王"的大动荡中挣脱出来的德宗皇帝不过才刚刚过了不惑之年，却已经显得有些苍老，就像一只被阉割了的雄鸡，再也不像之前那样英姿勃发了。

虽然在此后的二十年时间里，大唐表面上风平浪静，可实际却是暗潮汹涌。

第四章 元和中兴

734

907

喜忧参半的困境

贞元二十一年（公元805年）正月初一，诸王与皇亲们纷纷赶来向六十四岁的德宗皇帝李适祝贺，祝贺的人群中却唯独没有太子李诵的身影。

四十五岁的李诵在去年九月因突发中风而卧床不起。李诵的儿子多达二十七个，仅次于玄宗皇帝李隆基，或许正是过度沉溺于女色严重透支了他的健康。

正月二十三日，德宗皇帝带着巨大的遗憾走了，在东宫苦苦等待二十余年的太子李诵终于登上了权力巅峰，成为大唐第十一位皇帝，史称"唐顺宗"。顺宗皇帝迫不及待地想要施展自己的政治抱负，即位之初便开展了一场声势浩大的"永贞革新"运动，但此时的顺宗皇帝却因身患中风而不能说话了，他注定只是历史上一个匆匆的过客。

在宦官们的拥立下，他的儿子宪宗皇帝李纯登基称帝，史称"唐宪宗"，而他自己被迫沦为了太上皇。

宪宗皇帝从爷爷和父亲手中接过来的是一个烂摊子，河北三镇（即幽州、成德、魏博）、淄青、淮西等藩镇割据一方，朝廷对其始终鞭长莫及。长此以往，其他地区的节度使也是蠢蠢欲动。

首先发难的便是剑南西川节度使刘辟，恳请朝廷将三川全都划归自己管辖。三川指山南西道、剑南西川和剑南东川三道。三川的力量格局是极不平衡的，剑南西川管辖着二十六个州，而剑南东川和山南西道却仅仅分别管辖着十二个州和十五个州。

刘辟的无理要求自然遭到了唐宪宗的拒绝。恼羞成怒的刘辟居然率兵围困东川节度使的驻地梓州[1]，唯唯诺诺的东川节度使李康只得仓促应战。

面对这起突发事件，二十九岁的宪宗皇帝展现出了一个帝王的魄力和勇气。

元和元年（公元806年）正月二十三日，宪宗皇帝命左神策行营节度使高崇文率领步、骑兵五千人担当前军，神策京西行营兵马使李元奕率领步、骑兵两千人担当后军，与山南西道节度使严砺共同讨伐刘辟。

高崇文率部日夜兼程地赶往梓州，但路途遥远而又道路险峻，需要翻越秦岭山脉和大巴山区。刘辟没有想到宪宗皇帝居然会真的动武，更没有想到唐军会来得如此之快！

即便如此，高崇文急行军来到梓州时，梓州却已陷落了。其实东川节度使李康只要再坚持几天便会看到援军的身影。

刘辟见势不妙主动撤围，为了主动示好还将俘获的李康交还给了高崇文，而高崇文却以失职之罪将李康这个封疆大吏斩杀了。

梓州之战的胜利也坚定了宪宗皇帝战斗到底的决心，与敢于公然挑战朝廷权威的刘辟彻底撕破了脸。

三月十三日，宪宗皇帝颁布制书削去刘辟所担任的官职爵位，西川之战全面打响了。

宪宗皇帝焦急地等待着前线传来的消息，这是他与藩镇割据势力的首次正面交锋，朝野上下都在关注着这场战事。

就在西川激战正酣之际，西北边陲却又出事了。

夏绥节度使韩全义入京朝见，临行前命外甥杨惠琳处置军政事务。宪宗皇帝见韩全义入朝时态度傲慢，有失恭顺，索性让其退休，任命右骁卫将军李演为夏绥节度使。

暂时主持夏绥镇军务的杨惠琳居然率领兵马阻拦新任节度使李演上任，还上表奏称："将士们逼迫我出任节度使！"

宪宗皇帝恼怒之余命河东节度使严绶与天德军合兵进击恣意妄为的杨

---

[1] 治所在今四川省三台县。

惠琳。严绥派遣牙将阿跌光进及其弟阿跌光颜带领兵马前去讨伐杨惠琳，兄弟二人在河东军中都以勇敢著称。在大兵压境之际，夏绥镇内部发生了分裂。

三月十七日，夏州兵马使张承金斩杀杨惠琳，将他的头颅传送京城。与此同时，西川的战事也朝着宪宗皇帝所希望的方向发展着。

这一年堪称一个多事之秋。此时的淄青节度使李师古也已病入膏肓。他的节度使之位是继承自父亲李纳，谁将在他死后接任节度使一时间成为各方关注的焦点。

李师古有个同父异母的兄弟李师道，李师古对这个弟弟极为严厉。李师道长期在外任职，不知自己的哥哥为何会如此苛待自己。

李师古其实是在刻意历练涉世未深的弟弟。他十五岁便担任节度使，根本不懂耕种的艰辛与收获的不易，因此不想让弟弟也走自己的老路，想让他体尝百姓的艰辛，感知世间的冷暖。但李师古所有的努力最终都是徒劳的。

闰六月初一，李师古带着无奈和忧虑永远地离开了人世。他的僚属们暗中将远在密州的李师道迎回了节度使驻地郓州①。

自从安史之乱后，淄青节度使便一直由李家把持着，朝廷只是在事后追认罢了。宪宗皇帝虽对此颇为不满，却不敢贸然同时发动两场战争，只得选择了妥协，任命李师道为新一任淄青节度使。

九月二十一日，高崇文站在成都府宏伟的城楼上，忽然生出一览众山小的感觉。唯一的遗憾就是刘辟已经带领数十名亲信仓皇地向西逃奔吐蕃。但高崇文是一个不愿轻易留下遗憾的人。

高崇文派兵紧紧追赶，无路可逃的刘辟只得纵身跳入长江。可葬身江底的愿望最终还是破灭了，他随后被装入槛车送往京城，等待他的将是令其心生寒意的杀戮！

高崇文成为新任西川节度使，但宪宗皇帝却下令将原本属于剑南西川

---

① 治所在今山东省郓城县。

的资州、简州、陵州、荣州、昌州、泸州六地划归东川。西川节度使管辖的地盘锐减到二十个州，而东川节度使管辖的地盘却猛增到十八个州，有力解决了三川间力量对比严重失衡的局面。

杨惠琳、刘辟这两个出头鸟全都成为宪宗皇帝走向权力巅峰的祭品。很多在藩镇长期任职的节度使纷纷上书请求入京朝见。朝见的结局无非有三种：返回本镇、调任别处、留京任职。当这股入朝风潮席卷整个帝国的时候，镇海节度使李锜陷入了痛苦的抉择之中。

李锜权衡再三下定决心请求入京朝见，很快便得到了宪宗皇帝的批准。为了促使他尽快成行，宪宗皇帝特地派遣中使前去抚慰他和他手下的那帮将士。

李锜委任判官王澹担任节度留后，就在所有人都认为李锜即将离开的时候，他却迟迟不肯动身。王澹与朝廷派来的中使屡次催促，招致李锜的强烈不满，索性上表以身染疾病为由请求推迟到年底再入京朝见。

李锜要求朝见就朝见，要求中止朝见就中止朝见，长此以往，朝廷威严何在？陛下威信何在？

宪宗皇帝随即下旨：必须来！摆在李锜面前的只有两条路：乖乖朝见或者抵抗。

适逢镇海军发放冬季军服，李锜全副武装地坐在帅厅中间。王澹与中使进厅谒见。数百名将士突然冲进庭院之中，喧噪着说："王澹是什么人，竟敢擅自掌管军中事务？"

那些士卒见到王澹后纷纷挥动兵刃，将其残忍杀害。朝廷派来的中使见状吓得瑟瑟发抖。李锜并不想与朝廷彻底决裂，佯装大惊，赶忙将惊慌失措的中使救了下来。

元和二年（公元807年）十月初五，忍无可忍的宪宗皇帝下诏免去李锜的镇海节度使职务，改任尚书左仆射。

事已至此，李锜也彻底放弃了进京朝见的想法，以平乱兵变为由请求暂且留任一段时间用来收拾残局。

李锜派遣兵马使张子良、李奉仙和田少卿领兵三千人袭击宣州，但当天夜晚，三位将领却回军直奔镇海军驻地润州①。李锜被戴上枷锁后送往京城治罪。

即位之初，宪宗皇帝与藩镇势力三战三胜，信心倍增，于是将目光投向了实际上已经从大唐割裂出去近半个世纪之久的河北地区。

元和四年（公元809年）三月，成德节度使王士真去世。他的节度使之位是从父亲王武俊手中继承而来的，因此他决意将此位传给自己的儿子王承宗。河北三镇节度使相继设置了节度副大使，以嫡长子担任，一旦父亲去世，便代替父亲统领军中事务。如今幽州节度使刘济、淮西节度使吴少诚皆已是风烛残年，是否准予父死子继成为宪宗皇帝必须面对的一个重大问题。

八月初九，宪宗皇帝派遣京兆少尹裴武前去安抚王承宗。此时的宪宗皇帝希望竭力稳定河北的局势。

王承宗对朝廷的使臣表现得极其恭敬，请求向朝廷献出德州与棣州，不过在他人的挑拨之下很快便变卦了。

九月初七，宪宗皇帝正式任命王承宗为成德节度使，却只管辖恒州、冀州、深州、赵州等四州。宪宗皇帝另设保信军节度使，管辖德州、棣州二州。德州刺史薛昌朝成为首任保信军节度使。他是昭义节度使薛嵩的儿子，也是王承宗的女婿。正是因为他特殊的政治背景，宪宗皇帝才决定任用他来管理这个新藩镇，可是薛昌朝却还没有来得及赴任便突遭不测。

魏博节度使田季安派人前往成德镇大肆进行挑拨离间。河北三镇既不愿归顺朝廷，也不愿轻易惹祸上身，总是希望对手与朝廷打得不可开交，自己能够坐收渔翁之利。

魏博的使臣说薛昌朝早就有异心，一直与朝廷暗中勾结。这无疑燃起了王承宗心中的怒火，而熊熊的怒火也燃尽了他心中残存的理智。

朝廷派来的中使携带着薛昌朝的任命文件途经魏州。田季安设宴盛情

---

① 治所在今江苏省镇江市。

犒劳中使，而且留中使一连住了好几天。抵达德州时，中使却得到一个令人震惊的消息：王承宗已经派遣数百名骑兵突袭德州，将薛昌朝抓走了。

这让宪宗皇帝出离愤怒了，一场大规模的军事讨伐开始了。十月十一日，宪宗皇帝颁制削除王承宗官职爵位，任命左神策中尉吐突承璀为左右神策、河中、河阳、浙西、宣歙等道行营兵马使、招讨处置使讨伐王承宗。

这场战争顿时引起了河北藩镇势力的警觉，唐军已经二十五年没有渡过黄河了。这些年来，河北地区只是留在帝国的版图上和皇帝的记忆里，朝廷的触角根本触碰不到那里。

元和五年（公元810年）正月，凛冽的瑟瑟寒风和浓烈的喜庆气氛交织在一起。

幽州节度使刘济却并没有留在幽州安度春节，而是亲自带领七万兵马讨伐王承宗，一举攻克了饶阳、束鹿等地。当时各路军队都迟迟没有进展，此战的胜利无疑给举步维艰的讨伐行动带来了希望。

河东、河中、振武、义武四镇军队在隶属义武镇的定州会师，准备从北面向成德发起总攻。

大宦官吐突承璀的到来没能给河北局势带来可喜的变化，那些手握重兵的节度使虽然表面上对这位宦官统帅毕恭毕敬，可心里却充斥着鄙夷和不屑。骁勇善战的左神策大将军郦定进的意外战死更是使唐军上下士气低落。

横跨河北、河东两大区域的昭义镇一直是遏制河北藩镇割据势力的桥头堡，可这个被朝廷倚重的藩镇却随着节度使卢从史的上任而发生了蜕变。卢从史是个十足的两面派，明里积极地向朝廷献言献计铲除那些藩镇割据势力，暗里却与那些藩镇割据势力勾勾搭搭。

一直在家为父亲丁忧的卢从史迟迟等不到朝廷重新起用他的诏命。恰逢成德节度使王士真去世，其子王承宗希望能够按照政治惯例继承父亲的职位。卢从史趁机上奏愿意带兵讨伐公然与朝廷对抗的王承宗。喜出望外的宪宗皇帝随即命他官复原职。

昭义节度使卢从史是首先提出讨伐王承宗之人，却是唯一一个迟迟没有动静的人。看清卢从史真面目的宪宗皇帝决意将他除去。适逢卢从史派遣牙将王翊元入朝奏事，宰相裴垍成功将其策反。王翊元成为朝廷对付卢从史的一枚重要棋子。在王翊元的游说之下，潞州都知兵马使乌重胤等将领决定站到朝廷一边。

望着眼前的奇珍异宝，卢从史的脸上露出了贪婪的笑容。在巨大的诱惑面前，垂涎欲滴的卢从史根本就没有心思去想吐突承璀为何会如此慷慨，他那颗心全都被贪婪占据了。

不久，吐突承璀叫卢从史来自己的营中博戏，而他早已在帐幕后面布设了伏兵。待卢从史一来，伏兵就将其擒获，装进车中，送往京城。

昭义军营中的将士们得知消息后纷纷穿好铠甲追了出来，手中握着兵器大声喧哗，但乌重胤却站在军营门前呵斥："此乃天子诏令。遵从者赏，违令者斩！"那些将士们只得收起兵器返回各自营帐之中。

为了表彰乌重胤，宪宗皇帝李纯准备任命他为昭义节度使，却被朝臣们拦住了。如果谁杀了老节度使谁便是新节度使，势必会陷入弱肉强食的丛林法则，况且昭义镇是遏制河北三镇的桥头堡，必须要选用知根知底的人担任节度使。朝廷最终任命乌重胤为河阳节度使，将原河阳节度使孟元阳调到昭义镇。

元和五年（公元810年）七月初二，王承宗派遣使者陈述自己当初所为全都是因卢从史从中挑拨，如今幡然醒悟，请求向朝廷缴纳赋税，请求朝廷任命官吏，准予自己改过自新。淄青节度使李师道等人也屡次上表请求为王承宗平反。

其实，此时的朝廷也因长期用兵却无所建树而举步维艰。七月初九，宪宗皇帝颁布制书为王承宗平反，任命他为成德节度使，将德州与棣州两地重新划归给成德镇，命各道讨伐兵马速速返回本镇，颁赐布帛二十八万匹。

此前作战颇为卖力的幽州节度使刘济此时却病倒了，只得留在瀛州养病，而这也为瀛州刺史刘总带来了可乘之机。

出征前，刘济任命长子刘绲为节度副大使，暂时管理幽州军政事务。这无疑传递出一个强烈的信号：刘绲即将成为继承人。这自然引起了次子刘总的不满和不安。

由于刘济的病情迟迟没有好转的迹象，刘济便命刘总暂任行营都知兵马使。掌握军权的刘总秘密联络父亲身边的亲信将领开始夺权。

刘总造谣道："陛下责怪您停留不前，已经任命刘绲为节度使了！"刘济起初并不相信，可是接踵而至的消息却由不得他不信。

"前来颁送节度使旌节的使者已经抵达太原。"

"前来颁送节度使旌节的使者已经过了代州。"

愤怒的刘济一口气接连斩杀了平日里与刘绲亲善的几十个大将，而且还征召刘绲立即来行营。愤怒使刘济的病情越来越重，当年七月十七日，刘济在痛苦的折磨下闭上了双眼。但此时的刘绲依旧被蒙在鼓里，不知父亲为何要急匆匆召见自己，更不知道他再也没有机会与父亲见面了。

刘总假称父亲的命令，命士卒们用棍棒将哥哥刘绲残忍地打死，坐上了节度使宝座，但这也成为他心中挥之不去的阴影。

刘总渐渐发觉自己处心积虑得来的权力带给他的并非是荣耀和幸福，而是无尽的愧疚和悔恨。

元和七年（公元812年）八月十二日，年仅三十二岁的魏博节度使田季安去世。他是前任魏博节度使田绪第三子，也是首任魏博节度使田承嗣之孙。他十五岁时便被拥立为节度使。他的生命历程大致分为两个阶段。养母嘉诚公主在世的时候，田季安是一个竭力压制自己个性的乖孩子。养母去世后，田季安却沦为极力放纵自己欲望的浪荡子，沉溺酒色，杀戮无度。田季安的所作所为引起许多将领的不满，但却是敢怒而不敢言。

这时田弘正主动站了出来，此时他还叫作田兴，"弘正"这个名字是宪宗皇帝后来为了表彰他归顺朝廷的义举而特地赐给他的。他是首任魏博节度使田承嗣的侄子，算是田季安的堂叔。他曾屡次规劝田季安，却引起了他的猜忌和愤懑。

田弘正勇武有力却涉猎诗书，性情恭谨且为人谦和，一直在军中具有

135

崇高的威望，但田季安却认为田弘正此举是为了招揽人心，于是将田弘正由牙内兵马使贬为临清镇将。田弘正预感到自己恐怕大难临头了，识趣地病倒了。

田弘正佯装得了冷湿病，用艾草炙灼全身。深居简出的田弘正虽然远离了权力核心，却也因此逃过了一劫。

田季安临终前得了疯病，一时间杀人无数。狂躁不安的田季安被软禁在一间卧室之中自生自灭，一个多月后，他孤独地死去了。

田季安年仅十一岁的儿子田怀谏被推举为节度副大使，掌管军务。年幼无知的田怀谏自然难以独自掌控大局，必须在田氏家族中寻找一位德高望重的人来辅佐他。

田弘正看到了转机，再次回到了久违的魏州，升任步射都知兵马使。

可是不懂世事的田怀谏却并没有真正地倚重田弘正，反而将军政事务全都交给自己的仆人蒋士则来处理。蒋士则居然按照个人爱好进行人事任命，按照个人爱憎处理政事。在田弘正的推波助澜下，一场大清洗随即开始了。蒋士则等十多名田怀谏的亲信死在了屠刀之下，但田弘正并没有诛杀田怀谏，留了他一条性命。

魏博监军将魏博将士废黜田怀谏并拥立田弘正的文状上报朝廷。宪宗皇帝随即任命田弘正为魏博节度使。十一月初六，宪宗派遣重臣裴度前往魏博镇，带去了一百五十万缗钱奖赏军中将士。

朝廷与魏博半个多世纪的对抗终于告一段落。魏博管辖下的六州百姓被免除一年的赋税徭役。此时他们才真切地感受到自己如今是大唐的子民，而朝廷也真切地感受到魏博等六州仍旧是大唐的领土！

捉襟见肘的财政

在整个削藩过程中，朝臣分为了主战派和主和派，双方最大的分歧就是朝廷财政能否支撑旷日持久的削藩战争。

安史之乱后，朝廷对地方财政支出实行定额包干制度，从而有力限制了藩镇军费开支，有效遏止了藩镇割据势力的滋长势头。不过朝廷若是征调藩镇军队离开自己的辖区单独或者协助禁军执行军事任务，就必须支付"出界粮"。一些别有用心的藩镇正是利用这个制度漏洞，出工却并不出力，虽然讨伐毫无进展，但自己却赚了个盆满钵满，而朝廷却因此而背上了沉重的财政负担。

根据宪宗朝宰相李吉甫所撰《元和国计簿》记载，当时唐帝国共有四十八道，二百九十五个州府，其中十五道七十一州不向朝廷申报户口，而朝廷的赋税仅仅来自八道四十九州。《资治通鉴》也记载："每岁赋税倚办止于浙江东、西，宣歙，淮南，江西，鄂岳，福建，湖南八道四十九州。"①

大唐朝廷的赋税仅仅依靠位于淮南和江南的这八道藩镇吗？除了不申报户口的十五道七十一个州和缴纳赋税的八道四十九州，剩下的二十五道一百七十五州全都不向朝廷缴纳赋税吗？《册府元龟》为我们了解大唐当时真实的赋税情况提供了重要视角。

"山南东道、荆南等九道今年秋税钱合上供者。"②这说明山南东道和荆南是正常向朝廷缴纳赋税的。

---

① 《资治通鉴·卷二百三十七》。
② 《册府元龟·卷四百九十一》。

"其东川元和二年上供钱物并放留州、留使钱，委观察使量事矜减，仍具数奏闻，山南西道元和二年上供钱量放一半。"①这说明剑南东川和山南西道也是向朝廷正常缴纳赋税的。

"（元和）九年二月，诏应京畿百姓所欠元和八年秋税斛斗、青苗钱、税草等，在百姓腹内者并宜放免。"②这说明京畿所在关内道也是正常缴纳赋税的。

朝廷赋税仅仅来源于江南、淮南八道的说法显然有失偏颇，但不可否认的却是来自江南、淮南地区的赋税在帝国税收总量中占据着不可动摇的主体地位，其他道虽然也在正常上缴赋税，但数量却很少，占比也很低。

在不向朝廷缴纳税款的十五道七十一州中，真正与朝廷长期对抗而割据一方的藩镇只有幽州、成德、魏博、淄青、淮西五道三十六州，其中幽州镇管辖九州，成德镇管辖六州，魏博镇管辖六州，淄青镇管辖十二州，淮西镇管辖三州。田弘正担任魏博节度使后主动向朝廷申报户口。除此之外，其他不向朝廷缴纳税款的藩镇如泾原、振武等，大多地处边陲并承担着重要军事任务。这些地区经济本就不发达又要供养庞大的军队，朝廷自然不便再从这些藩镇捉襟见肘的财政收入中分一杯羹。

安史之乱前后财政收入对比表

项目	分类	天宝年间	建中元年
税粮	总数	2500余万石	1600余万石
	中央	1000余万石	200余万石
	地方	1500余万石	1400余万石
税钱	总数	200余万贯	950余万贯
布绢绵	总数	2700余万匹	——
	中央	1400余万匹	——
	地方	1300余万匹	——

安史之乱后，全国税粮收入共计减少了九百万石，降幅为36%，其中

---

① 《册府元龟·卷四百九十一》。
② 《册府元龟·卷四百九十一》。

归属中央的税粮收入减少了八百万石，降幅为80%；归属地方的税粮收入减少了一百万石，降幅仅为6.67%。虽然税钱增加了七百五十万贯，但建中元年的财政收入数据却少了布绢绵这一项。建中年间，一匹绢的价格为三千二百文^①，按照当时的绢价折算，七百五十万贯钱只能购买九百余万匹绢，比安史之乱前居然减少了一千八百余万匹，降幅高达67%。

自从隋代以来，漕运一直被视为帝国的生命线，大唐在安史之乱前后漕运量的变化也成为其真实财政情况的一个缩影。从唐初一直到高宗皇帝李治统治时期，每年的漕运量为一二十万石。开元初年，漕运量激增至八十至一百万石，经过玄宗皇帝李隆基的励精图治，在开元后期达到了二百余万石。天宝年间，每年漕运量基本保持在二百四十万至二百五十万石。但在安史之乱后却骤降至四十万石，只相当于开元盛世时的五分之一。受淮西之战的影响，元和中期每年漕运量更是一度降至二十万石。

安史之乱后，朝廷财政收入的捉襟见肘有着深刻而又复杂的原因，主要有以下三个：

第一是地方开支激增。安史之乱前，朝廷只设有九位节度使和一位经略使。在北部边陲设置六位节度使，从东向西依次是平卢、范阳、河东、朔方、陇右和河西。此外，在西域地区设立北庭、安西两镇，在西南地区设置剑南节度使，南部边陲设置岭南五府经略使，广大内地却并不设节度使。

安史之乱后，大唐疆域大为缩减，今陇山、六盘山和黄河以西以及四川盆地以西的西域、陇右、河西之地均被吐蕃侵占；今云南、四川南部、贵州西部也被南诏所占；东北地区也几乎丧失殆尽。与此同时，藩镇数量却在宪宗时期增至四十八个，几乎所有州府之上皆设有藩镇。

安史之乱前，内地州县除了"留州"部分之外，所有赋税皆需上缴朝廷，但安史之乱后却要先将赋税交至藩镇。藩镇僚属的待遇普遍好于朝廷，使得天下人才竞相加入到幕府之中，况且还要供养一定数量的军队，

---

① 《新唐书·卷五十二·志第四十二·食货志二》。

自然比之前多出一大笔开支，因此地方行政开支激增严重挤占了原本属于朝廷的份额。

仅仅从税粮收入一项便可以看出，安史之乱前，朝廷所占份额为40%，但到了建中元年却减至12.5%。在税粮收入总额减少36%的情况下，归属地方的税粮收入仅仅降低了6.67%，而归属朝廷的税粮收入却降低了80%。

第二是军费开支巨大。安史之乱后，朝廷与藩镇割据势力的战争从未间断过，除了宪宗末期到穆宗前期短短的几年外，大唐一直未能实现真正的统一。在此情形下，无论是朝廷还是割据一方的藩镇只得大量养兵。

天宝年间，国家供养的军队为六十余万。建中元年时，增加到七十六点八万。到了元和初年，宪宗皇帝立志削藩，军队数量进一步增至八十八万，比天宝时增加了46.67%，可此时大唐在编的百姓却仅为一百四十四万户，比天宝年间减少了四分之三，平均两户人家便需供养一个士兵。虽然当时真实的人口数量肯定要高于这个数字，因为当时各道蓄意瞒报辖区内户数，从而达到向中央少缴税款的目的，但当时百姓的负担之重仍旧是惊人的！

这支庞大的军队日常支出本就使朝廷捉襟见肘，若是遇到大的战事，军费开支将会急剧攀升，朝廷的讨伐行动，比如讨伐王承宗之战便因财力难以支撑而只得作罢。

第三是传统赋税区受到重创。安史之乱前，朝廷税赋在很大程度上来自河北、河南两大区域，尤其是河北道，户数占全国总户数的16.57%，而人口更是占到了全国总人口的20.09%，在当时十五道中位居第一位。河北、河南这两大经济发达区域却沦为安史之乱的主战场，在战争中均遭受了重创，农户离散，田地荒芜。

安史之乱后，百姓们的心态也发生了变化，不再安于生产，而是寻求其他讨生之法，有的从军，有的经商，有的出家，有的打零工，真正安心农事的人仅仅占三成。宪宗朝宰相李吉甫曾上奏说："国家自天宝已后，中原宿兵，见在军士可使者八十余万。其余浮为商贩，度为僧道，杂入色役，不归农桑者，又十有五六。则是天下常以三分劳筋苦骨之人，奉七分坐衣待食之辈。"①

即便是安史之乱后，河北地区和淄青镇所占据的河南地区也并未真正回到朝廷的怀抱，所征赋税基本上由割据一方的节度使截留，朝廷甚至都不知道当地的具体户数。而上述地区也是战乱频发之地，有时是因内部争权夺利而发生兵乱，有时是因为公开反叛朝廷而招致讨伐。

为了防范藩镇割据势力的扩张和渗透，朝廷不得不在其所控制的河南地区广泛设置藩镇，这一地区也成为藩镇分布最为密集的区域，两三个州便设置一个藩镇，而且大都供养着数量可观的军队，比如忠武镇仅仅管辖陈州②、许州③二州之地，却养兵三万之众，花销之大可想而知。

反观江南、淮南地区，藩镇密度普遍低于河北、河南地区，除了宣歙仅仅管辖三州外，其他七道管辖范围都在五州到九州之间。在这八道之中，除了淮南长期设置节度使外，其他七道一般只设观察使。观察使政治地位不仅低于节度使而且主要职能也有所差异，一般而言，观察使麾下军队数量会少于节度使，军费开支自然也会少很多。因此江南、淮南地区的经济功能便凸显出来，渐渐掌握了大唐的经济命脉。

第四是朝廷财政管控能力下降。安史之乱前，大唐实行中央高度集权的财政收支体系，朝廷拥有绝对的控制权，地方州县并没有真正意义上独立的财权，所有财政收入皆由朝廷统一调度，地方不得擅动。地方支出预算也由朝廷严格限定，户部"每岁计其所出而度其所用"④，地方州县在支出前必须要经朝廷批准，"每岁所费，皆申度支会计，以长行旨为准"⑤。同时申报也有严格的时限要求，"其在京给用，则月一申之。在外二千里内，季一申之；二千里外，两季一申之；五千里外，终岁一

---

① 《旧唐书·卷十四·本纪第十四·宪宗本纪上》。
② 治所在今河南省周口市淮阳区。
③ 治所在今河南省许昌市。
④ 《旧唐书·卷四十三·志第二十三·职官志二》。
⑤ 《旧唐书·卷四十三·志第二十三·职官志二》。

申之"①。

安史之乱后，原有的财政管理体系彻底崩溃，直到德宗朝宰相李炎创制了"两税制"，才有了根本性改观，因税款在秋天和夏天两次征收而得名。两税制是对原有财税制度的根本性变革。

由"量入制出"改为"量入为出"。安史之乱后，朝廷对藩镇的控制力急剧下降，地方财政支出是刚性的，而财政收入却有很大的波动性，因此中央财政根本得不到有效保证。改革后，首先计算州县每年所需费用和上交朝廷的数额，并以此数额向百姓征税（先度其数，后赋于人）。由户籍地征收改为居住地征收。之前，主户全额交税，客户不交税或者只交很少量的税。改革后，百姓按照实际居地制订簿册并征收税款（户无主客，以见居地为簿）。对于居无定所的流动经商之人在每个短暂居住的州县都需要纳税，杜绝了其侥幸获利的可能。由主要按人头征收改为主要按财产征收。百姓按贫富状况划分等级，实行差别税率（唯以资产为宗，不以丁身为本）。差异化税率使得富人多交税，穷人少交税，而曾经的租、庸、调以及杂徭等全部省去。由杂乱无章到简单可行。过去名目繁多的税赋统一并入两税制，有力地打击了地方官趁乱对当地百姓进行盘剥的歪风邪气。由实物标准改为货币标准。之前主要按照实物缴纳租、庸、调。每个男丁每年需向官府缴纳两石粟或者三石稻，作为租；还需缴纳两匹绢、两匹绫或两匹绝（一种粗制丝绸），抑或二点四匹布，此外还需缴纳三两棉或者四斤麻，作为调，若是不产上述物品，也可直接缴纳十四两银子；每年还得去无偿服役二十天，闰年还会增加两天，作为庸，若是不想去，每缴纳三尺绢或者三点六尺布便可折抵一天；如果愿意服劳役，在二十天的基础上再加服二十五天可以免去调，再加服三十天便可将租、调一同免去，五十天也是服劳役的上限。改革后全都按照金钱确定税额即需要缴纳多少钱。当然这并不等于全都缴纳现金，实际上是钱物参半，用实物折抵税款。这无疑使得百姓节省了一大笔运输成本，因为之前需要

---

① 《唐六典·卷六》。

将大批实物运输到指定地点州府或者京城。

　　"两税制"改革初见成效使德宗皇帝李适更有底气对藩镇用兵了，却因政策失当最终酿成了"二帝四王"的政治悲剧，而他自己也因泾原兵变而流离失所。

　　宪宗皇帝李纯在"两税制"的基础上创制了"三分制"，"分天下之赋以为三：一曰上供，二曰送使，三曰留州"①。上面所述税赋主要是两税收入，青苗地头钱等朝廷直接税和盐铁茶酒等禁榷收入仍旧由朝廷独享，在此基础上实行地方财政支出定额包干制，遵循"超支不补，结余留用"的原则，保证了中央财政收入的稳定性。但由于朝廷政治控制力大不如前，朝廷财政紧张的状况虽有所缓解，却并没有实质性改观。

　　在此情形之下，宪宗皇帝强有力地推行削藩政策自然会招致很多朝臣的非议，担心会重蹈德宗朝天下大乱的覆辙！

① 《新唐书·卷五十二·志第四十二·食货志二》。

事关全局的淮西

元和九年（公元814年）闰八月十二日，淮西节度使吴少阳痛苦地闭上了双眼。他曾借助朝廷大举征讨王承宗的时机获得了朝廷颁赐的旌节，但他的儿子吴元济却没有他那般幸运了。

吴元济蓄意隐瞒了父亲的死讯，以父亲名义上奏朝廷请求由自己来统领军中事务。这对于宪宗皇帝李纯而言无疑又是一个艰难的抉择！

淮西不像河北三镇那样彼此接壤，而是孤零零地暴露在朝廷的打击范围之内，朝廷可以从四面八方同时向淮西发起进攻。一贯对藩镇割据持强硬态度的宰相李吉甫认为淮西不宜效仿河北三镇父死子继的恶习，主张趁机出兵，一举平定淮西。李吉甫这一席话也获得了宪宗皇帝的认可和赞赏。

入朝奏事的淮西使者们全都被唐军拦下了，标志着朝廷与淮西进入准战争状态。

就在淮西之战一触即发之际，宰相李吉甫却暴病去世，时年五十七岁。宪宗皇帝闻讯后悲伤不已，专程派遣宦官前去吊唁。除了惯常的馈赠外，宪宗皇帝还从内库中拿出绢帛五百匹送到他的府上，并追赠他为司空。

其实宪宗皇帝将打击的矛头直指淮西还有深层次的战略考量。江南、淮南地区是大唐的经济命脉，将上述地区赋税运抵长安和洛阳便成为大唐的头等大事。

当时主要的运输路径有两条，一条是贯穿南北的大运河，另一条是水陆相兼的汉沔道。安史之乱后，随着汴州的陷落，大唐运输动脉大运河被截断，而汉沔道不仅成本偏高而且运输能力有限，早在秦朝时便已在使用，但此前一直作为驿路使用的由颍水入淮河的水道淮颍道的重要性逐渐凸显出来。

淮西镇向东发展可以威胁大运河，向西蚕食可以威胁汉沔道，而本身又是位于淮颍道上的交通枢纽，割据一方的淮西镇使朝廷如鲠在喉。

九月，淮西镇四周藩镇进行密集的将领更迭和兵马变动，为即将拉开帷幕的淮西之战进行前期准备。位于战争危险边缘的吴元济仍旧不知收敛，放纵手下将士们肆意侵扰劫掠东都洛阳周围的地区。

忍无可忍的宪宗皇帝决定对淮西开战了，但这场他本以为可以迅速结束的战争却变得旷日持久。

元和十年（公元815年）二月二十七日，唐宪宗下诏削夺吴元济的官职与爵位，命令宣武等十六道军队讨伐吴元济。

淮西镇在来瑱担任节度使时达到全盛时期，一度管辖十六州之地。李忠臣（原名董秦）担任淮西节度使时所辖属州开始大幅减少。李希烈赶走养父李忠臣时尚且管辖着十州之地，可是朝廷却仍旧不断地将淮西的属州分拆出去，最终只剩下六州之地。

走上反叛之路的李希烈最终被部将陈仙奇杀害，陈仙奇随后占领淮西，不过很快陈仙奇便被吴少诚取代。吴少诚担任淮西节度使时仅仅管辖蔡州①、申州②和光州③三州而已。

很多人对这场战争的前景充满了乐观。韩愈曾经说过："况以三小州残弊困剧之余，而当天下之全力，其破败可立而待也。"④韩愈的观点具有代表性。元稹也曾经说过："用三州之赋，敌天下四海之饶；以一旅之师，抗天下无穷之众，虽妄妇骏孩，犹知笑之，而况于义夫、壮士哉！"⑤

---

① 治所在今河南省驻马店市汝南县。
② 治所在今河南省信阳市浉河区。
③ 治所在今河南省信阳市潢川县。
④ 《全唐文·卷五百五十》。
⑤ 《全唐文·卷六百五十三》。

朝野上下之所以对淮西之战持乐观态度是因为双方力量对比颇为悬殊，而淮西又处于孤立无援的境地。

人口是政治、经济和军事实力的基础。《元和国计簿》记载，当时大唐共有在编人口一百四十四万户，实际数字肯定要高于这个数值。《元和郡县图志》记载，淮西共有一万二千八百六十七户，据此推算淮西只有近十三万人左右。虽然《元和郡县图志》是研究安史之乱后唐朝历史的权威著作，可是这个数据的准确性却颇为值得怀疑。虽然安史之乱使淮西镇人口锐减，可是《元和郡县图志》中的数据却与安史之乱前的户口数据相差过大，户数和人口均减少了91%。

淮西镇的治所蔡州其实并不位于淮南道而是位于河南道西南部，其属州申州和光州位于淮南道。河南与河北无疑是受安史之乱破坏最大的区域，而山南东道和淮南遭受的破坏次之，所以淮西镇属于安史之乱的重灾区。

为了客观看待人口降幅，选取与淮西距离不远的昭义与河中两道以及河南道除淄青外的七个藩镇进行总体比较。这九个藩镇总户数降幅为87%，均低于淮西镇91%的降幅。同样受到战争侵袭的山南东道的总户数不仅没有降低反而有小幅增长。这其实也从侧面揭示了一个一直被忽视的问题。安史之乱后如此之大的人口降幅其实有很大的水分。随着朝廷对地方控制力的大幅下降，那些节度使们为了少缴税或者不缴税肯定会瞒报辖区内的人口数量，否则偌大一个申州怎么会仅有六百一十四户百姓？

淮西军队有数万之众，假如淮西镇当时果真只有十三万人，假设男女比例平衡的话（实际上女子比例可能稍高一些），可以推算出仅有男子六点五万，再剔除其中的老者和孩子，即便全民皆兵也难以组织起数万军队。

在淮西割据的四十余年时间里，淮西一直不向朝廷缴纳赋税、申报户口，朝廷自然对淮西的真实情况是缺乏了解的。《元和郡县图志》成书于元和八年（公元813年），而此时淮西还未平定，因此关于淮西人口的统计数据严重失实也是情理之中的事。

淮西人口情况一览表

属州	天宝时户数	天宝时人口	户均人口	元和时户数	户数降幅	元和时人口	人口降幅	猜测户数	猜测人口
光州	31473	198580	6.31	1990	94%	12556	94%	25000	157738
申州	25864	147756	5.71	614	98%	3508	98%	25000	142820
蔡州	80761	460205	5.70	10263	87%	58482	87%	40000	227934
合计	138098	806541		12867	91%	74546	91%	90000	528493

注1：天宝户数人口数据来自《旧唐书·地理志》。

注2：元和户数据来自《元和郡县图志·卷九》，元和人口数据天宝时依据户均人口推算。

注3：猜测户数根据《唐会要·卷七十 量户口定州县等第例》推测，猜测人口数根据天宝时户均人口推算。

　　淮西平定之后，朝廷才算彻底摸清淮西三州的基本情况，定蔡州为紧州，申州、光州二州为中州。上州又分为辅州、雄州、望州、紧州和普通上州五等。根据《量户口定州县等第例》，四万户以上为上州，二万五千户为中州。这个标准是盛唐时期制定的标准，在安史之乱后可能会有些不太符合当时的实际情况，但如今也未能找到修改上述标准的文献记载，姑且认定这个标准一直执行下来，据此推算，淮西人口应该在五十三万左右。

　　淮西之战打响了，宪宗皇帝对军事统帅的人选是经过深思熟虑的，他任命颇有韬略的李光颜为忠武节度使。忠武镇虽仅仅管辖陈州、许州两州，却拥有一直令那些跋扈的藩镇们颇为忌惮的三万精兵。这支精锐部队一旦由军事经验丰富的李光颜统领肯定会产生巨大的军事威慑力。领兵多年的河阳节度使乌重胤兼汝州刺史并将节度使治所移驻更加靠近淮西镇的汝州。袁滋与严绶对调，袁滋改任荆南节度使，严绶改任山南东道节度使。山南东道节度使严绶为申、光、蔡三州招抚使，全权负责军事讨伐事宜。

　　严绶之所以最终脱颖而出是因为他在担任河东节度使时政绩斐然，培养了一批能征善战的将领，在讨平杨惠琳的战争中，严绶麾下的河东军曾立下大功。

严绶身为前线总指挥，但实际能调动的却只有山南东道的一万多人的军队。虽然山南东道管辖着襄、邓、唐、随、均、房、郢、复八州，却多是贫瘠之地，根本养不了许多兵马。

严绶眼见那些手握重兵的节度使们都在观望，率先向淮西发起了攻势，而且一下子就打赢了。可是还没来得及喜悦，淮西军就在夜间袭击严绶部，居然收到了奇效。部队溃散了。严绶逃跑了，而且一口气跑了五十多里地。急匆匆跑进唐州^①后，他那颗剧烈跳动的心才逐渐恢复正常，此后再也没有任何建树。

宪宗皇帝预料到讨伐淮西将会是一场恶仗，可是各路讨伐大军几乎毫无进展却让他始料未及。

宪宗皇帝感到无边的烦躁，有一种近乎窒息的感觉。这场战争比拼的不仅是武力，不仅是信心，更是财力，每天耗费白花花的银子就像吸血鬼一样无情地吸食着帝国的血液。

御史中丞裴度带着皇帝的殷切期望匆匆踏上了去前线的路，他要去探看战争为何会打得如此艰难，怎样才能破解战争的僵局，可他刚刚返回朝廷便险些遭到刺杀。

---

① 治所在今河南省泌阳县。

明目张胆的刺杀

元和十年（公元815年）六月初三，天色刚刚蒙蒙亮，武元衡像往常一样从宅邸出来去上朝，但他这一去便再也没能回来。

一支箭带着风的呼啸突然射向武元衡，鲜血浸透了他身上的官服。在这个生死存亡的关键时刻，武元衡身边的随从人员四散奔逃。

另一伙刺客静静地埋伏在裴度居住的通化坊，仿佛是一群默默等待猎物出现的野狼，而裴度对此也是全然不知。

突然出现的刺客挥舞着兵器向着裴度砍杀过来，幸亏裴度躲闪及时，锋利的凶器并没有刺穿他的头颅，可是他却失足掉入路旁的水沟中。

裴度的随行人员中有一个叫王义的人，死死地抱住刺客，大声呼喊着。刺客用尽全身力气企图挣脱王义，可是王义的两只大手却像钳子一样死死地卡住他。他举起刀砍下了王义的胳臂，仓皇逃窜。

裴度侥幸活了下来，这要感谢他头上所戴的那顶厚实的毡帽。此时已是初夏时节，这顶与季节不太相符的毡帽居然救了他。

巨大的恐慌迅速弥漫在长安城中，危险无时不有，杀戮无处不在。长安不再是安全的后方，也不再是乐土。

那些平日里颐指气使的官员们犹如惊弓之鸟，不等到天色大亮甚至都不敢出门，以至于朝会的时候，望着尚未到齐的官员，宪宗皇帝不得不选择等待，有时一等便是大半天。

金吾卫精锐骑兵奉命保护上下朝的宰相，执勤时全都弓上弦、刀出鞘，时刻警觉地注视着沿途每一个微小的异动，随时准备控制住可能会蹿出来手执凶器的刺客。

负责侦办这起案件的官员竟有些害怕了，那群丧心病狂的亡命徒连宰相都敢杀，刺杀自己还不是易如反掌！

六月初八，宪宗皇帝下诏凡是抓获凶手之人赏钱一万缗，赐给五品官，胆敢包庇者诛杀整个家族。

一场席卷京城的大搜捕随即展开了，虽然凶手仍旧没能找到，但是无数条线索都聚焦到成德进奏院。以张晏为首的几个成德士卒被锁定为重点嫌疑人，可是却一直缺乏有力的证据，直到神策军将军王士则提供了足以让侦查机关下定抓捕决心的证据，王士则等人上报说是王承宗派张晏杀死了武元衡。

官兵们踏进一直以来让他们感到有些惧怕的成德进奏院，将具有重大作案嫌疑的张晏等八人抓捕归案。

朝堂之上，唐宪宗李纯阴沉着脸说："朕该如何处置这个胆大妄为的王承宗，你们都说一说？"

有人欲言又止，有人缄默不语，有人顾左右而言他，有人言辞恳切却毫无价值，有人情绪激动却缺乏理智。

虽然裴度已经卧床二十余日，但身上的伤口却迟迟没有痊愈。这让一直牵挂着他的唐宪宗忧心忡忡，此时此刻太需要他了。宪宗皇帝派出大批卫兵守候在裴度府邸之中，决不允许裴度再有丝毫的闪失。

在这个关键时刻，朝廷中却出现了另外的声音，有的官员趁机上奏罢免裴度。如此一来可以缓和朝廷与成德、淄青两镇的紧张关系。

宪宗皇帝彻底愤怒了，免除裴度的职务无异于向邪恶势力低头，朝廷将再无尊严可言，也再无法度可言。

六月二十四日，刚刚痊愈的裴度便入朝奏对。这将是一次决定大唐未来走向的会谈，因为此时的唐宪宗正在战与和的边缘痛苦地挣扎着。

次日，裴度便出任宰相。这是唐宪宗在向朝臣们传递一个明显的信号：坚定不移地战！

张晏对杀害武元衡的犯罪事实供认不讳，可是宰相张弘靖却对此提出了质疑，不过宪宗皇帝却并没有耐心将张弘靖指出的种种疑点一一查实，他迫切需要杀鸡儆猴。

六月二十八日，张晏及其同伙被推上了断头台。

此时的唐宪宗已经没有继续妥协和姑息的理由了，于七月初五下诏历数王承宗犯下的种种罪恶。不过在愤怒之余他还是给王承宗留了改过自新的机会，当然也是给自己留下回旋的余地，因为此时的他还没有充足的底气与王承宗彻底决裂。

上一次讨伐王承宗铩羽而归成为唐宪宗心头挥之不去的阴影。如今淮西之战又被拖入旷日持久的不利境地，唐宪宗没有精力、能力和财力再发动另外一场战争，因为两线作战会将整个大唐拖入万劫不复的深渊。这是他爷爷唐德宗留给他的血的教训。

其实比王承宗更可怕的是淄青节度使李师道！

设在东都洛阳的留后院成了各种阴谋的策源地。由于淮西兵马会时常侵扰东都洛阳的周边地区，洛阳的主政官员们的注意力全都集中到吴元济身上，将主力部队驻扎在战略要地伊阙，而对藏污纳垢的淄青留后院一直姑息着，纵容着。留后院中藏匿着李师道的上百名亡命之徒，而这些人的存在使洛阳难有宁静之日。

一天傍晚，数十名亡命徒突然攻打河阴转运院，杀死十几个看守人员，烧掉钱财布帛三十多万缗匹、谷物三万多斛。物质损失尚在其次，最为严重的是巨大的心灵震撼。朝中请求罢兵的呼声也变得越来越强烈，对于战争前景的判断也变得越来越悲观。

这只是前奏，因为李师道正在策划着更大的阴谋。

他这次的攻击目标是洛阳，因为洛阳不仅有规模庞大的宫殿群，而且还设有诸如东都尚书省等中央机构。火烧宫廷无疑将引发更大的心理恐慌，会带来更大的社会骚动，也将动摇宪宗皇帝原本已经有些松动的战争决心。

此时，一个名不见经传的小人物默不作声地吃着香气四溢的牛肉，可是这些美味的牛肉在他的嘴中却变得素然无味。他知道明天要做的事情对自己意味着什么。若是行动，他将彻底沦为这个帝国的罪人。想到这里，他决定去见一个重要的人，那就是东都留守吕元膺。

顿觉事态严峻的吕元膺连忙召回屯驻在伊阙的兵马，团团包围了淄青留后院。但这些亡命之徒是绝不肯轻易束手就擒的，他们知道投降也是死路一条，因为他们犯下的是不可饶恕的罪行。

这伙叛贼从长夏门逃出去奔向茫茫的群山间。这场被扼杀在萌芽状态的叛乱使东都百姓人人自危，惶惶不可终日。

此时吕元膺手中掌握的兵马实在有限，既要提防淮西军北上，又要提防淄青兵西进，更要防止城中的动乱，一时间愁眉不展。

东都洛阳西南面与邓州①和虢州接壤，那里群山峻岭，森林茂盛，生活在那里的百姓并不种地而是以打猎为生。这些矫捷勇猛的猎人被称为"山棚"。

一个山棚正在贩卖刚刚捕获的鹿，却被那伙贼人抢走了，估计是那帮人饿得实在受不了了！

这个山棚怎么会善罢甘休，急忙跑回去召集同伴追赶那伙贼人，还引来了唐军，既可以报仇，更可以得到一笔丰厚的报酬，更为重要的是长在大山里的他们根本就不害怕李师道报复，在茫茫的大山里找到他们都不是件容易事！

唐军将这伙贼人包围在山谷中，在这伙生猛的山棚配合下，唐军将这伙叛贼全部擒获，其实他们中的很多人也是山棚！

这伙人的头领居然是中岳寺的僧人圆净。这个圆净绝非等闲之辈，他曾是史思明手下一员勇猛彪悍的将领。安史之乱结束后，他并没有像许多安史旧部那样选择投降，而是隐居在群山之间。

此时八十多岁的圆净虽已到了风烛残年，却仍旧有着一颗不安分的心。不管是身在硝烟弥漫的战场，还是隐居鸟语花香的山间，始终忘不了造反，因为造反已经渗透到他的血液中。

圆净知道自己的力量终究有限，便与一贯反抗朝廷的李师道一拍即

---

① 治所在今河南省邓州市。

合。在他的授意下，李师道在伊阙、陆浑两地间大肆购买田地，为那些身居大山中的山棚们提供安身之处，不仅仅免费安排住宿，还免费提供服装，免费提供饮食。可是天下却没有免费的午餐，这些人的任务就是配合城中的叛贼们给予洛阳致命的一击。

圆净从李师道手中要了一千万钱用来装修佛光寺，却并非为了礼佛，而是为了暴动！

如果不是有人事先告密，如果不是驻守伊阙的军队突然回防，防守空虚的洛阳城很可能会因此而易手。

如今，圆净和他的数千党羽被送上了断头台。而对于李师道，宪宗最终还是忍住了，因为武元衡遇刺案，朝廷已经与王承宗彻底闹翻了，如若再与李师道彻底决裂，他将会陷入四面楚歌中。

两线作战的困惑

　　淮西之役结束的日子仍旧是遥遥无期，而此役的统帅严绶一直束手无策，只是践行"重赏之下必有勇夫"的信条，以至于"累年之积，一朝而尽"[①]。宪宗决意换帅。

　　元和十年（公元815年）九月初五，宪宗皇帝任命韩弘为淮西诸军都统。这无疑是宪宗皇帝走的一招无奈的险棋。韩弘从贞元十五年（公元799年）便出任宣武节度使，已经担任了近二十年，宣武镇实际上也呈半割据状态。宪宗皇帝当然知道韩弘并非值得信赖之人，可是他又不得不倚重韩弘手下那支精锐的宣武军。

　　韩弘也表现得颇为消极，并未亲临一线指挥，而是令自己的儿子韩公武领着三千宣武军跟随忠武节度使李光颜作战。

　　关于韩弘对淮西之战的态度，《旧唐书》记载："（韩）弘虽居统帅，常不欲诸军立功，阴为逗挠之计。每闻献捷，辄数日不怡。"[②]《资治通鉴》也有此类记载。据此可以看出，韩弘从心底里并不想尽快结束这场战争，似乎心存异志。

　　胡三省曾为韩弘打抱不平。他在《资治通鉴》注中这样评论："（韩）弘承宣武积乱之后，镇定一方，居强寇之间，威望甚著。若有异志，与诸镇连衡跋扈，如反掌耳。然观其始末，未尝失臣节。朝廷若疑其有异志，而更用为都统，则光颜、重胤更受其节制，非所以防之也。且数日不怡，

---

① 《资治通鉴·卷二百三十九》。
② 《旧唐书·卷一百五十六·列传第一百六·韩弘传》。

有何状可寻？恐毁之过其实耳。今从其可信者。"①

胡三省的话有一定道理。虽然韩弘有自己的小算盘，可是他却并没有做出什么出格的事。田弘正归顺朝廷后，淄青节度使李师道准备讨伐他，正是韩弘出面干预才使李师道打消了这个念头。但仅仅以此作为韩弘没有异志的证据未免有些牵强。

可能宪宗皇帝一直让韩弘顶着都统的名号并非出于对他的信任，而是因为对他的猜忌，他虽然不能成事却足以坏事。宣武镇是阻隔淮西和淄青两个割据性藩镇的一道防火墙，一旦这座防火墙失去了效能，对于战局的影响将是重大而深远的。

若是宣武镇将士阵前倒戈，淮西镇与淄青镇，甚至是与更北端的成德镇、幽州镇的联络通道将会被彻底打通，到了那时淮西叛军抵抗的决心将会变得更为坚决，抵抗的能力也将会变得更为强大，成德镇和淮西镇这两股反叛之火将会形成难以控制的燎原之势，战略态势也会发生重大逆转。

宪宗皇帝对这个灾难性后果看得很清楚，对韩弘一直宽容着、妥协着。而八面玲珑的韩弘当然也不会轻易触碰朝廷的底线，也好给自己多留一条后路。

元和十年（公元815年）十月初三，唐宪宗罢免了作战不力的山南东道节度使严绶，将其改任闲职太子少保，还破天荒地将山南东道拆分为两道，任命户部侍郎李逊为襄、复、郢、均、房五州节度使，任命右羽林大将军高霞寓为唐、随、邓三州节度使。

宪宗皇帝进行这番调整是大有深意的，如此一来便可以将山南东道分拆为战略后方和军事一线。具有多年财经工作经验的户部侍郎李逊的任务就是收税，具有多年军事斗争经验的右羽林大将军高霞寓的任务就是打仗。

虽然宪宗皇帝不再允许王承宗入朝进贡，却迟迟没有颁诏讨伐他，仍旧希望双方就此僵持下去，直到淮西之战取得决定性胜利。可他的这个如

---

① （元）胡三省注《资治通鉴·卷二百三十九》。

意算盘还是落空了，以魏博节度使田弘正为首的主战派一直摩拳擦掌，跃跃欲试。

成德军与魏博军首先打了起来，这两个藩镇的首任节度使李宝臣、田承嗣虽同属投诚的安史叛将，却一直矛盾甚深，甚至三番五次大动干戈，以至于两镇之间摩擦不断。

田弘正接连十次上表朝廷要讨伐王承宗，而且这也并非是魏博一镇的主张，而是河北各藩镇的共同心愿，因为王承宗放纵士兵四处掳掠，搞得幽州、横海、义武等镇一时间苦不堪言。

在各位手握重兵的节度使们的强烈呼吁之下，宪宗皇帝终于下定了决心。在做出这个重大决定的时候，恰恰是反战呼声最为强烈的时候，宰相张弘靖曾经言辞激烈地表示帝国财政根本无法支撑同时发动两场战争，担心德宗时"二帝四王"的悲剧再次上演。

元和十一年（公元816年）正月初三，张弘靖被罢免了宰相职务，以同中书门下平章事之衔充任河东节度使。仅仅十四天后，唐宪宗颁布制书削除王承宗的官职爵位，令河东、幽州、义武、横海、魏博、昭义六道进军讨伐王承宗。

幽州节度使刘总、魏博节度使田弘正、昭义节度使郗士美一路势如破竹，攻城略地，与上次讨伐王承宗时观望不前的景象截然不同。可是气势如虹的大进军却随着时间的推移而有些变味了，越向前推进，被逼到绝境的成德军便迸发出越强的战斗力，而刘总心中唇亡齿寒的忧虑也就越强烈。

真正奋勇杀敌并且能够有所斩获的只有昭义节度使郗士美和义武节度使浑镐两人而已，郗士美在柏乡斩杀成德军一千余人，一代名将浑瑊之子义武节度使浑镐在九门斩杀成德兵一千多人。

宪宗皇帝征发两千振武兵配合义武军行动。如虎添翼的浑镐一路高歌猛进，一度推进到距离成德镇治所恒州三十里的地方。这些年来，一直与朝廷明争暗斗的王承宗真切感受到了覆亡的危险，但他却并没有因恐惧而方寸大乱，想出了一招"围魏救赵"的妙计。

王承宗将手中有限的部队分成两部，一部坚守恒州城，一部深入敌境。由于浑镐这次出征带走了几乎所有能够调动的部队，成德军如入无人之境，到处攻城略地，烧杀抢掠。

这一招果然收到奇效。浑镐手下那帮能征善战的将士们开始动摇了，挂念着自己的妻儿老小，挂念着自己的田产财宝，挂念着家乡的一切。

浑镐一下子便陷入了进退维谷的境地。退不仅会葬送用鲜血换来的战果，而且还会面临来自朝廷的巨大压力；进又难以在短时间内结束这场战争。正在这时，负责督战的中使来了。浑镐的退路被彻底切断了。迅速攻克恒州然后果断会师成为他唯一的选择，可是这却是一项风险巨大的赌博。

无奈的浑镐只得硬着头皮下达了总攻令，可是恒州是一座防守坚固的城池，而浑镐率领这支战斗意志已经严重动摇的军队显然难以速战速决，最终收获一场惨败。

浑镐失魂落魄地逃回了定州，但此时他却被其所效忠的朝廷无情地抛弃了。

十二月十五日，宪宗皇帝将易州刺史陈楚提拔为新任义武节度使。陈楚是曾任义武节度使长达近二十年的张茂昭的外甥，他的家族在当地拥有极大的政治影响力。

浑镐调任义武镇时间并不长，出身将门的他治军有方，可是因为在任时间较短，他对义武将士的影响力和威慑力却仍旧颇为有限。《新唐书》这样评价："治兵颇有法，然短于计略，不持重。"[1]正是因为他不稳重才有了如今的惨败，朝廷本应念在他的忠贞体谅他的苦衷，却有些武断地以成败论英雄。

讨伐王承宗动用了河东、幽州、义武、横海、魏博、昭义六藩镇十多万兵马，辗转数千里，历时两年之久却一直没有实质性进展。

军队数量虽多，却相互防范，互不支援，互不配合，犹如一盘散沙。

---

[1]　《新唐书·卷一百五十五·列传第八十·浑镐传》。

心怀鬼胎的节度使们为保存实力积极参战而又竭力避战，嘴上说的是誓与敌军血战到底，想的却是与敌军长相守。刘总攻克武强县后便一直按兵不动，驻军地点距离本镇只有五里地。

朝廷每月为此次军事讨伐支付十五万缗钱之多，运输物资的路程长达千里，以至于运输途中累死的牛、驴高达十分之四五。

李逢吉率领朝中百官趁机进言："应当首先合力攻取淮西，等淮西平定后再回兵攻成德，便如同拾取芥子一样容易了！"

宪宗皇帝是一个不肯放弃的人，但两线作战却使帝国财政捉襟见肘。他不得不重新审视自己当初的决定，好在他并非是一个固执的人，具有承认错误的魄力和勇气。

元和十二年（公元817年）五月十七日，唐宪宗下诏撤销河北行营，令六镇兵马各自返回本镇。轰轰烈烈的讨伐王承宗的行动只得惨淡收场。

懂得舍才能有所得。与其说政治是妥协的艺术，不如说是舍得的艺术，因为妥协的目的不是放弃而是去获取更重要的东西！

骤然而至的大捷

由于前线将领们大都隐瞒失利，夸大胜利，宪宗皇帝虽不时听到来自前线的捷报，但真实的战况却并不乐观。

尽管忠武节度使李光颜与河阳节度使乌重胤在北线战场打得很卖力，可是由于其他藩镇的军队，尤其是宣武军一直持观望消极态度，唐军的战略优势难以转变为实质性的战场优势，战争的胶着态势始终没有实质性改观。

元和十一年（公元816年）六月初十，唐随邓节度使高霞寓在铁城大败，损失惨重。正是这场始料未及的惨败将宪宗皇帝彻底地从美梦中惊醒，原来那些胜利是如此不实，原来损失如此之大，原来形势如此严峻。

谁来接任唐随邓节度使让宪宗皇帝大伤脑筋。曾经担任山南东道节度使的荆南节度使袁滋似乎是理想人选，可是袁滋曾经担任山南东道九州节度使，如今让他仅仅担任唐、随、邓三州节度使，他会心甘情愿吗？

宪宗皇帝经过深思熟虑任命袁滋为彰义节度使，管辖申、光、蔡、唐、随、邓六州。这不过是宪宗皇帝开出的一张空头支票，因为申、光、蔡三州仍旧掌握在吴元济的手中，因此袁滋实际上能够管辖的地盘只有唐、随、邓三州。

袁滋带着复杂的心情来到了唐州，本来暗中庆幸朝廷在开战前夕将自己调离了山南东道，可如今却似乎又回到了原点。

袁滋到任后撤除了所有岗哨，也不让他的士兵去侵犯吴元济的辖区。

吴元济包围了袁滋的新兴栅,袁滋便以恭敬谦虚的言辞请求他撤围。袁滋的所作所为使朝廷威严扫地,让宪宗皇帝忍无可忍,罢免袁滋自然也就成了顺理成章之事,可是选择合适的接任人选却仍是一件让宪宗皇帝颇为头疼的事。

正在这时,一个不起眼的人站了出来。他就是太子詹事李愬!他是一代名将李晟的儿子,在此前一直默默无闻,不过后来的光芒却居然直逼已经被推上神坛的父亲。

元和十二年(公元817年)正月二十四日,袁滋被贬为抚州刺史,对他而言这或许是一种解脱。任何人都没有觉得这次换帅会给战争形势带来什么改观,但是这个名不见经传的新任节度使李愬却意外地打开了胜利之门。

淮西军有骄傲的资本,把高霞寓赶走了,把袁滋赶走了,一个名不见经传的李愬又能够翻得起什么波浪呢?

淮西军将关注的目光都集中在了北线,因为他们觉得李光颜和乌重胤才是真正的对手,不曾想身后这个深藏不露的对手才是最可怕的!

李愬敏锐地觉察到奇袭蔡州的机会已经悄然来临了。仅仅拥有三州之地的淮西越来越难以承受战争带来的沉重负担。为了供养数量庞大的军队,百姓们只得节衣缩食,直至食不果腹,不管是菱角、茨实、鱼鳖还是鸟兽,能吃的都吃了,艰难困苦的生活已经使淮西将士和百姓们不堪忍受。

五月二十一日,淮西大将李祐率领手下士卒到张柴村收割麦子,对即将到来的危险还全然不知,这些年来还没有哪一个唐军将领会是他的对手。可正是因为他的自大使他最终被唐军擒获。

夜幕降临了,除了蟋蟀的叫声,四周一片寂静。这是一个普通的初夏时节,却是足以牵动整个战局的特殊夜晚,李愬与李祐两人一直长谈到深夜。

此时的宪宗皇帝将最后一线希望寄托在裴度的身上,命他以同中书门下平章事衔充任彰义节度使、淮西宣慰招讨处置使。启程时，裴度对宪宗皇帝铿锵有力地说："倘若贼人覆灭，臣不久便会前来朝见陛下；倘若贼人尚在，臣便誓不回朝！"宪宗皇帝听后不禁流下了眼泪。

十月十五日，李愬命令马步都虞候、随州刺史史旻留守。李祐与李忠义率领三千敢死队做前导，李愬与监军率领三千兵马为中军，李进诚率三千兵马殿后。这支近万人的军队即将创造战争史上的奇迹。

突袭军队走了六十里路，趁着夜色来到张柴村，将屯戍村中的兵士和守候烽火的士卒全部杀死，占领了敌军的栅垒。

李愬命令将士稍作休息，吃些干饭，整顿马具，将义成军的五百人留下来镇守张柴村，以便截断洄曲与蔡州城的通路。

李愬连夜率领兵马出了张柴村的栅门，各位将领请示进军目标，李愬此时才说："到蔡州去捉拿吴元济！"

各位将领闻听此言都大惊失色，监军甚至哭着说："果然中了李祐的奸计了！"

当时，风雪大作，旗帜破裂，冻死的战士与马匹随处可见，又加之天色阴暗，由张柴村往东去的道路都是从来没有踏足过的，唐军感觉自己所走的似乎是一条不归路，但他们又因畏惧李愬而不敢违抗命令。到了半夜，雪下得更大了。

唐军走了七十里路，终于来到了蔡州城下。靠近城边有一处喂养鹅鸭的池塘，李愬命令哄打鹅鸭，以便遮掩军队行走的声音。

唐军已经有三十多年未曾到过蔡州城了，蔡州人对于这支神出鬼没的唐军竟然毫无防备。

元和十二年（公元817年）十月十六日四更时分，蔡州城内出奇地安静。谁也不会想到在这个宁静的大雪天，一场决定战争胜负的战斗将会打响。

戍守蔡州的淮西军强睁着惺忪的双眼，强烈的困意不停地袭扰着他们。身为大后方的蔡州一直未曾感受到战争的威胁，例行的巡逻和防守不过是做做样子罢了，正是思想上的松懈使他们在危险骤然降临时丧失了应有的警惕。

李祐和李忠义用锄头在城墙上掘出坑坎，率先登城，而他们手下的士卒紧紧跟随在他们身后。当唐军登上城墙的时候，戍守蔡州城门的士兵仍在熟睡之中。

李祐挥挥手，这些熟睡的士兵们全都做着梦踏上了黄泉路。但智勇双全的李祐却并未一味地杀戮，该杀的必须杀，该留的必须留！

那些巡夜打更的更夫们依然敲打着木梆，而这种有节奏的打更声传递着平安的讯号。正是这种假象蒙蔽了即将大难临头的吴元济。他在这个生死攸关的夜里睡得很沉，很香。

李祐悄悄地打开城门，大部队迅速涌入城内，冲向下一个目标：内城。

唐军采用同样的办法冲入了内城，没有引起守城将士的察觉，可见城中守备的松懈。

鹅毛般的大雪终于停了，而雄鸡的叫声也传遍了整个蔡州城。

新的一天开始了，可是吴元济的末日却来临了。

当唐军抵达吴元济居住的牙城时，吴元济仍旧躺在床上舒舒服服地睡着觉，而这也将成为他一生中最后一个好觉。

"不好了，唐军打过来啦！"

望着风风火火前来报信的卫兵，吴元济仍旧悠然自得地躺在床上，笑着说："慌什么？不过是那些被俘的囚徒们盗窃罢了！用不了多久，局势便会稳定下来。天一亮，我便将那些闹事之人统统诛杀！"

"不是盗贼，是唐军！"

吴元济闻听此言顿时便觉察到了局势的严峻性，可是他却仍旧不敢相信唐军会从天而降，急忙站起身来，走到院子里屏息听着外面到底发生了什么。

蔡州城是由外城、内城和牙城组成的三环套月结构的防御体系。此时吴元济唯一能做的便是依托牙城拼死一搏。只要他们能够坚持住便会赢得一线生机，因为大将董重质正率领一万多精锐兵马驻扎在与蔡州城近在咫尺的洄曲，只要董重质回援，那么唐军便死定了。

李愬猜出了吴元济的心思，决意彻底断绝吴元济最后一丝希望，于是派人找到董重质的家人，遣他的儿子董传道带着书信前去规劝董重质。

董重质单人匹马前来投降，忠武节度使李光颜趁机突入营垒中，将他手下兵马全部招降。

十月十七日，唐军疯狂攻打牙城，火烧牙城南门，百姓争着背来柴草帮助唐军，射向城上的箭像刺猬毛一般密集。

到了申时，城门毁坏了，吴元济在城上请罪，李进诚用梯子将他接了下来。

十月十八日，李愬用囚车将吴元济送往京城。淮西所属的申州、光州得以光复，两万多名淮西将士相继前来归降。长达四年之久的淮西之战终于落下了帷幕，而这也成为大唐走向中兴的关键一战。

自从吴元济被擒后，李愬没有再杀戮一人。凡是吴元济的官吏及帐下、厨房、马厩的士兵，李愬一概恢复他们的职事，然后在鞠球场上驻屯兵马，等候着裴度前来。

十月二十五日，就任彰义军节度使三个月的裴度还是第一次来蔡州。全副武装的李愬率军出城迎接。李愬见到裴度后准备行大礼，却被裴度拦下了。李愬却执意这么做，因为他是在做给蔡州人看。

裴度留用蔡州士卒作为自己的警卫部队，有人规劝他蔡州人反复无常，不能不加以防备，裴度却不以为然地说："如今我身为彰义节度使，首恶既已被擒获，蔡州人便都是我的人啊！我怎么能怀疑自己人呢？"

这些年来，蔡州人跟随吴少诚、吴少阳和吴元济走上了一条反叛朝廷的不归路，此时的蔡州人是脆弱而敏感的，还不知朝廷将会怎么看待自己，而裴度代表着朝廷，也代表着皇帝。他的态度使蔡州人焦虑不安的心情渐渐舒缓下来，因为朝廷仍旧把他们看作大唐的子民。

许许多多蔡州人流下了泪水，是激动的泪水，也是悔恨的泪水，用泪水来祭奠不堪回首的过去。过去他们一直生活在白色恐怖之中，以至于在大街上见到亲友熟人都不敢多说话，不敢多停留，只是行个礼，简单寒暄几句便匆匆离开。百姓们不许在夜间点燃灯烛，也不许相互请客吃酒，违令者斩！

　　这么做的目的就是阻断百姓间的日常联系，巩固摇摇欲坠的统治。而裴度将这些严苛的法令统统废除，蔡州人从此享受着久违的自由和快乐。

　　十一月，宪宗皇帝威风八面地驾临兴安门，参加接收战俘的盛大仪式。

　　四年了！这场胜利来得太迟了。他曾经多次产生过动摇的念头，正是坚持才有了今日的胜利。

　　淮西大捷使那些割据一方、飞扬跋扈的节度使们开始认真思考自己未来的路。

　　淮西被平定后，淄青节度使李师道一时间惶惶不可终日。在幕僚的劝说之下，他决意向朝廷交纳人质，进献土地，以此来赎罪。李师道派遣使者上表，请求准许他的长子入朝侍卫，并且献出沂州、密州、海州三州，宪宗皇帝应允了他的请求。

　　可在妻子魏氏的劝说下，李师道居然改变了主意。魏氏不愿让自己的儿子入朝充当人质，于是便说，淄青镇兵力不少于数十万人，若是朝廷派兵马前来讨伐，倘若尽力接战不胜再献上三州也不太迟。

　　李师道最终听从了妻子的话，但也失去了与朝廷和解的机会。

　　元和十三年（公元818年）五月十三日，宪宗皇帝任命忠武节度使李光颜为义成节度使，谋划讨伐李师道；河阳节度使乌重胤兼任怀州刺史，向北移驻河阳三城。淮西平定后，裴度回朝再度为相，罢彰义镇恢复淮西镇，马总为淮西节度使，如今马总接替李光颜为忠武节度使，同时将原属淮西镇的蔡州划归忠武镇，将申州转隶鄂岳，将光州转隶淮南。设立于至德元载（公元756年）已然存在了六十二年的淮西镇至此也不复存在；随后又命将李愬为武宁①节度使，至此彻底完成了讨伐淄青镇的军事部署。

七月初三，宪宗皇帝下制列举淄青节度使李师道的罪状，命宣武、魏博、义成、武宁、横海五镇兵马共同讨伐他，还任命宣歙观察使王遂为供军使，将用兵之事全权委托给宰相裴度。

武宁节度使李愬与淄青军马十一次交战，取得了十一捷。玄武节度使韩弘也亲自带领兵马包围隶属淄青道的曹州。田弘正率军渡过黄河，在距离淄青镇治所郓州四十里处修筑营垒，使淄青镇将士大为震惊。

李师道生性胆小怕事，自从唐军前来讨伐，只要得知哪怕是小小的失败，哪怕是镇邑陷落，都会忧郁惊恐得害一场大病，因此他的亲信纷纷隐瞒战况。金乡乃是兖州通向郓州的险要之地，失去金乡后，兖州刺史派人前来告急时却被拦下，李师道至死都不知道金乡已然失陷。

凭借讨平淮西的余威，各路唐军一时间势如破竹，李师道的末日已然不远了。吴元济凭借三州之地与朝廷对抗四年之久，而李师道依托十二州之地却连一年都坚持不了！

元和十四年（公元819年）二月，淄青镇将领刘悟杀死节度使李师道归顺大唐。历经李正己、李纳、李师古、李师道三代四人的李氏淄青镇终于走到了尽头。

宪宗皇帝随即将拥有十二州之地的淄青镇分拆为三镇。淄青节度使虽继续得以保留，却仅仅管辖淄州、青州、齐州、登州、莱州五州之地；设置兖海节度使，管辖兖州、海州、沂州、密州四州；设置郓濮节度使（后改称天平节度使），管辖郓州、曹州、濮州三州。

宪宗皇帝深得汉武帝推行的"推恩令"的精髓，只有藩镇变多了，变

---

① 治所在今江苏省徐州市。

小了，变弱了，才会使朝廷在与藩镇的博弈和对抗中占据优势，将所有叛乱消弭在萌芽状态。

宪宗皇帝无疑实现了肃宗、代宗、德宗和穆宗四代人的梦想。正当他向着中兴之梦一步步迈进时，正当唐帝国一步步走向繁荣昌盛时，年仅四十三岁的宪宗皇帝却突然离开了他所深深爱着的大唐！

壮志难酬的皇帝

元和十五年（公元820年）正月初一，在这个举国欢庆的日子里，朝廷本该召集盛大的朝会辞旧迎新，可唐宪宗李纯却出人意料地缺席了，以至于京城上下一时间议论纷纷，谣言四起，人心不安。

就在人们期盼着听到宪宗皇帝痊愈的好消息时，宪宗却于正月二十七日驾崩于中和殿。这个消息一时间震惊了整个大唐。

唐宪宗此时只有四十三岁，还有很多事等待着他去解决，可是这一切却都随着他的突然驾崩而戛然而止。

宪宗皇帝最信任倚重的宦官吐突承璀、颇为欣赏的儿子澧王李恽以及术士柳泌、僧人大通也全都被送上了黄泉路。

宪宗皇帝的突然离去留给历史的是深深的叹息，也留下一个巨大的谜团。史书的字里行间似乎透露着他突然驾崩的背后隐藏着天大的隐情。

《旧唐书》记载："上（宪宗皇帝）崩于大明宫之中和殿，享年四十三。时以暴崩，皆言内官陈弘志弑逆，史氏讳而不书。"[①]

《新唐书》记载："（元和）十五年正月，宦者陈弘志等反。庚子，皇帝崩，年四十三。"[②]

《资治通鉴》记载："庚子，（宪宗皇帝）暴崩于中和殿。时人皆言内常侍陈弘志弑逆，其党类讳之，不敢讨贼，但云药发，外人莫能

---

① 《旧唐书·卷十五·本纪第十五·宪宗本纪下》。
② 《新唐书·卷七·本经第七·宪宗本纪》。

明也。"①

在正史中，宪宗皇帝死亡的罪魁祸首似乎是一个名叫陈弘志的宦官。陈弘志到底是何许人也？为何敢于冒着生命危险杀害声望日隆的大唐皇帝呢？

关于陈弘志弑君的动机，《旧唐书》记载："宪宗服泌药，日益烦躁，喜怒不常，内官惧非罪见戮，遂为弑逆。"②宪宗皇帝在人生的最后阶段对神仙不老之术情有独钟，下诏在全国寻求方术之士。宪宗服用丹药后变得暴躁易怒，身边的宦官宫女时常因为一些微不足道的过错或者莫名其妙的原因而遭到责骂和鞭打，不知多少人被活活打死。

服侍在皇帝身边的宦官们随时都有生命危险，当死亡触手可及时，所有的约束都失去效力，所有的威严都丧失效能，让人敢想从前不敢想的事，敢干曾经不敢干的事。如果陈弘志杀了宪宗皇帝，可想而知他的下场肯定会很惨，可事实上却并非如此。

陈弘志不仅没有受到惩罚，反而外任淮南监军。监军可是个有职有权、有名有利的肥缺。宪宗朝最得宠的宦官吐突承璀此前便曾担任过这个职务，在淮南的日子过得很滋润，也很惬意。

陈弘志一路逍遥法外，直到宪宗皇帝的孙子李昂当了皇帝，也就是唐文宗，实在看不下去了，才将这个弑君逆臣处死，可此时距离宪宗皇帝被害已经过去了十五年之久。在如此长的时间内，这个陈弘志为何能一直逍遥法外并且步步高升呢？

陈弘志身后肯定隐藏着一个强力集团，正是在他们的庇护之下，陈弘志才敢于干出如此大逆不道之事并且一直不被追究。

《新唐书》记载："是夜，（王）守澄与内常侍陈弘志弑帝于中和殿，缘所饵，以暴崩告天下，乃与梁守谦、韦元素等定册立穆宗。俄知枢密事。"③

---

① 《资治通鉴·卷二百四十一》。

② 《旧唐书·卷一百三十五·列传第八十五·皇甫镈传》。

③ 《新唐书·卷二百八·列传第一百三十三·王守澄传》。

《旧唐书》记载："宪宗疾大渐，内官陈弘庆等弑逆。宪宗英武，威德在人，内官秘之，不敢除讨，但云药发暴崩。时（王）守澄与中尉马进潭、梁守谦、刘承偕、韦元素等定册立穆宗皇帝。"[①]

陈弘志的身后是一个庞大的宦官群体，马进潭、梁守谦分任宦官中权势最为显赫的职务左、右神策军护军中尉。马进潭是在吐突承璀被杀后突击提拔起来的禁军统帅。王守澄也得以升任枢密使，文宗朝又升任右神策军中尉。在唐中后期，左、右中尉和左、右枢密使并称宦官中的"四贵"。

宪宗皇帝即位后，那些在藩王时期就服侍在他身边的宦官们平步青云，尤其是吐突承璀在政治上异军突起，昔日平起平坐的同伴们自然对他充满了嫉妒，而那些失去权力的过气宦官自然心有不甘，等待时机一举夺回原本属于自己的权力，再创昔日荣耀。

这群宦官的身后是不是还有身份更为显赫的人呢？事后被他们拥立为皇帝的李恒会是他们的同谋吗？

太子似乎只需静静地等待父皇的逝去便可以自然而然地得到皇位，为何要与那些如狼似虎的宦官们冒着政治风险，背负弑父骂名干天下之大不韪的事情呢？

李恒拥有显赫的身世，不仅仅是因为他的父亲，还因为自己的母亲郭贵妃。郭贵妃是后宫中最尊贵的妃嫔。郭贵妃的祖父是功高盖世的中兴名将郭子仪，而她的父亲是深受恩宠的驸马郭暧，也就是脍炙人口的民间故事《醉打金枝》中的那个驸马。郭贵妃的母亲是德宗皇帝的亲妹妹升平公主，因此郭贵妃从辈分上讲是自己的夫君宪宗皇帝的姑姑。

凭借这样的身世，郭贵妃成为皇后，她的儿子李恒成为太子似乎是理所当然的事情，他们是这么想的，而世人也是这么想的，但郭贵妃的皇后梦却变得遥遥无期，宪宗皇帝宁肯空着皇后之位也不册立她为后，主要有以下几个原因：

---

① 《旧唐书·卷一百八十四·列传第一百三十四·王守澄传》。

第一，养尊处优的郭贵妃很可能继承了母亲升平公主尖酸刻薄和骄纵任性的习性，有非常严重的"公主病"，需要时刻被呵护着，宠爱着，远没有那些出身卑微的妃嫔和宫女们温柔体贴，因此两人的关系一直很不和谐。

第二，风流成性的宪宗皇帝不愿受到过多拘束。宪宗皇帝儿子数量之多、素质之低在唐朝皇帝中是首屈一指的。质量差并非是这些皇子素质差，而是因为他们的母亲出身低微。除了李恒外，其他十九个儿子均是宫女所生。郭贵妃自然接受不了丈夫如此放纵，而宪宗皇帝也担心她成为皇后以后会更加肆无忌惮地干涉自己的私生活。

第三，宪宗皇帝畏惧郭家人在朝廷中强大的政治影响力，担心郭贵妃被册立为皇后之后，郭家人会趁机干政。

直到继位四年多以后，在群臣的催促之下，宪宗皇帝才最终公布了皇位继承人。满朝上下闻讯后皆是震惊不已，太子并非是呼声最高的李恒，而是李宁，理由便是李宁是年纪最长的皇子，而李宁的母亲纪氏本是个宫女，后来母以子贵才晋升为美人。

元和四年（公元809年）三月，宪宗皇帝诏令有关部门筹办太子册立大典，可是阴雨连绵的天气却使仪式一拖再拖，直到初冬时节才得以举行。这个不祥之兆仿佛也在暗示着这位没有背景的新太子未来的路绝不会一帆风顺。

两年后，年仅十九岁的太子李宁便因病去世。这对于宪宗皇帝而言无疑是一个冷酷而又沉重的打击，以至于连续十三天都不曾上朝。从惠昭太子李宁墓的考古发现看，无论是墓葬规模，还是墓葬规格在唐代太子墓中都是首屈一指的，足以看出宪宗皇帝对这位爱子早逝的痛惜和哀悼之情。

皇储问题无疑成为一个困扰宪宗皇帝的难题，是立次子澧王李恽还是立三子李恒？

其实宪宗皇帝的内心倾向于次子李恽，可他却又不能不顾及朝野上下的巨大压力。由于李恒的母亲是实际上的后宫之主，所以李恒在很多人眼中等同于身份尊贵的嫡子，郭家人及其门生故吏在朝中担任要职的比比皆

是，因此朝臣中很多人都是李恒的坚定支持者，而李恽的支持者却少得可
怜，只有吐突承璀等寥寥几人。

李宁的母亲虽然也是宫女出身，但是后来却被晋封为美人，而李恽
母亲却更为低微。宪宗皇帝实在没有勇气和精力再册立一个庶出的皇子为
太子，最终还是妥协了。其实皇帝看似权倾天下，有时也有诸多无奈和
遗憾。

皇储之位在空置了七个月之后终于尘埃落定。众望所归的李恒成为新
太子，但郭贵妃却并没有凭借母以子贵而晋升为皇后，太子李恒真切地感
受到自己的太子之位摇摇欲坠！

大宦官吐突承璀从淮南返回朝廷后便为更换太子之事而奔波忙碌着，
恰恰在这个关键时刻，一向支持李恒的宰相崔群被罢免了宰相职务，贬为
湖南观察使。

忧心忡忡的太子李恒派遣心腹向自己的舅舅郭钊询问计策。郭钊
忙派人给他捎去了一句意味深长的话：“殿下但尽孝谨以俟之，勿恤其
他。”①

这个“以俟之”显得很是耐人寻味，究竟是想让他等什么呢？如若
宪宗皇帝年事已高，况且还有等下去的希望，可宪宗皇帝此时却只有
四十三岁，虽然因服用丹药而使自身健康受损，却并没有到病入膏肓的
地步。

对此有两个解读。一个是等待着上天眷顾，尽人事而听天命。但出身
政治世家的郭钊不会不知道听天由命无异于坐以待毙。另一个就是等待着
利好的消息。虽然身份敏感的李恒不便直接出面，可是他的母亲和舅舅们
正在筹划着一场让他提前抢班夺权的阴谋。

生活在宣宗时期的裴庭裕所著《东观奏记》记载：“宪宗皇帝晏驾之
夕，上（宣宗）虽幼，颇记其事，追恨光陵商臣之酷。”宪宗皇帝第十三
子李忱后来侥幸登基成为宣宗皇帝。当年父亲宪宗皇帝被害时，他虽然年

---

① 《资治通鉴·卷二百四十一》。

幼，却依旧能依稀记得当时的情形。光陵就是穆宗皇帝李恒的陵墓。商臣就是春秋时代的楚穆王，因杀害自己的父王而遗臭万年。裴庭裕认定唐穆宗李恒就是杀害宪宗皇帝的元凶！

李恒即位后，诸多知情人因畏惧皇帝威严而对于宪宗皇帝之死噤若寒蝉。但李恒却颇为短命，他的三个儿子李湛、李昂、李炎在他之后先后登上帝位。虽然文宗皇帝李昂杖杀了逍遥法外十五年之久的凶手陈弘志，随后也处死了另一个凶手王守澄，可是他也不便、更不敢对爷爷宪宗皇帝的死因进行深入细致的调查，因为抹黑自己的父亲必然会影响自己的政治地位。直到李忱以皇太叔的身份登上帝位，才着手毫无顾忌地追查父亲猝死之事，也引起了仍旧健在的郭太后的恐慌。

在两个奴婢的陪同下，郭太后怀着复杂的心情来到勤政楼。她凭栏远眺，竟然想要纵身一跃，远离世俗的烦扰，远离良心的谴责，更重要的是让新皇帝李忱背上逼死嫡母的罪名。可她的如意算盘却落空了，她身旁的人死死地拉住她，将她从死亡线上活生生拉了回来。

这件事很快便传到李忱的耳中。郭太后的结局如何呢？《东观奏记》记载："上大怒。其夕，太后暴崩，上志也。"《资治通鉴》收录了这件事，可见这件事的真实性应该毋庸置疑。

当然这其中李忱也不完全是为父报仇，还掺杂了一些个人情感。李忱的母亲因相貌出众而被镇海节度使李锜看上后收为婢女，可李锜却因阴谋割据江南兵败而被杀。这个苦命的女人后来被送入宫中伺候郭贵妃。

这个命运多舛的婢女却幸运地得到宪宗皇帝的宠幸，后来还怀孕生下了李忱。看到自己的丈夫与自己的侍女苟合而且还生下了孩子，郭贵妃自然是恼怒不已，疯狂迫害这个身份卑微的女人以及她所生的孽种。在苦难中成长起来的李忱的心中堆积了对郭贵妃太多太多的仇恨，所以势必要寻机发泄。

郭贵妃死后，唐宣宗不允许郭贵妃与宪宗皇帝合葬，这似乎对这位前无古人、后无来者——历经穆宗、敬宗、文宗、武宗及宣宗五朝——的太后未免有些太残酷了，可是宣宗皇帝不顾群臣的非议执意这么做。宣宗皇帝还撤销了唐穆宗李恒的忌日庆典活动，停止了对他的陵墓光陵的朝拜，甚至还撤走守护光陵的宫人，以示对这位弑父之人的惩戒！

前功尽弃的无奈

元和十五年（公元820年）闰正月初三，在宦官们的拥立下，太子李恒在太极殿东厢即皇帝位，史称唐穆宗。

即位之初李恒还面临一个严峻的问题，那就是左神策军的异动。吐突承璀长期担任左神策军中尉，虽然他在唐宪宗暴死后，被王守澄等宦官一并处死，但他对这支禁军的影响力并不会随着他的突然被杀而彻底消除。不过好在接任左神策军中尉的马进潭也有丰富的领兵经验，迅速控制了这支禁军军队。穆宗皇帝也毫不吝惜地给禁军将士赏赐以收络人心。左、右神策军将士每人赏赐五十缗钱，左右羽林、左右龙武、左右神武等六军以及威远营每人赏赐三十缗钱，左金吾军将士每人赏赐十五缗钱。

当政局日趋平稳，穆宗皇帝便可以安心地为父皇守孝了。按照《礼经》的规定，儿子应该在父亲死后服丧三十六个月，可是新皇帝登基往往有很多政务等待处理，因此大唐皇帝往往"以日易月"来确定丧期，三十六个月的丧期只需守三十六天即可。

因为有孝在身，李恒还不能亲政，但他时常在月华门外召见百官，不失时机地发挥着自己的政治影响力。

闰正月十二日，穆宗李恒尊奉郭贵妃为皇太后，郭贵妃终于得了到丈夫不曾给予她的荣耀。

二月初五，唐穆宗迫不及待地结束了为父守孝的寂寞岁月，亲临大明宫丹凤门楼，宣布大赦天下，随后在城楼上观看热闹的乐舞和杂戏。唐穆宗看得津津有味，可群臣却忧心忡忡，这个年轻皇帝任性而为的习性让他们感到颇为不安。

仅仅十天后，唐穆宗就去视察左神策军军营。如果仅仅是安抚禁军士卒倒也无可厚非，可他此行的目的却是找乐子。穆宗皇帝酷爱摔跤，看到那些被摔倒在地的将士痛苦呻吟，他却哈哈大笑。

在接下来的日子里，打猎游乐、观赏歌舞以及纵情女色成了唐穆宗生活的主旋律。官员们也隔三岔五便会得到皇帝的赏赐，而且赏赐的数额多得让他们意料不到。

元和十五年（公元820年）十月，与朝廷对抗十余年的成德节度使王承宗去世。让谁成为继任者，穆宗皇帝一时间犯了难。

这个人必须很有能力和威望，否则震慑不住成德镇那帮骄兵悍将们；这个人还必须熟悉河北地区的风俗习惯，否则难以迅速进入角色，还可能带来不必要的麻烦；最重要的是这个人必须对朝廷忠诚，否则在那帮将领们的撺掇下很可能会走上藩镇割据的老路。

思来想去，似乎只有魏博节度使田弘正是唯一符合这些条件的人选。田弘正的军事才华不容置疑，他在河北的威望也很高，关键是他对帝国的忠诚不容置疑。但穆宗皇帝对这项人事任命潜藏的巨大风险明显估计不足。虽然成德、魏博两镇在对抗朝廷时经常联合作战，可两个藩镇之间的恩怨由来已久，可以追溯到两个藩镇的首任节度使田承嗣、李宝臣在任时；而在前不久的交战中，双方更是兵戎相见，惨烈厮杀。

这使田弘正的履职之路杀机四伏，险象环生，好在自幼在阴谋和兵变中成长起来的田弘正是一个老辣的高手，但皇帝的漠然和宰相的愚蠢最终却葬送了他为此而付出的所有努力，也将宪宗皇帝呕心沥血十五年换来的中兴局面毁于一旦。

王承宗死后，弟弟王承元原本被成德将士拥立为新任成德节度使，但他并未接受，而是听从朝廷的安排改任义成节度使。义成镇一直是河北地区最为听话的藩镇之一，所以把他安排到那里，而原来的义成节度使刘悟改任昭义节度使。

如今魏博、成德两镇皆已归顺朝廷，曾经割据半个多世纪之久的河北三镇只剩下幽州镇尚未归附！

当年幽州节度使刘总杀了其父亲和哥哥后，父亲和哥哥血淋淋的脸庞经常出现在他的噩梦中。每当夜幕降临的时候，他都会被无边的恐惧所袭扰，心灵深处充斥着浓重的负罪感。他认定那是父亲和哥哥的鬼魂在作祟，经常在自己的府邸安排几百名僧人昼夜不停地为他念经祈福，尽管如此，无边的黑夜仍旧压得他喘不过气来。刘总再也不想在幽州待下去了，屡次上奏朝廷请求弃官为僧。

为了根除幽州长期以来割据势力的生存土壤，刘总曾专门上奏朝廷请求将幽州管辖的州县分为三道：

幽州、涿州、营州^①三州为一道。

原属幽州道北部的平州^②、蓟州^③、妫州^④、檀州^⑤四州为一道。

原属幽州道南部的瀛州、莫州^⑥两州为一道。

如果这个方案得以实施，那个雄踞北部边陲的幽州道便会被彻底地斩断手足。更精妙的是幽州镇因被肢解而实力受损，新的幽州镇一旦有什么异动便会陷入南北夹击的不利局面。

脱胎于幽州的涿州是朱希彩当年分割原属幽州的三个县而设置的新州。自从平卢军主力南下淄青后，营州一直被奚族人和契丹人侵占着。安史之乱后首任幽州节度使李怀仙的辖区中并没有出现营州的名字。如今却突然又在史书中出现了，估计是又收复了该州。虽然营州名义上仍旧隶属于新的幽州道，可是却与幽州并不接壤，所以新的幽州道实际上有效管辖的其实只有原来幽州一州之地。

刘总对他建议拆分的三道节度使的人选也颇费了一番脑筋：

---

① 治所在今辽宁省朝阳市。

② 治所在今河北省秦皇岛市卢龙县。

③ 治所在今天津市蓟州区。

④ 治所在今河北省张家口市怀来县。

⑤ 治所在今北京市密云区。

⑥ 治所在今河北省莫县。

他建议宣武节度使张弘靖为新的幽州节度使。张弘靖担任河东节度使时宽容大度，平易近人，深受部下拥戴。他的美名甚至传到与河东相邻的幽州镇，无疑是幽州节度使的最佳人选。

他建议淄青节度使薛平为平、蓟、妫、檀四州节度使。出身名门的薛平是一代名将薛仁贵的曾孙，原昭义节度使薛嵩的儿子。薛嵩是安史之乱后期史思明父子手下的重要将领，在原安史旧部中拥有一定的号召力，而幽州镇一直是安史旧部残余势力盘踞的据点，因此他凭借父亲的威名可以掌控局面，况且他不仅熟悉河朔地区的风俗习惯，而且长期担任禁军将领，对朝廷拥有绝对的忠诚。

他建议京兆尹卢士玫为瀛、莫两州观察使。卢士玫有管理京兆府的经验，而且他还是刘总妻子的亲戚。

这个方案堪称根治半个多世纪以来幽州镇割据一方的良方，是刘总深思熟虑后的拳拳之言。

此外，刘总还将幽州镇中所有可能作乱的将领全都送到了长安，其中就包括朱滔的孙子、此时担任幽州都知兵马使的朱克融。刘总希望朝廷对这些人破格使用，从而使那些幽州的将领们对前往中央任职心生向往，进而带动更多的幽州将领走出去，使更多的外地将领能走进来，彻底扭转幽州将领心中根深蒂固的割据思想。

知晓症结所在的刘总开出的无疑是一剂标本兼治的良方，如若穆宗皇帝能够照做，或许大唐的历史将会被重写，可是一个个偶然却使帝国偏离了原来的轨迹！

长庆元年（公元821年）三月十七日，唐穆宗任命刘总为新任天平节度使，可此时的刘总却对尘世间的一切失去了兴趣，向往的是青灯古佛的日子。他恳求朝廷批准自己为僧，同时请求批准将自己的私人住宅改建为佛寺。穆宗皇帝无奈之下同意了，赐刘总法名大觉，赐他的私宅为报恩寺。

宦官带着紫色的僧服匆匆赶往幽州，但刘总却已等不及了，迫不及待地剃发为僧，还迫不及待地想要离开幽州。但将士们却将他硬生生留了下来。但此时的刘总却已变成了近乎歇斯底里的偏执狂，阴森恐怖的幽州城使他一刻也不愿意待下去了。他似乎失去了理智，恼怒之下一连斩杀了阻拦自己的十几个带头的将领。就在当天夜里，刘总将幽州节度使的大印和符节扔给了留后，然后乘着茫茫夜色匆匆离开了幽州城。

后来，刘总被发现死于定州境内，而他的死因也成为千古之谜。刘总的死标志着一个时代的结束，割据了半个多世纪之久的河北三镇全都回到朝廷的怀抱。

可是"元和中兴"的大好局面却玻璃般易碎，一不小心就会被打得四分五裂。穆宗皇帝李恒沉湎于酒色，而执掌朝政的宰相崔植、杜元颖又缺乏深谋远虑。刘总提出的将幽州镇一分为三的战略构想终竟化为了泡影。曾担任过宰相的张弘靖此前一直担任河东等大藩镇的节度使，如若幽州镇被一分为三，势必会沦为一个中等藩镇。朝廷自然不愿委屈了股肱之臣张弘靖，仅仅将瀛州、莫州从幽州镇分割出来，由卢士玫来统辖，其余各州仍旧由张弘靖统领。

幽州将领朱克融原以为自己在长安生活会很美好，因为上司刘总曾经告诉他，那将是一段舒适、惬意又富庶的日子，可当他兴冲冲来到长安，便很快发现刘总为他们编织的不过是一场不切实际的梦罢了。他们苦苦等待着，却迟迟等不到朝廷的任命，他们每天到中书省请求授予官职，但宰相却始终置若罔闻。

当然那些宰相们也有自己的难处，虽然唐宪宗秉承的削藩政策打开了大唐复兴之门，却也使朝廷背负了沉重的财政负担。连年的赤字使中央财政入不敷出，自然不愿意再为朱克融等人支付工资。

朱克融等人在长安甚至窘迫到了借衣讨食的地步。这无疑给那些留在幽州的将士们传递出一个信号：千万别离开幽州，一旦离开便会变得一无所有！刘总当初制定的斩草除根之举不仅没能起到应有的效果，反而带来了巨大的负面效应。

当张弘靖赴任后，以朱克融为首的那帮幽州将领们被勒令返回幽州。当精打细算的崔植和杜元颖正在为甩掉一个巨大的财政包袱而自鸣得意的时候，刘总的担忧却一步步成了现实。

踏上归程的朱克融等人将这种不满迅速扩散到整个幽州城，继而引发了一系列震撼人心的大爆炸！

张弘靖和田弘正的履职不仅关乎自己的身家性命，更关乎帝国的前途。

年过花甲的张弘靖前往幽州赴任时，城中男女老少皆夹道观看，此时的他不会想到自己很快便会灰溜溜地逃离这里。

历任幽州节度使都是与士卒同甘共苦，并无高低贵贱之分，但张弘靖上任后傲慢无比，居然乘坐肩舆视察军营。日常政务张弘靖也大多委托他的幕僚处理，而他所任命的判官韦雍等人大多是年少轻浮之人。穆宗皇帝下诏赐给幽州镇将士一百万缗钱，而张弘靖却截留了二十万缗充作节度使府的杂用。将士们稍有不满，韦雍等人便将其绳之以法，还经常嘲笑责骂手下官吏和士卒。上下级之间的矛盾逐渐汇聚成一股波涛汹涌的暗流。

长庆元年（公元821年）七月初十，一个小将骑马冲撞了韦雍的仪仗前导。韦雍下令将其当众杖责。河朔地区的军士不习惯受杖责，自然拒不服从。韦雍于是将此事报告给张弘靖，张弘靖命令军虞候将小将拘捕治罪。此事迅速传遍了幽州镇军营。

当天夜里，士卒们便发生大规模骚乱，愤怒的士卒冲入节度使官邸，肆意掠夺张弘靖的财产和妻妾，并将张弘靖关押在蓟门馆，杀死他的幕僚韦雍等人。

第二天，士卒们开始为自己的过激之举而悔恨不已，纷纷前往蓟门馆向张弘靖负荆请罪，表示愿意洗心革面。若是张弘靖处置得当，这场变乱很快便会平定下去，可是尽管士卒们再三谢罪，张弘靖却始终闭口不言。

惶恐不安又无所适从的幽州士卒只得转而拥戴幽州老将朱洄为留后。老迈的朱洄却已在家卧床多时了，无心也无力再与朝廷对抗了，于是便将儿子朱克融举荐给他们。

刚刚回到朝廷怀抱的幽州镇就此再度被朱克融割据而去，而朝廷为了息事宁人只得任命朱克融为幽州节度使，张弘靖被贬为抚州刺史。虽然张弘靖很快便得以回朝，却只是担任太子宾客、少保、少师这样的闲职，三年后郁郁而终。

就在幽州镇发生叛乱之际，成德镇也卷入到叛乱的逆流之中。

魏博节度使田弘正被任命为成德节度使。成德镇与魏博镇在此前的几十年中战争不断，两镇士卒积怨甚深。为了自身安全，田弘正率领两千名魏博士兵随同其一起赴任，还将他们留在了自己身边。

田弘正奏请朝廷供给这两千人的军饷。宰相崔植的堂兄崔倰担任户部侍郎、判度支。此人有些刚愎自用，认为正值朝廷大力压缩财政开支之际，而魏博、成德两镇各自拥有所属部队，如果这个先例一开，朝廷无疑将会凭空增加一大笔财政开支。田弘正四次上表朝廷，崔倰却始终不予理会，迫不得已田弘正只得将魏博兵遣返回镇。

田弘正的几十个亲属都在长安、洛阳两地生活，一向厚待亲人的田弘正不得不承担起这笔庞大的开支，一时间运送生活用品的车辆络绎不绝。成德镇将士对此颇为不满，而穆宗皇帝下诏赏赐给成德镇将士的一百万缗钱又迟迟未能运达，无异于火上浇油。

七月二十八日夜，成德都知兵马使王庭凑趁机发动叛乱。王庭凑经常借小事挑拨节度使与将士的关系，但由于田弘正所率的两千魏博兵尚在，他也不敢贸然行动。魏博兵士刚刚被遣返回本镇，王庭凑便率领叛乱兵士残忍地将田弘正及其僚佐、随从将吏和家属三百多人统统杀害，自称成德镇留后。

穆宗皇帝此时才意识到事态的严峻性，于是任命田弘正的儿子前泾原节度使田布为魏博节度使，负责讨伐王庭凑。

田布之前跟随田弘正镇守魏博镇时很信任牙将史宪诚，此番重返魏博镇后命史宪诚为先锋兵马使，精锐兵力皆隶属其麾下。

幽州、成德两镇相继发生了叛乱，魏博镇将士也是人心思变。尽管穆宗皇帝多次派遣宦官前往督战，但魏博镇将士却毫无斗志。这时正好又下了一场大雪，后勤补给也变得更加艰难。

田布无奈之下只得征发魏博镇所属六州租赋供给军需，这引起了本镇将士的强烈不满，而田布所倚重的史宪诚不仅没能成为征战的先锋，反而成为不满情绪的推波助澜者。

长庆二年（公元822年）正月十一日，田布再次召集部将商议出兵事宜，但诸将却变得更加傲慢无礼，纷纷表示不肯出战。

孤立无援的田布仰天长叹："我立功报国的愿望无法实现了！"

屡受打击的田布手捧遗书大声痛哭，随后将遗书交给幕僚让其转呈朝廷，而他则缓缓地走到父亲灵位前，用本应手刃仇人的尖刀刺向了自己的胸膛，而野心勃勃的史宪诚被魏博诸将推举为留后。

旷日持久的战争使朝廷不得不背负上了沉重的财政负担。疲惫不堪的朝廷在万般无奈之下只得任命史宪诚为魏博节度使，任命王庭凑为成德节度使，任命朱克融为幽州节度使。朝廷再度丧失了对河北地区的实际控制权，直至唐朝灭亡河北地区也没能再回归唐帝国的怀抱。

幽州镇、成德镇不过才各自拥兵一万多人，朝廷征发诸道十五万大军进行讨伐，还特地征召曾经参与淮西之役的功勋老臣裴度、当世名将乌重胤和李光颜参与围剿，但讨伐行动持续了一年多却是无果而终，主要有以下原因：

第一，重用宦官植祸根。从唐玄宗李隆基开始，宦官得到空前的重用，而唐穆宗也不例外。平时，朝廷在诸道设置监军。战时，朝廷在军队中委派宦官监阵。主将的军事指挥权受到很大的制约，一旦得胜，监军飞书向朝廷奏捷邀功请赏，可一旦失利，监军便将罪责推给将领。

第二，裁减军备惹祸端。穆宗皇帝即位后大肆裁减兵员，而这些士兵都聚集在深山江湖中成为盗贼。朱克融、王庭凑一旦举起反叛大旗，这些逃亡的兵士便纷纷投奔到他们的麾下。诸道因为裁兵而战斗力大减，而战时临时招募的士兵难以在短时间内形成战斗力。

第三，过度干预显弊端。朝廷没有授予前线将领独立的决策权与指挥权，重大军事行动一律听候朝廷诏命。远在千里之外的朝廷无法全面及时地了解纷繁复杂的战场形势，因此做出的军事部署难以适应千变万化的战场形势。朝廷朝令夕改，将士不知所措。宦官出使前线传达诏令，而前线将领丧失了主观能动性，只是机械地执行朝廷诏命，甚至朝中还有人为了一己私利而蓄意阻挠政令的传达。

对于大唐而言，中兴美梦还没有来得及入梦便被迫惊醒，不得不再次直面淋漓的鲜血。

第五章

朋党之争

734
/
907

牛李党争^①的真相

元和三年（公元808年）四月，宪宗皇帝李纯下诏举行制举考试。许多怀揣政治梦想的青年才俊走进了考场，其中就包括伊阙县县尉牛僧孺、陆浑县县尉皇甫湜和前进士李宗闵。

三人皆是进士出身，牛僧孺与李宗闵是德宗贞元二十一年（公元805年）的同科进士，皇甫湜要比两人晚一年，是宪宗元和元年（公元806年）的进士。三人进士及第后都顺利入仕，不过李宗闵后来辞去了华州^②参军事的职务，以前进士的身份参加此次制举。

那一年，牛僧孺、皇甫湜正值而立之年，李宗闵才二十出头，正值青春年少的三人都怀揣报国之志，还颇有几分愤世嫉俗之感。鉴于三人在制举考试中的优异表现，担任此次制举考策官的吏部侍郎杨於陵、吏部员外郎韦贯之对他们青睐有加，将三人定为上等。负责复核的翰林学士裴垍、王涯也认同了考策官的结果。宪宗皇帝李纯下诏从优安排三人官职。

就在三人仕途一路畅通之际，事态却发生了惊天逆转。这三个年轻气盛的青年官员因指摘时弊触怒了权贵，而掀起了一场巨大的政治风波。三人在此后很长一段时间内都没能得到提拔重用，只得前往藩镇幕府中充作僚属，而主持此次制举的官员也都遭了厄运。负责复核的裴垍、王涯皆被

---

① 党争虽然贯穿大唐289年的历史，但在中晚唐时却变得愈演愈烈，以牛僧孺为首的牛党和以李德裕为首的李党进行了惨烈的政治斗争，以至于文宗皇帝李昂曾无奈地发出"去河北贼易，去朝中朋党难"的感叹。外部有藩镇割据，朝堂上有朋党之争，后宫里有宦官专政，曾经辉煌的大唐已然是日薄西山了！

② 治所在今陕西省渭南市华州区。

免去了翰林学士的职务，考策官韦贯之先被贬为果州刺史，再被迁为巴州刺史。而另一名考策官杨於陵也离京任岭南节度使。

不少史学家认为这件制举案为后来的牛李党争植下了祸根，是后来文宗朝爆发的牛李党事的开端。《资治通鉴》认为掀起这场政治风波的罪魁祸首便是宰相李吉甫，也就是后来成为李党党魁的李德裕的父亲。《资治通鉴》记载道："李吉甫恶其（牛僧孺等三人）言直，泣诉于上。"①李吉甫向宪宗皇帝李纯力陈，皇甫湜是王涯的外甥，王涯在进行复核审定时并未如实禀告此事，违背了有关回避规定，涉嫌徇私舞弊，其他人员知情不报，涉嫌玩忽职守，因此四名考官皆因受到此事牵连而被贬官。牛僧孺、皇甫湜、李宗闵自然对李吉甫恨之入骨，于是便将对他的恨转嫁到了他的儿子李德裕的身上。

不少历史学家受《资治通鉴》的影响，认为这场制举案导致了牛李党争的发生。可是透过历史文献的字里行间，却隐隐发觉事实恐怕并非如此！

在那场政治风波二十三年后，大和五年（公元831年），古文大家李翱为杨於陵所作的《唐故金紫光禄大夫、尚书右仆射致仕、上柱国、宏农郡开国公、食邑二千户、赠司空杨公墓志铭》载："会考制举人，奖直言策为第一，中贵人大怒，宰相有欲因而出之者，由是（杨於陵）为岭南节度使。是时得考策者凡四人，公既得岭南，员外郎韦贯之再贬巴州刺史……"②

李翱写这篇墓志铭的时候肯定会找杨於陵的亲戚朋友了解其生平事迹。如果杨於陵贬谪岭南节度使果真是因为遭到李吉甫的报复，完全可以直抒胸臆。此时正是李德裕的政敌牛党党魁李宗闵执政时期，此时并不得志的李德裕远在剑南西川担任节度使，虽也是坐守边陲重地的封疆大吏，却已远离了政治中心。李翱根本没有必要因顾忌李德裕而为他的父亲当年之事有所隐瞒。

---

① 《资治通鉴·第二百三十七卷》。

② 《全唐文·卷六百三十九》。

杨於陵的墓志铭明确记载那场制举风波触怒的人是中贵人，也就是宦官。唐宪宗能够提前登基称帝得益于宦官们的拥立，因此他一直对宦官格外宠信，也使得宦官们在宪宗朝权势熏天，甚至有些无法无天。

其实宦官干涉制举考试在唐代后期并不鲜见，类似事件此后也曾发生过，大和二年（公元828年），刘蕡对策时也曾言辞恳切地猛烈抨击飞扬跋扈的宦官，在朝野上下引起巨大轰动，主考官因担心会因此触怒宦官而将其落第，其后虽不断有人上书为刘蕡鸣不平，朝廷最终还是不敢让其及第，以至于连制举考试也停罢了！

在元和三年的那场风波三十九年后，大中元年（公元847年），李党要人郑亚离京出任桂管观察使。他在赴任途中专程前往衡州①拜谒贬谪在此的牛党党魁牛僧孺。

郑亚特地命幕僚李商隐撰写了《为荥阳公贺牛相公状》："始者召入紫宸，亲承清问。仲舒演《春秋》之奥，孙宏阐《洪范》之微。抉摘奸豪，指切贵近。"郑亚用颇为赞赏的口吻提起了元和三年的那场制举风波，对牛僧孺当年的壮举充满了敬佩之情。

如若当年牛僧孺抨击的果真是李德裕之父李吉甫，此事定然是极为敏感之事。郑亚对老上司李德裕又一贯颇为敬重，怎会对牛僧孺此举大加赞赏呢？

早在李德裕为翰林学士时，郑亚便因"聪悟绝伦，文章秀发"②而得到李德裕的赏识。郑亚先是参加贡举进士及第，又参加制举贤良方正、直言极谏科高中，随后又在科目选书判拔萃科脱颖而出，数年之内连中三科。李德裕出任浙西观察使时，将其辟为从事，自此他的前途便与李德裕的命运紧紧联系在一起。

武宗朝，李德裕达到了仕途生涯的顶峰，郑亚也得以出任谏议大夫（正四品下阶）。郑亚一路走来担任的全是诸如监察御史、刑部郎中、给事中等要职，这自然离不开李德裕的悉心关照和竭力提携。

---

① 治所在今湖南省衡阳市。
② 《旧唐书·卷一百七十八·列传第一百二十八·郑亚传》。

虽说郑亚赴任桂管观察使时，李德裕已经失势，被贬为太子少保、分司东都，不仅远离了权力中枢，更是被逐出了政治中心长安，但新继位的宣宗皇帝李忱与李德裕毕竟还没有彻底撕破脸，在政治上几经沉浮的李德裕或许还有东山再起的机会，郑亚于情于理都不太可能做出如此落井下石的事！

李德裕在此后的岁月里厄运连连，而郑亚也不可避免地受到了牵连。李德裕罢相后，郑亚黯然离京前往遥远的桂州①任职；李德裕被贬为潮州②司马后不久，他也被贬为循州③刺史，从此再也没有回过繁华的长安，两人先后死于贬所。

试想与李德裕这样休戚与共的郑亚应该不会干出通过贬低李德裕的父亲来向牛僧孺示好的事。因此只有一种可能，当年牛僧孺所做策文抨击的另有他人，"奸豪"是指桀骜不驯的藩镇，而"贵近"是指飞扬跋扈的宦官。

其实要想寻到历史真相，最直接、最有效的办法就是找到牛僧孺、皇甫湜和李宗闵三人当年参加制举时所写的策文，看看上面到底写了些什么，居然会在朝野上下掀起如此巨大的波澜。可惜牛僧孺和李宗闵参加那次制举的试卷已经无迹可寻，但值得庆幸的是皇甫湜当年参加制举时所写策文《对贤良方正直言极谏策》却被收录进了《全唐文》。

元和三年那次制举策试仅仅题目本身就多达五百余字，皇甫湜的策文正文更是长达四千多字，不便在此一一列示。其中抨击朝政最激烈的那部分是这样写的："今宰相之进见亦有数……去汉之末祸，还谏官、史官、侍臣之职，使之左右前后，日延宰相，与论义理，有位于朝者，咸引而进之……"④

可见皇甫湜抨击的矛头直指专权乱国的宦官。宪宗皇帝对宦官的格外

---

① 治所在今广西壮族自治区桂林市。

② 治所在今广东省潮州市。

③ 治所在今广东省惠州市。

④ 《全唐文·卷六百八十五》。

宠信早就引起朝野上下的强烈不满。皇甫湜对宰相持肯定褒扬态度，认为"宰相之进见亦有数"，只是侍从之臣皆失其职，建议宪宗皇帝多与宰相商议，不要重蹈东汉末年宦官乱政的覆辙。

此间还有一个细节颇为值得深思，为何偏偏是终其一生官不过郎中的皇甫湜所写的这篇策文得以留存下来，反而是日后在政坛上大放异彩的牛僧孺和李宗闵的策文离奇消失不见了呢？按照常理，知名度高的人的文章流传得应该更广才对。怎会如此反常呢？

牛僧孺和李宗闵后来均位至宰相，青年时曾对宦官干政大肆抨击的两人在后来却对宦官百般逢迎，深知若是与宦官交恶势必难以在朝中立足。牛僧孺首次拜相便得益于宰相李逢吉的推荐，而李逢吉的发迹则是因其攀附上了大宦官王守澄。李宗闵首次拜相更是直接借助宦官之力，还将当时呼声颇高的李德裕排挤出京，第二次为相是依靠大宦官王守澄的推荐。鉴于此，两人自然不愿再提及那段陈年旧事，以免惹得宦官们不悦。牛李两党后来相互倾轧，势同水火，若当时所写策文攻击对象果真是李吉甫，完全可以大张旗鼓地进行宣扬，大可不必如此遮遮掩掩。

唯独皇甫湜一直仕途暗淡，虽曾一度入朝担任工部郎中，后来迁为东都留守裴度的判官，但与牛僧孺和李宗闵相比却未免有些相形见绌。官场并不得志的皇甫湜师从古文大家韩愈专心从事文学创作，成为古文运动的重要倡导者，自然也就没有那么多政治上的顾忌。

元和三年制举案爆发时，李德裕才刚刚二十二岁，因不屑于参加科举考试而闲居在家中，迟迟未能入仕。恐怕连他自己都不会想到，原本与父亲李吉甫并无多大关联的这场制举风波，居然会被后人认定为是牛李党争的开端！

这场风波十四年后，又一场科举大案震惊了朝野，背后隐藏着更为复杂的权力斗争。司马光将这件事作为牛李两党的揭幕战。

穆宗长庆元年（公元821年）三月，礼部侍郎钱徽执掌贡举，共录取进士三十三人。放榜后，罢相后即将出镇西川的段文昌面见穆宗时言辞激烈地说，进士郑朗等十四人才疏学浅应该落第。

进士科考试一直是朝野关注的大事，唐穆宗顿觉事态严重，于是向翰林学士询问对策。当时李德裕、李绅、元稹同为翰林学士，关系亲密，一致认为主考官钱徽受人请托，所试不公。

唐穆宗诏命中书舍人王起、主客郎中、知制诰白居易等人对段文昌所说的十四名名不副实的新进士进行复试，最终判定孔温业、赵存约、窦洵直勉强及第；裴譔特赐及第；郑郎等十人被判落第。

其实只要对上述十四人的家世背景略加分析便会发现背后的蹊跷。特赐及第的裴譔之父裴度在平定淮西之战中立有大功，曾在宪宗朝两度为相，当时为检校司空、门下侍郎、同中书门下平章事、河东节度使、北都留守，乃是官居一品的使相。

被判及第的三个人也无不是家门显赫之人，孔温业之父孔戡当时为湖南观察使，孔温业的伯父孔戣曾为岭南节度使，当时已改任吏部侍郎。孔戡、孔戣兄弟曾皆居节镇，也算是荣耀一时。赵存约之父赵植因在平定朱泚之乱中立下军功而步步升迁，最终位至岭南节度使，次年便卒于任上，虽然事发时赵植已经去世十九年之久，但与其父生前交好的中兴名臣浑瑊的后辈当时均身居要职，其父门生故吏当时掌权者也大有人在。窦洵直堂兄窦易直曾任宣歙观察使，事发时为浙西观察使。三人父兄皆是三品以上的封疆大吏。

在落第的十人中，七人的出身难以考证，应该都只是出身于小官僚之家或者是毫无背景的寒门子弟，只有三人家世可考。郑郎之父郑珣瑜虽然曾为德宗、顺宗朝宰相，不过却早在十六年前便已故去，其兄郑覃当时为谏议大夫（正五品上阶），品级虽不算低却并非是要职，关键是郑朗已然成为众矢之的，即便有人有心袒护也不敢触犯众怒，不过郑朗恐怕也并非不学无术之徒，后曾在宣宗朝位至宰相，也可谓是青史留名。苏巢是李宗闵的女婿，李宗闵当时为中书舍人（正五品上阶），虽属于朝中要职，却与上述那些三品大员还是有明显差距。杨殷士的家世则更为逊色，兄长杨汝士为右补阙（从七品上阶），堂兄杨虞卿为监察御史（正八品上阶）。

因取士不公，主考官钱徽由礼部侍郎被贬为江州刺史；因干扰科举，李宗闵被贬为剑州刺史，杨汝士被贬为开江县县令。

在这中间李德裕究竟扮演着怎样的角色呢？由于在落第之人中，既有李宗闵的女婿苏巢，又有与牛党人士亲近的杨殷士，因此有些学者便认为是李德裕凭借翰林学士之职在伺机报复。

既然李宗闵参加元和三年制举时所攻击之人并非李吉甫，那么李德裕与他便不会有什么私人恩怨，挟私报复之说自然也就是无稽之谈。

其实当时对主考官钱徽抨击最为猛烈的是翰林学士李绅、元稹，尤以元稹为甚。

唐代科举考试尚未实行"糊名"和"誊录"制度，主考官自然知晓哪份试卷是哪个考生所写，"请托"之风也就越来越盛。"先是，贡举猥滥，势门子弟，交相酬酢；寒门俊造，十弃六七。及元稹、李绅在翰林，深怒其事，故有覆试之科。"[1]钱徽因接受请托录取权贵子弟过多、寒门子弟过少，而且所录权贵子弟又志大才疏，自然遭致世人诟病。

其实这起政治纷争的背后还有着深层次的政治动因，已故刑部侍郎杨凭兄弟以文学知名，家中所藏书画甚多，钟繇、王羲之等名家真迹皆有收藏。杨凭之子杨浑之为了求取功名只得忍痛割爱，将家藏名家书画悉数献给时任宰相的段文昌。见杨浑之送上如此重礼，段文昌自然是倾力相助，当面将此事托付给主考官钱徽，还曾专门写信保荐杨浑之。李绅也向钱徽大力举荐周汉宾。无论是段文昌还是李绅都认为自己身居高位，主考官钱徽肯定会卖他们的面子。

可等发榜后，杨浑之、周汉宾皆未能高中。段文昌、李绅自然因此而迁怒于主考官钱徽。元稹虽与钱徽并无矛盾，却与李宗闵不睦。其实两人的关系原本还算融洽，后来元稹因性情耿直、直言不讳而遭到罢黜，在外飘零十年后再度还朝，性情大改，一心升迁，与同样执着于仕途的李宗闵都将彼此视为竞争对手。

段文昌主动揭发，李绅、元稹大力抨击，既是出于义愤，恐怕更是为

---

[1] 《旧唐书·卷一百六十四·列传第一百一十四·王起传》。

了泄私愤。而李德裕并未过多地牵涉此事，两唐书"李德裕传"中甚至都未曾提及此事。

《资治通鉴》记载："自是（李）德裕、（李）宗闵各分朋党，更相倾轧，垂四十年。"①司马光将长庆元年贡举案作为李德裕、李宗闵结党对抗的揭幕战。

此时的李德裕已不再是当年那个尚未入仕的青年，而是考功郎中、知制诰、翰林学士，成为帝国官僚群体的中间力量，但他在整起事件中却更像是一个旁观者。李德裕虽与李绅、元稹同为翰林学士，又一向过从甚密，或许李宗闵因此而对李德裕心生怨恨，为日后的党争埋下了隐患，但若是就认定此为牛李党争之始却未免有失偏颇。

此外，"四十年"的提法也有误，此时距李德裕病逝只有二十八年时间。随着李德裕病死崖州②，曾经煊赫一时的李党随即灰飞烟灭，牛李党争至此彻底终结！

其实牛李党争真正发端于敬宗朝，最激烈时在文宗朝。

大和三年（公元829年），在浙西任职长达八年之久的李德裕终于得以重返京城，出任兵部侍郎。此时的李德裕已经四十三岁了，经过多年来在地方的磨砺已日臻成熟，在朝廷重臣裴度等人的竭力推荐之下，李德裕出任宰相的呼声日益高涨，但政治事态的变化却往往颇具戏剧性！

李宗闵任兵部侍郎时因丁父忧而去职，前一年刚刚复出任吏部侍郎，虽然并无多少政绩可言，却结交了两个可以对皇帝施加关键影响的人物。

一个是宫中女学士宋若宪。博学之人宋庭芬共育有一子五女，儿子并无出众之处，但五个女儿宋若莘、宋若昭、宋若伦、宋若宪、宋若荀却是个个聪明伶俐。宋庭芬亲自教她们经艺诗赋，五个女儿还没有及笄便可出口成章。德宗李适闻讯后将五女一同招入宫廷中。才华横溢的大姐宋若莘掌管宫中图书，曾因写就《女论语》而名噪一时。宋若莘去世后，二姐宋若昭接替大姐之位成为尚宫，还对《女论语》进行了注解，六宫嫔妃、

---

① 《资治通鉴·卷二百四十一》。

② 治所在今海南省海口市。

诸王、公主、驸马争相拜其为师。宋若昭去世后，宋若宪接替了姐姐的位置。

另一个便是任知枢密的宦官杨承和。宫中参与机密的正任官为枢密使，未获正式任命但掌其权的宦官为知枢密，通常由两人分掌，对重要人事任命和重大事项决策都会产生重大影响，与两个神策军中尉可谓一文一武，是皇帝最信赖的宦官。

大和三年（公元829年）八月二十七日，经过大肆活动，李宗闵抢先被任命为宰相，占得了先机，而李德裕一时间变得前途莫测，最终只得遗憾地与宰相之位失之交臂，但这已经不是第一次了！

上一次是长庆二年（公元822年），意气风发的李德裕成为翰林学士承旨，也就是翰林学士之首。根据统计，58%的翰林学士承旨会得以出任宰相。元稹著《翰林承旨学士记》记载："（翰林学士承旨）十一人而九参大政。"①从宪宗皇帝到穆宗皇帝期间，十一名翰林学士承旨中居然有九人最终成为宰相。时三十六岁的李德裕可谓是顺风顺水，却随即遭遇了一连串政治打击，先是离开翰林学士院，改任御史中丞（正五品上）。虽然品级并无变化，御史中丞也属于显要之职，但离开翰林学士院也意味着远离了皇帝。紧接着李德裕便有些出人意料地出京担任浙西观察使，此时浙西刚刚发生了兵乱，局势还未完全安定下来。

李德裕之所以会突然遭受这一连串的政治打压，主要是因为卷入了裴度与李逢吉的权力争斗。

裴度与李逢吉都曾是宪宗朝宰相，却因政见不同而成为政敌。裴度与李德裕的父亲李吉甫当年都主张用武力讨伐解决藩镇割据问题，而李逢吉却主张对藩镇采取姑息之策，竭力阻止朝廷对淮西用兵，甚至不惜暗中阻挠讨伐大计。其中固然有政见分歧，却也掺杂着个人恩怨，李逢吉担心裴度征讨淮西立功后将会更受皇帝器重。

宪宗皇帝李纯素来怀有中兴之梦，决意依靠武力削藩来实现真正的统

---

① 《全唐文·卷六百》。

一。裴度与李逢吉一向不和，当时宪宗正依赖裴度征讨淮西，于是便罢免了李逢吉的宰相之位，命其离京出任剑南东川节度使。

李逢吉无时无刻不在想着回京重掌权柄，但终宪宗一朝也未能如愿。穆宗登基称帝后，他才看到了回京的希望。李逢吉早年曾担任穆宗皇帝李恒的侍读，而李恒也一直感念这份情分。李逢吉还与大宦官王守澄相互勾结，王守澄手段了得，接连拥立了穆宗李恒、敬宗李湛和文宗李昂三位皇帝。

在李逢吉的算计下，三度出任宰相的裴度很快便被罢相，李逢吉得以执掌权柄，自然要竭力排挤走与裴度关系一向亲善的李德裕，推荐户部侍郎牛僧孺为相。

李逢吉失势后，德高望重的裴度第四次担任宰相，于是开始竭力推荐有理想、有抱负的李德裕，却又被李宗闵强占了先机。李德裕两次与宰相之位失之交臂都是因为政治对手有宦官在暗中相助。经过这两次政治打击，李德裕也不得不开始借助宦官之力。

九月十五日，李德裕带着极为失落的心情再度离京出任义成节度使，此时的义成镇也刚刚经历了一场变乱，他不知道等待自己的将会是什么，更不知何时才能回京。

大和四年（公元830年）正月初六，武昌节度使牛僧孺来京城朝拜。在同党李宗闵的力荐之下，牛僧孺在回京十天后便被任为新宰相。再度为相的牛僧孺再也不是当年那个生活在首相李逢吉阴影之下的政治傀儡了，而是与同党李宗闵联手把持朝政，将与李德裕亲近的官员陆续贬出朝廷。

此时第四度为宰相的裴度却因年事已高而渐渐感到有些力不从心，于是以年老多病为由屡次上表请求辞去宰相之职。

六月初五，文宗皇帝任命裴度为司徒、平章军国重事，等病情减轻后，可三天或五天到中书门下办公一次。裴度原本无意再卷入政治纷争，但树欲静而风不止，未曾料到打压自己的竟会是自己的昔日幕僚李宗闵！

征讨淮西吴元济叛乱时，裴度受命出任淮西节度使，征辟李宗闵为观察判官，但裴度此番却推荐李德裕为相，李宗闵为此而深深地恨上了自己的老上司裴度。

如今大权在握的李宗闵三番五次地劝说文宗皇帝将裴度外放到藩镇任职。文宗皇帝思虑再三命裴度充任山南东道节度使，至此牛党彻底把持朝政，踌躇满志的李德裕一时间不但回京无望，而且还要面对更为严峻的挑战！

日渐强盛的南诏大肆侵略大唐，剑南西川节度使杜元颖却是文士出身，曾与李德裕同在翰林学士院共事。他在穆宗朝与崔植一同为相，却因处置失当使河北地区得而复失，后被宰相李逢吉排挤出朝。面对咄咄逼人的南诏，杜元颖一时间束手无策，以至于连治所成都府都被南诏所攻陷，曾经富庶安宁的剑南西川变得残破凋敝。杜元颖因战败而被贬为循州司马。

剑南东川节度使郭钊继任节度使，但他上任后自感体弱多病难以胜任，屡次向朝廷上表请求另派能人代替自己。

大和四年（公元830年）十月初七，义成节度使李德裕改任剑南西川节度使。无论是浙西、义成还是如今的剑南西川，李德裕所要面对的都是一副烂摊子。在中晚唐，兵乱频发，节度使稍稍处置不当便可能会引发难以预料的后果。

李德裕上任后悉心治理，稳定局势。他修建筹边楼，派人绘制剑南西川地形图：南到南诏，西到吐蕃，山川河流一目了然。他每天召集那些长期在军中效力、熟悉边防情形的将领和士卒，甚至是夷人和蛮人，向其仔细询问山川、城镇、道路的险易程度、宽窄情形和远近情况，不到一个月的时间，李德裕便对边境情形了如指掌。

文宗皇帝李昂的爷爷宪宗皇帝李纯、哥哥敬宗皇帝李湛都死于宦官之手。虽然谋害哥哥李湛的凶手皆已伏诛，但当年杀害爷爷的凶手却始终未曾受到惩处，这自然引起了文宗皇帝的担忧与不满。

忠正谨慎的宋申锡得到文宗皇帝的赏识与器重，被提拔至宰相之位。文宗皇帝绕开牛党党首李宗闵和牛僧孺，将铲除王守澄等宦官势力的重任寄托在并无党派背景的宋申锡的身上。宋申锡自觉有些势单力孤，于是便推荐吏部侍郎王璠担任京兆尹，本希望王璠能成为自己铲除宦官势力的得力干将，可始料未及的是王璠居然将宋申锡的谋划全都泄露给了王守澄，而宋申锡还浑然不知。深受王守澄器重的郑注精心谋划了一个使宋申锡粉身碎骨的大阴谋。

大和五年（公元831年）二月二十九日，神策军都虞候豆卢著将一纸诉状呈给文宗皇帝，上面写道："十六宅宫市典晏敬则、朱训与宋申锡亲吏王师文图谋不轨。朱训、王师文觉得如今圣上多病，太子尚且年幼，若立兄弟，漳王李凑必然为首选，决意先行结交漳王。朱训从王师文处得到银五铤、绢八百匹；晏敬则从居住在十六宅的漳王处获得吴绫汗衫一领、熟线绫一匹，回赠给宋申锡。"

其实诉状上所写内容都是郑注凭空捏造的，但此时惶恐与恼怒却使文宗皇帝丧失了理智。

王守澄请求立即派遣二百名骑兵斩杀宋申锡全家。在此千钧一发之际，担任飞龙使的大宦官马存亮以事关重大恐引起京城动乱为由予以劝阻。马存亮在宦官中的资历和威望丝毫不逊于王守澄，王守澄见状只得作罢。正是马存亮关键时刻的仗义执言为宋申锡赢得了生的希望。

这天，正值宰相旬休之际，文宗皇帝派宦官召集全体宰相到中书省议事。李宗闵、牛僧孺、路隋、宋申锡四位宰相都预感到朝中定然是出大事了。四人到齐后，守门的宦官却说："皇上征召名单之中并没有宋申锡！"

宋申锡此时才感到事态的严峻性，遥望着皇帝与宰相讨论政事的延英殿，手执笏板，恭敬地磕了个头黯然离去。此时的宋申锡或许还不会想到永远也没有机会再踏进延英殿了。

李宗闵、牛僧孺、路隋三位宰相来到延英殿后发觉殿内的空气紧张得仿佛快要凝固了。文宗皇帝将那份奏状递给三人看，三人看后皆是大吃一惊，不禁面面相觑。

鉴于案情重大，三位宰相皆不敢贸然发言。宋申锡仅仅担任宰相十个月，三人与他的关系还远没有亲密到同进退、共生死的地步。

文宗皇帝命王守澄逮捕管理十六宅的官员晏敬则、朱训以及宋申锡的亲信侍从王师文等人。王师文成功逃过了追捕，而晏敬则、朱训被逮捕后关押在黄门狱，受刑不过最终被屈打成招。

三月初二，宋申锡被罢免宰相职务，贬为太子右庶子，再度命悬一线。文武百官鲜有人敢为宋申锡上书辩冤，唯独代替王璠成为京兆尹的崔琯与大理卿王正雅接连上书述说宋申锡的冤情，请求公布审讯结果，并交付御史台复核。

两天后，文宗皇帝迫于舆论压力召集中书、门下、尚书三省以及御史台、大理寺的主官当面询问审讯结果，但宦官却仍旧主宰着审判进程。

文宗皇帝本来与宰相商议好要将宋申锡处死，可快到中午的时候，以左散骑常侍崔玄亮、给事中李固言、谏议大夫王质为首的十四名谏官在殿阶前长跪不起，请求在延英殿面见皇帝，乞求将审讯结果交御史台复审。

文宗皇帝想要将他们斥退，但崔玄亮声泪俱下，泣不成声道："杀掉一个百姓都不能不慎重，何况是宰相呢？"他的额头上甚至因叩头而渗出血来。

文宗皇帝心中的怒火渐渐消散了，再次召集宰相来延英殿商议此事。牛僧孺不愿看到枉杀宰相的情形发生，开口道："做臣下的地位再高也不过是宰相，如今宋申锡已然是宰相。假若他果真拥立漳王谋反，他又能得到什么呢？我认为宋申锡绝不会愚蠢到这等地步！"

飞龙使马存亮明知宋申锡被冤枉，却无法为其洗脱冤屈，当日便请求致仕。

郑注担心夜长梦多，一旦复审或许便会将他们精心编造的骗局彻底揭穿，只得劝说王守澄奏请皇帝尽快结案。

宋申锡最终被贬为开州①司马。漳王李凑被贬为巢县公。晏敬则等近百人因此案牵连或被判处死刑，或被流放。

两年后，郁郁寡欢的宋申锡在偏远的开州与世长辞，死不瞑目！

大和五年（公元831年）九月，吐蕃维州副使悉怛谋率领麾下人马来

---

① 治所在今重庆市开县。

到成都，请求投降大唐。大喜过望的李德裕随即派遣部将虞藏俭率兵进入维州城防守，还满怀喜悦地将此事奏报朝廷道："臣打算派遣三千尚未开化的羌人烧掉十三桥，随后出兵直捣吐蕃腹心之地，洗刷安史之乱以来吐蕃侵占我大唐领土的耻辱，这是此前数任西川节度使毕生努力却未能达到的目标！"

鉴于此事关系重大，文宗皇帝将李德裕的奏折交付尚书省，召集百官商议。百官都认为李德裕之策可行，但与李德裕素来不和的宰相牛僧孺却反驳道："吐蕃疆域广阔，四面边境有万里之遥，失去一个维州根本无损于它的国力。近年来，我大唐与吐蕃交好，双方约定共同罢减边防戍兵。御戎之策应以信义为上。若是恩准李德裕之策，吐蕃定然会派人来责问我大唐为何会失信，我大唐又该如何应答呢？若是吐蕃人在原州的蔚茹川蓄养战马，出兵直上平凉原，不出三日便会抵达咸阳桥头。果真到了那时，京城长安必然危急，即便收复一百个维州，又有何用？李德裕之策有百害而无一利！"

文宗皇帝认为牛僧孺言之有理，下诏令李德裕将维州归还吐蕃，同时将悉怛谋和随同他一起降唐的人员全部送还吐蕃。

李德裕接到朝廷的诏命后惊愕不已，却又不敢公然抗旨不尊，维州就这样得而复失，而悉怛谋等人在边境上全部被吐蕃人斩杀，死状惨不忍睹。

李德裕事后获悉是宰相牛僧孺从中作梗，自然对他更为愤恨。

大和六年（公元832年）十一月二十七日，文宗皇帝任命荆南节度使段文昌为剑南西川节度使，同时命剑南西川监军王践言入朝担任枢密使。

王践言回到长安后多次上奏道："朝廷命西川将降将悉怛谋捆绑后送还吐蕃，使吐蕃人心大快，却使无人再敢来归降我大唐，真乃失策！"

文宗皇帝渐渐有所悔悟，对宰相牛僧孺心生不满。

恰在此时，李党之中仍旧在朝的官员趁机上奏说："牛僧孺和李德裕素来有矛盾，牛僧孺是在故意阻挠李德裕立功，却误了我大唐！"

文宗皇帝对牛僧孺由不满变为愤懑，愈加疏远牛僧孺。牛僧孺也察觉到了皇帝态度的变化，内心颇为不安。

某日，文宗皇帝亲临延英殿对宰相们说："天下何时才能太平？卿等是否也在为此而努力？"

牛僧孺忙答道："太平本就无固定标准。如今四夷不侵扰，百姓不流散，虽非天下大治，也可谓是小康了。陛下如若还不满足，在此之外别求太平，那便非臣等能力所能及了！"

退朝后，牛僧孺对同僚说："皇上对我等如此责备，我等岂能久居相位？"牛僧孺接连上表请求辞职。十二月初七，他以同中书门下平章事衔充任淮南节度使。

李德裕回京之后，文宗皇帝对其寄予厚望。大和七年（公元833年）二月二十八日，文宗皇帝任命兵部尚书李德裕为宰相。李德裕前去拜谢时，文宗皇帝与他讨论朋党的问题，李德裕说："今朝士三分之一为朋党。"文宗皇帝愈加憎恨结党之人，而李德裕也可以排挤自己不喜欢的官员。

给事中杨虞卿及其堂兄中书舍人杨汝士、弟弟户部郎中杨汉公、中书舍人张元夫、给事中萧浣等人相互交结，关系亲密，依附于朝中权贵，攀附当朝宰相，干扰有司行事，为有功名之人求取官职，助无出身之人科举及第，无所不能，无所不敢。李德裕对他们极为厌恶，很快杨虞卿便被贬为常州刺史，张元夫被贬为汝州刺史，随后萧浣也被贬出京任郑州刺史。

过了几天，文宗皇帝再度谈起朋党之事，李宗闵说："臣素知朋党事，故而杨虞卿等人皆不给予美官。"

李德裕随即反驳道："他们之前所担任的给事中、中书舍人难道还不够好吗？此官又是谁人授予他们的呢？究竟是谁在朋比为党呢？"

对于李德裕的讥讽，李宗闵一时间无力反驳。

翰林学士郑覃经常在宫中与文宗皇帝议论朝政得失，李宗闵对此颇为不满，曾经屡次奏请皇帝罢免郑覃的翰林学士职务。

一次，文宗皇帝颇为得意地说："殷侑精通经学，与郑覃不相上下。"

李宗闵却说："郑覃、殷侑的经学水平的确很高，但他们对朝政之言却不足为信！"

李德裕当即反驳说："郑覃、殷侑议政，别人不愿听，但陛下却想听！"

过了十来天，文宗皇帝任命工部尚书郑覃为御史大夫。李宗闵得知此事后对枢密使崔潭峻愤愤不平道："如今官员任命皆由皇上自行决定，还要我们宰相干什么？"

崔潭峻忙劝道："皇上即位已经八年多了，应当让他自己来决定！"

李宗闵听后神色忧惧，沉默不语。就在郑覃升任御史大夫三天后，李宗闵被罢相，以同中书门下平章事的头衔充任山南西道节度使，四年的宰相生涯终于戛然而止。

李党党首李德裕终于获得了治国理政的机会，但他这次宰相生涯却也只有短短的一年零四个月，因为他遇到了两个颇为强势的政治对手！

祸国殃民的小人

郑注出身贫寒，身材瘦小，眼睛还有些近视，就是这个其貌不扬的人竟然在日后将大唐搅得天翻地覆！

郑注年轻时靠行医为生，飘荡于江湖之中，一度生活困顿，为了养家糊口而尝遍世态炎凉。善于察言观色的郑注慢慢变得可以轻易看透人心，学会极尽巧言谄媚之能事。

宪宗元和十三年（公元818年），浪迹天涯的游医郑注悄然来到了襄州，而这里也将成为他命运的转折点。

山南东道节度使李愬曾雪夜下蔡州，为大唐立下不朽的功勋，不过这员战功赫赫的大将此时却饱受痿病的困扰，虽遍请城内名医前来诊治，病情却迟迟都没有好转。

恰在此时，一个牙将将郑注推荐给李愬。郑注并未按照寻常思路开方，而是用了一剂偏方。李愬服用后居然大为好转，不禁将郑注视为华佗再世。为了将他留在自己身旁，李愬举荐为他担任节度衙推，一介布衣郑注也就此踏上了仕途。

郑注的发迹源于那个牙将的推荐，但他不希望外人知晓自己的过去，于是便罗织罪名奏请李愬将那个牙将残忍杀害。

李愬移镇徐州出任武宁节度使，郑注也随其一同赴任。李愬渐渐发觉郑注不仅医术精湛，而且办事干练，所做之事，所说之话，皆能称他的心意，于是便将衙署之事放手交由郑注处置。郑注既非科举出身的文臣，也非征战沙场的武将，却凭借李愬的信任大权独揽，自然招致军中很多将校的强烈不满。但是旁人的非议却使郑注遇到了人生中的另外一个贵人！

日后大红大紫的大宦官王守澄此时恰好担任徐州监军，听闻一个医师居然凭着李愬的信任而在军镇之中作威作福，顿时便对他心生憎恶，于是面见李愬，力主要斩杀此人，以安军心。

李愬虽是节度使，却也不敢贸然得罪朝廷派来的监军，只得耐心地进行劝解，说郑注是天下难得的奇才，提出让王守澄与郑注见上一面再做定夺。

郑注带着一丝忐忑前来求见监军王守澄。起初王守澄对郑注还有些不屑，但随着两人交谈的深入，王守澄发觉谈吐不凡的郑注果然是个难得的奇才，于是便将他请入内室。促膝长谈到了深夜，王守澄忽然生出一种相见恨晚之感，而郑注从此也时常出入王守澄的府上。

后来，王守澄奉调回京，郑注也随他一同来到了长安，从那一刻起，郑注真正迎来了他人生中的戏剧性转折。

不久，王守澄、陈弘志等宦官合谋弑杀宪宗皇帝，拥立穆宗李恒。王守澄因有拥立之功而出任枢密使，于是便将郑注引入朝中，郑注因此而得到了穆宗皇帝的器重，历任朝中要职。

长庆年间，穆宗皇帝李恒因过度沉迷酒色而一病不起，王守澄便开始凭借枢密使之职专制朝政，势倾中外。王守澄虽只是个宦官，却可以频繁出宫回私邸居住，唯独郑注等少数几人可以出入他的府上。世人皆想巴结王守澄，却难以知晓其行踪，只得求助于郑注。因此虽然郑注只是一个小官，却有着令朝野侧目的大能量。

起初，只是一些身世卑贱但又善于钻营的小官希望通过贿赂郑注以求升迁，短短几年后，即便是达官贵戚也都争着与郑注交往，以至于他的府门前车水马龙。工部尚书郑权畜养了很多妻妾，但由于在朝中任职，俸禄少而难以供养，郑权这个三品大员也不得不主动巴结郑注，很快便如愿被外放为岭南节度使。

穆宗去世后，先后继位的敬宗和文宗也都颇为宠信王守澄。文宗皇帝念及王守澄的拥戴之功，将其升为右神策军中尉，而依附于王守澄的郑注也随之权势越来越重。

大和七年（公元833年），春风得意的郑注卸任邠宁行军司马，孰料刚刚回京便险些招致杀身之祸，起因便是飞扬跋扈的王守澄不仅引起了文宗皇帝的猜忌，也遭到其他宦官的憎恨。

九月十三日，侍御史李款在紫宸殿弹劾郑注，说："郑注内通敕使，外连朝士，两地往来，广受财贿，昼伏夜动，窥测动向，窃取大权，人不敢言，道路以目，请求将其交付法司惩处。"在随后的十多天时间里，李款颇为罕见地接连几十次上书弹劾郑注。

王守澄顿时嗅到了一丝危险的气息，忙将郑注藏于右神策军军营中。左神策军中尉韦元素，枢密使杨承和、王践言谋划一举除掉郑注。左、右神策军中尉和两员枢密使在庞大的宦官群体中号称"四贵"，可见在宦官中间已经形成了一股反对王守澄的强大势力。

左神策军将领李弘楚对左神策军中尉韦元素说："郑注奸猾无双，若等到他羽翼渐丰之后，必为国之大患。如今他因遭到御史弹劾而藏匿于军中，弘楚请以中尉的名义去见他，诈称您有疾患，将他召来为您诊治，等他来了以后，借机将他擒拿杖杀。中尉面见圣上叩头请罪，将他犯下的那些罪行和盘托出，两位枢密使必会从旁相助。况且中尉本就有拥戴之功，岂会因除奸而获罪呢？"

韦元素点了点头，于是派李弘楚前去征召郑注。

郑注如约而至，见到韦元素，毕恭毕敬。郑注不仅善于察言观色，而且能言善辩。会面后，郑注一番畅聊，韦元素听得入迷，竟然把这次见面的目的忘到了九霄云外，最后不仅放郑注离开，临别之际居然还赐给他大量金银钱帛。

郑注走后，李弘楚怒道："如今您失去诛杀郑注的天赐良机，将来必会遭受他的陷害！"

宰相王涯也在暗中庇护郑注。王涯之所以庇护郑注，是因为他能出任宰相郑注曾在幕后进行了大肆活动。王涯感恩郑注的助力，同时也惧怕王守澄的权势，他将李款弹劾郑注的奏章全都压了下来，并未在朝堂上讨论此事。

加之王守澄又在文宗面前竭力为郑注辩护，文宗纵使心有不悦，碍于王守澄手中握有神策军军权，最终并未问罪于郑注。

在王守澄的举荐下，郑注升任侍御史（从六品下阶），充右神策军判官。朝廷内外无不惊骇，一个刚刚被御史弹劾之人居然可以堂而皇之地出任侍御史。

为了暂时避避风头，郑注出京任昭义行军司马，不过这只是他暂时的避让，他很快便遇到了再度施展医术的良机！

大和七年（公元833年）十二月十八日，文宗皇帝因中风而不能说话。王守澄趁机将郑注推荐给文宗。郑注赶忙回京为皇帝诊治。吃了他所开的药后，文宗皇帝的病情果然大为见好，郑注开始得到文宗的宠爱，随即升任昭义节度副使。

与此同时，郑注竭力推荐的李训也开始强势崛起。

李训，本名李仲言，字子训，李训这个名字是他发迹后改的。不同于出身微末而又相貌丑陋的郑注，李训相貌堂堂，出身名门，乃是肃宗朝宰相李揆的族孙。李训进士及第后任太学助教，后在河阳节度使麾下任幕僚。他的叔叔李逢吉担任宰相后一时间权倾朝野，对侄子李训又颇为倚重信赖，他与张又新等人并称炙手可热的"八关十六子"，却因贸然卷入政治权斗而惨遭流放。

敬宗宝历元年（公元825年），石州刺史武昭被贬为袁王府长史，内心深处自然会生出诸多怨恨之情。

当时执政的两位宰相李程、李逢吉不和，其实李程能够出任宰相得益于李逢吉的推荐。敬宗皇帝曾寻问李逢吉谁有宰相之才，李逢吉便将朝中大臣按资历功勋和政治声望从高到低排好后上奏给皇帝。宗室出身的李程便排在首位。他是高祖皇帝李渊的堂弟襄邑王李神符的五世孙，却并非靠门荫入仕，是贞元十二年（公元796年）进士科状元。

但是李程拜相后不仅不感念李逢吉的知遇之恩，居然还顺从百官的呼声，极力上奏敬宗皇帝要将功勋老臣裴度迎回京城。李逢吉与裴度争斗了近二十年，一直将裴度视为自己最大的政治威胁，自然因此而对李程心生怨恨。

武昭被贬后，李程的族人李仍叔对武昭轻描淡写道："李程原本想要任命你为高官，怎奈首相李逢吉从中作梗，坏了你的好事。"武昭听后自然是恼怒不已，有一次喝醉后与左金吾兵曹茅汇夸口说，自己要刺杀当朝宰相李逢吉。

武昭后来被人告发，其实这本就是他酒后失言的小事，但李训却从中看到了协助叔叔彻底整倒政敌李程的绝佳机会。这起普通案件也迅速升级为重大政治事件，以至于敬宗皇帝下诏命御史台、刑部、大理寺三司会审此案。

在审理过程中，李训胁迫曹茅汇道："你若说了李程与武昭合谋则生，不然则必死无疑！"曹茅汇自然晓得其间的利害，但诬陷当朝宰相于情于理于法都说不过去，随即铿锵有力地回击道："我即便蒙冤而死也甘心！若要我诬告旁人来保全自己，我断然不会如此！"

口无遮拦的武昭最终被杖杀，但李训诱供之事却也东窗事发，被流放象州。

一年后，敬宗皇帝李湛被宦官所害，文宗皇帝李昂继位后大赦天下，饱受流放之苦的李训这才得以返回东都洛阳。

此时曾经位高权重的李逢吉已被贬出京，担任东都留守，他渴望自己能够再度入朝为相。

李训晓得叔叔的心思，而他此时也已攀附上了郑注。李逢吉派侄子李训携带重金向郑注行贿，以求自己能够东山再起，虽然未能如愿，但李训得势后也算是投桃报李，召拜叔叔为尚书左仆射，但此时的李逢吉却因足病而不能上朝，只得以司徒致仕。

郑注将口若悬河的李训推荐给大宦官王守澄。王守澄借机在文宗皇帝面前将李训竭力吹捧了一番，说其饱读诗书，精通《周易》，若是委以重任，必会有大功于社稷。

文宗皇帝被王守澄说得心动了，恨不得马上召见李训，可此时李训却正在为母亲服丧，于是命其穿上民服（一说戎服）入宫。

李训身材魁梧，潇洒豪爽，擅长文辞，口才出众，文宗皇帝觉得他是这世间不可多得的奇才。

大和八年（公元834年）八月，李训为母服丧期满，文宗皇帝便迫不及待地想要任命李训为谏官，还想将他安置在翰林学士院。

文宗皇帝召集宰相李德裕和王涯商议李训任职之事，李德裕得知皇帝的意图后却拦阻道："李训曾经的所作所为，微臣想陛下应该有所耳闻，这种人怎能安排到陛下左右呢？"

文宗却说："难道不允许人改正自新吗？"

李德裕却不依不饶道："李训之错乃是发自内心，又怎能轻易改得了呢？"

文宗赶忙找借口道："老臣李逢吉向朕竭力推荐李训，朕不愿食言。"

李德裕依旧反驳道："李逢吉推荐奸邪误国，实乃罪人也！"

文宗只得说："既然如此，另授其他职务也可！"

李德裕却仍旧固执说："那也不妥！"

见李德裕态度坚决，始终不肯让步，文宗转而回过头看了看另一位宰相王涯，询问他的意见。

李德裕见状忙向他连连挥手，示意他也要坚决反对。李德裕的这个小动作恰巧被文宗回头时发现了。

王涯见状赶忙道："臣以为可以！"

早在面见文宗前，王涯听闻文宗要重用李训，曾专门起草了一篇劝阻的上疏，措辞还颇为激烈，但现在见皇帝任用李训的态度居然如此坚决，又畏惧李逢吉的势力，于是便临时变了卦，以求自保。

不久，文宗皇帝命有司拟订了任命李训为四门助教的敕书，但是身为给事中的郑肃、韩佽决意封还这道敕书。

门下省最重要的权力便是对上行文书的驳正权和对下行文书的封还权。唐代前期，门下省主要行使的是驳正权，关于其行使封还权的记载很少。当时奏抄在上行文书中占据主体地位，而奏抄呈送皇帝前必须要经过门下省的审核。给事中若是没有异议便在奏抄上写上"读"字，门下侍郎写上"省"字，而侍中写上"审"字，然后呈送皇帝。奏抄经皇帝御画，也就是写上"闻"字便可颁布执行。给事中认为奏抄不妥也可以依法驳正，退还原部门。封还权是对下行文书即皇帝的制敕进行审议，若是认为不妥便予以封还。唐代后期，关于封还的记载渐渐多了起来，而且此权通常由门下省的给事中来行使。

李德裕得知此事后自然是欣喜万分。在宰相机构中书门下门口，他对王涯得意扬扬地说："给事中欲封还敕书，真乃可喜可贺之事！"但是李德裕万万没有想到自己最终竟空欢喜一场，此时的王涯为了自保已然丧失了应有的原则和立场。

王涯赶到门下省招来郑肃和韩佽说："李公刚才留下话，希望二位不要封还敕书。"郑肃、韩佽闻听此言只得署名通过。

次日，李德裕才得知此事，对郑肃、韩佽惊道："我若是不同意你们封还敕书，肯定会当面对你们讲，何必叫旁人转达呢？况且给事中行使封驳权，难道还要秉承宰相的意图？"

二人这才明白居然被王涯骗了，只得懊恨而去。

这件事还透露出唐代后期的一个重要政治信号，此时李德裕担任中书侍郎、同中书门下平章事，而王涯担任的是门下侍郎、同中书门下平章事，身为门下省长官的王涯却不得不假称李德裕之命才使敕书得以颁布。这说明身为长官的门下侍郎对门下省的控制力较唐朝前期已大为减弱，而给事中逐渐成为门下省的实际长官，不过在唐朝却并没有在制度上予以确认。

李训渐渐站稳了脚跟，随后便创造了升迁神话，先升为国子博士，后升为兵部郎中、知制诰，并一直担任着翰林侍讲学士，时常为皇帝讲解《周易》，以至于文宗皇帝将其视为股肱之臣。

李训的复出之路因李德裕的阻挠而变得很曲折，心中对李德裕的恨自然也就多了几分。大和八年（公元834年）九月初三，文宗皇帝将昭义节度副使郑注召回京城。郑注一回京便与王守澄、李训等人准备疯狂构陷宰相李德裕。他们觉得时任山南西道节度使的李宗闵与李德裕素来有矛盾，于是便向文宗皇帝竭力推荐李宗闵，以便将李德裕彻底排挤出京。在文宗皇帝看来，李德裕有些刚愎自用，难以与之共事，于是也希望借助李宗闵来牵制李德裕。

十月十三日，文宗任命山南西道节度使李宗闵为中书侍郎、同中书门下平章事，这也将是他最后一次拜相。

仅仅四天后，中书侍郎、同中书门下平章事李德裕便以同中书门下平章事衔充山南西道节度使。

这对于李德裕而言无疑是一次重大打击，他曾在浙西观察使任上任职长达八年之久，深知一旦被贬往地方便很难再回京。其实安史之乱后，很多朝中官员渴求出镇地方，甚至不惜用重金贿赂有关人员谋求外任，因为干一任节度使或观察使便会赚得盆满钵满，但李德裕所追求的却并非是这些！

李德裕面见文宗，请求能够继续留在京城任职。见李德裕言辞恳切，文宗将他改任为兵部尚书。

再度为相的李宗闵深知斩草除根的道理，得知李德裕即将留京任职后随即上言说："朝廷任命李德裕为山南西道的制书已经下达，不应因他不愿上任便中途更改任命。长此以往，朝廷威严何在？"

在李宗闵的公开反对下，加上郑注、李训等人的暗中诋毁，李德裕留京的努力最终还是化为了泡影，他不仅被削去同中书门下平章事的头衔，而且还被派前往更为遥远却很熟悉的润州担任镇海节度使。

他此前曾长期任职的浙西观察使此时已升格为镇海节度使，不过他这第二个任期却格外短暂，只有短短的四个月，意料不到的贬谪便接踵而至了！

李德裕的那些政敌们为了将他置于死地，刻意翻出了一件陈年旧事。整起事件起源于一个奇女子杜仲阳！

杜仲阳被后世称为"杜秋娘"，有着金陵女子特有的秀丽与文采。她十五岁那年，镇海节度使李锜不惜重金将她买入府中为歌舞伎。杜秋娘谱写了一曲《金缕衣》，声情并茂地唱给李锜："劝君莫惜金缕衣，劝君惜取少年时。花开堪折直须折，莫待无花空折枝。"李锜听得如痴如醉，随即将其纳为侍妾。

可惜好景不长，李锜因公开反叛朝廷，在大兵压境之际被部将所杀，杜秋娘也被罚入宫为奴。宪宗皇帝李纯与杜秋娘惊鸿一瞥就此对她着了迷，对其甚为宠爱。宪宗皇帝离奇驾崩后，杜秋娘在宫中便失去了依靠，好在穆宗皇帝感念其才华出众，命其为自己第六子漳王李凑的傅母。

文宗时期，日渐迟暮的杜仲阳获准回乡。曾经的六朝古都金陵如今却沦为润州①所辖的上元县。文宗皇帝诏命浙西观察使李德裕对杜仲阳予以关照，但李德裕此时已奉命调离浙西，于是命留后李蟾按文宗皇帝的诏令办理。

尚书左丞王璠、户部侍郎李汉翻出这件旧事，上奏说，李德裕借机大肆贿赂杜仲阳，意在秘密交结漳王李凑，图谋不轨。

文宗皇帝李昂听闻此事不禁龙颜大怒，随即召集宰相及王璠、李汉、郑注等人商议如何处置李德裕。王璠、李汉坚称李德裕有不可告人的狼子野心。王璠依附于王守澄，李汉则是牛党重要成员，由此可以看出两派政治势力联手打压李德裕的迹象。

就在李德裕性命堪忧之际，与李德裕交好的宰相路隋出面替他进行辩护。路隋与李德裕同是翰林学士出身，翰林学士承旨韦处厚出任宰相后，路隋接替韦处厚为翰林学士承旨。大和二年（公元828年），任职仅仅两年的韦处厚暴病而亡，朝野上下痛惜不已。路隋在韦处厚死后代其为相，担任宰相长达七年之久，却一直都是个并没有多少存在感的宰相，见证了牛党和李党轮流执政，相继被贬。

在当时的宰相之中，路隋资格最老，却始终处于他人的光环之下。出任宰相的次年，李宗闵借助宦官之力拜相，随后又推荐同党中人牛僧孺为相，牛党得以把持朝政。牛党失势后，李德裕成为宰相，路隋甘于退居次席。

---

① 今江苏省镇江市。

一贯谨言慎行的路隋这次却慷慨激昂地说："（李）德裕不至有此。果如所言，臣亦应得罪！"①很多人读到此处可能会不解路隋为何会说出"臣亦应得罪"的话，这是因为李德裕与路隋是儿女亲家，若是李德裕果真犯下谋逆重罪，路隋也会受到牵连。

王璠等人见当朝宰相都如此说，自然也就不便再坚持了，但余怒未消的文宗皇帝还是于大和九年（公元835年）四月免去了李德裕镇海节度使职务，将其贬为太子宾客、分司东都。

太子宾客虽是正三品的高官，却是个并无多少实权的虚职，出任分司东都的太子宾客更是带着明显的贬谪意味。

唐朝初期，由于皇帝时常往来于长安与洛阳之间，朝廷便在东都洛阳设置了官署，当时分司东都的官员主要为事务性官员。安史之乱后，遭受战火侵袭的洛阳城损毁严重。皇帝几乎不再驾临洛阳，洛阳的陪都地位自然也就大不如前。洛阳官署中的官员也由事务性官员变为闲职性官员。太子太师、太子太保、太子太傅、太子宾客、太子左庶子、太子右庶子等闲职配上"分司东都"便意味着贬出京城。

关于杜仲阳因何被放归故里、何时放归故里，不同史书有不同记载。

《旧唐书》记载："（杜）仲阳者，漳王养母，（漳）王得罪，放（杜）仲阳于润州故也。"②

《资治通鉴》记载："初，李德裕为浙西观察使，漳王傅母杜仲阳坐宋申锡事放归金陵，诏德裕存处之。"③

《新唐书》记载："先是大和中，漳王养母杜仲阳归浙西，有诏在所存问。"④

李德裕曾两度出镇浙西，第一次是长庆二年（公元822年）至大和三年（公元830年）八月，担任浙西观察使；第二次是大和八年（公元834年）

① 《资治通鉴·卷二百四十五》。

② 《旧唐书·卷一百七十四·列传第一百二十四·李德裕传》。

③ 《资治通鉴·卷二百四十五》。

④ 《新唐书·卷一百八十·列传第一百五·李德裕传》。

十一月至大和九年（公元835年）四月，担任镇海节度使。

李德裕第二次任职抵达任所时已经是当年十二月，此时漳王李凑应该已经去世①，即便还活着也已是奄奄一息，况且他已被贬为巢县公，一直被朝廷禁锢，李德裕暗中结交李凑自然也就无从谈起，因此此事定然发生在李德裕第一次在浙西任职期限行将届满之际，也就是大和三年（公元830年）八月前后，而宋申锡案发生在大和五年（公元832年）二月，此时李德裕已经离任一年半！

《资治通鉴》的记载显然有误。《新唐书》的记载较为可信。此事发生在宋申锡案之前，杜仲阳并非是受到宋申锡的牵连而返回故乡，或许是因年深日久思乡心切，或许是厌倦了宫廷生活，决意回到自己阔别多年的家乡。李德裕大和三年八月离任时，宋申锡案还未发生，文宗皇帝命李德裕对担任其弟李凑傅母的杜仲阳给予适当照顾自然也就变得合情合理了。此时的漳王李凑还未被禁锢，李德裕才有通过重金贿赂杜仲阳而秘密结交李凑的动机，也为李宗闵等人后来大肆构陷他提供了可能，否则文宗皇帝也不会轻信王璠等人的话。

正是宰相路隋关键时刻的仗义执言，李德裕才并未被问罪而只是被贬官，但路隋也因此得罪了那些想要将李德裕置于死地的人。

就在李德裕被贬谪的当月，六十岁的路隋也被罢相，离京出任镇海节度使。按照惯例，宰相离京前要向天子当面辞行，但中使却催促路隋尽快离京上任，不得向天子当面告辞。白发苍苍的路隋心情失落地离京上任，尚未抵达任所润州便病逝于途中。

路隋走后，政敌们对李德裕的构陷变得更为肆无忌惮。

王涯揭发说，文宗皇帝前不久患病时，他曾邀请李德裕一同前去看望皇帝，但李德裕竟然不去。由于李德裕已经出京，此事的真伪以及其中缘

---

① 《资治通鉴》记载李凑死于大和九年正月，该记载与两唐书记载不一致，《新唐书·卷八十二·列传第七·李凑传》《旧唐书·卷一百七十五·列传第一百二十五·李凑传》均记载其死于大和八年。李凑应死于大和八年年底，朝廷或许在九年正月才得到李凑的死讯。

由自然难以查证了。

与此同时，还有人揭发李德裕担任剑南西川节度使时，曾向当地百姓征收赋税欠款三十万缗，导致当地百姓穷困不堪，民怨沸腾。

路隋罢相四天后，李德裕再被贬为袁州①长史。袁州为上州，上州长史为从五品上阶，而他此前担任的太子宾客为正三品。

眼见着昔日宿敌李德裕被一贬再贬，难以东山再起，郑注、李训又将打击的矛头对准了昔日盟友李宗闵。当初，郑注之所以推荐李宗闵为相，本就是为了对付李德裕，如今李德裕已经彻底失势了，李宗闵自然也就丧失了利用价值。

两人交恶实际上是因郑注的任职问题。郑注回京后升任太仆卿兼御史大夫，步入三品大员的行列。郑注却并不满足，曾想在权力核心中书、门下两省任职，但宰相李宗闵却从心底里轻视郑注的为人，自然是竭力阻止。

当时京城长安纷纷传言郑注为皇上合制金丹时必须用小孩心肝入药，家中有孩童的百姓无不为此而惶恐不安。

此事事关皇帝威严，而文宗皇帝又一向重视自身形象，得知此事后自然是龙颜大怒。郑注与李训借机大肆诋毁京兆尹杨虞卿，言之凿凿说那些谣言皆是杨虞卿蓄意散布出去的，杨虞卿随即被逮捕押往御史台狱中。

杨虞卿是牛党重要成员，身为牛党党魁的李宗闵自然不会坐视不管。

只要李宗闵敢为杨虞卿出头，那么他的厄运恐怕便不远了。

果然，李宗闵进宫为杨虞卿申辩，就落入他人彀中。李宗闵万万未曾料到许多话还未说出口，文宗皇帝便硬生生地将他呵斥出宫，而且他此生再也未曾回过京、进过宫！

大和九年（公元835年）六月初四，宰相李宗闵被贬为明州②刺史，但郑注并未就此收手。

郑注还揭发了李宗闵一件旧事。李宗闵在大和三年（公元829年）之所

---

① 治所在今江西省宜春市。
② 治所在今浙江省宁波市。

以能够将宰相裴度力荐的李德裕排挤出京而自己得以出任宰相，是因为他通过驸马都尉沈𫘧倾力结交女学士宋若宪和知枢密杨承和。

文宗皇帝得知此事，一怒之下责令女学士宋若宪自尽，把李宗闵从明州刺史（从三品）贬为处州①长史（从五品上），又贬为潮州司户。潮州是岭南的一个下州，潮州司户仅为从八品下阶，而此前被羁押的杨虞卿也被贬为虔州司马。

李训、郑注联起手来接连贬逐了李德裕、路隋、李宗闵三位宰相。牛李党争在文宗朝愈演愈烈，文宗皇帝一直为此焦头烂额，决意将两党人士均加以贬谪，但其所倚重的李训、郑注却将大唐拖入了更为痛苦的深渊。

李训、郑注对凡是与自己有私交的人无不提拔重用，与自己曾有过节的人无不打击报复。郑注和李训所厌恶的官员都被他们指斥为李德裕、李宗闵的党羽，每天都有人被贬逐。上朝时，百官班列竟然为之一空，朝廷上下一时间恐惧不安。

文宗皇帝见状不得不下诏："凡是李德裕、李宗闵亲旧及门生故吏以及他们的学生弟子和原来部属，除今日以前贬黜的以外，其余一律不再追究。"朝中官员的心这才逐渐安定下来。

大和九年（公元835年）八月初四，太仆寺卿郑注升任工部尚书，充任翰林侍讲学士，官阶从从三品升为正三品，更为重要的是由卿监官转为台省官。尚书、中书、门下三省以及御史台官员称为台省官，处于政务枢纽地位。九寺五监以及秘书省、殿中省的官员称为卿监官，只负责执行具体事务性工作。台省官的政治地位要明显高于卿监官。

见郑注如此得宠，世人皆认为郑注不日便会登上宰相之位，但他的拜相之梦最终还是破灭了。郑注既非科举出任，也非门荫入仕，本就是个江湖游医，若是任用此人为相必会招致朝野上下的非议。即便是表面上与之亲善的李训也从心底里看不起他，频频从中作梗，希望自己日后能够独掌朝政！

---

① 治所在今浙江省丽水市。

此时的宰相只剩下王涯一人。按照惯例，宰相一般为四人，在宰相严重缺员之际，性情急躁轻率的贾𫗧居然出人意料地成了宰相。

贾𫗧与李宗闵、郑注的关系都很亲近。文宗皇帝在曲江宴请百官。按照惯例，身为京兆尹的贾𫗧应在门外下马，向御史台官员行礼后再进门。贾𫗧却依恃自己的地位和权势直接乘马入门。

殿中侍御史杨俭、苏特将傲慢无礼的贾𫗧硬生生拦了下来，但贾𫗧却很是不服。双方随即激烈地争吵起来，贾𫗧虽知自己理亏却依旧破口大骂道："你们这些黄脸儿怎敢挡我？"御史职掌纠察百官，贾𫗧不仅违例，还对其恶语相向，自然犯了众怒，被判罚俸禄。

贾𫗧自觉很没有面子，主动请求出京任职，随后被任命为浙西观察使，但尚未成行便被任命为宰相，可谓是最富戏剧性的宰相。

随后，御史大夫李固言也得以出任宰相，宰相补充至三人。但李固言的宰相生涯却仅仅维持了两个月。

郑注请求担任凤翔节度使，但宰相李固言却认为不可。李固言很快便被罢相，出京任山南西道节度使，而郑注也如愿以偿地出任凤翔节度使。

李训的飞黄腾达离不开郑注当初的推荐，但此时威望日隆的李训却开始暗中算计郑注。郑注想出任凤翔节度使是出于李训的建议，他这样做是想将郑注彻底排挤出朝廷，断了他成为宰相的美梦。

为了彻底掌控朝政，李训不仅想着自己登上相位，还竭力推荐心腹舒元舆为相。

舒元舆曾为著作郎、分司东都，原本前途黯淡，却因与李训关系亲近而快速升迁。舒元舆回京后任右司郎中兼侍御史知杂。除了御史台长官御史大夫和御史中丞外，侍御史在御史台的地位最高，知杂的侍御史不仅是御史台台院长官，还可以管理整个御史台的事务。

舒元舆亲自审理杨虞卿一案，为整倒宰相李宗闵出力甚多。舒元舆因办案得力，很快便被擢拔为御史中丞。在政治上尝到甜头的舒元舆自然更为卖力，对李训、郑注所厌恶的朝官一律进行弹劾。

大和九年（公元835年）九月二十七日，文宗皇帝命御史中丞舒元舆为刑部侍郎，兵部郎中知制诰、充翰林侍讲学士李训为礼部侍郎，并为同中书门下平章事。文宗皇帝仍旧不忘让李训每两三日到翰林院一次，为其讲解《周易》。

李训从被流放的罪人而被重新起用，也就是一年的光景便成为宰相，足见文宗皇帝对他的宠爱。李训有时在中书门下办公，有时在翰林学士院办公，朝中大事皆由他一人决断。宰相王涯、舒元舆、贾𫗧等人无不对其阿谀奉迎。禁军诸将，乃至平日里飞扬跋扈的神策军中尉、枢密使见到李训也是迎拜叩首。

李训此时的风头已经彻底压过了郑注，但野心勃勃的李训却仍旧不满足，决意通过诛杀宦官来攫取更大的权力！

甘露之变的惊雷

宋申锡案之后，王守澄等大宦官变得愈加骄横。文宗皇帝虽在表面上不露声色，但内心深处却对宦官充满了憎恨。为了取悦皇帝，李训和郑注不惜对昔日的主子王守澄痛下杀手。

李训在给文宗皇帝讲读经文时，多次暗示文宗皇帝是时候该动手了，而这正好与文宗皇帝内心所想不谋而合。

自从宋申锡被贬后，文宗皇帝在铲除宦官这件事上便变得愈加谨慎，一直在暗中物色合适的人选。在他的眼中，李训和郑注最合适不过，不仅才能出众，而且长期与王守澄等人交往，知晓宦官的虚实，更为重要的是两人都是王守澄推荐的，与两人密谋并不会引起宦官们的警觉。

文宗皇帝将两人视为股肱之臣，昼夜商议对策。在出任凤翔节度使前，郑注时常住在宫中，有时休假在家，登门拜访的人络绎不绝，用来贿赂他的财物堆积如山。

外人只知李训和郑注依靠宦官权势作威作福，却不知道二人正与皇帝密谋诛除宦官。不过王守澄毕竟在宫中经营多年，曾在宪宗、穆宗、文宗三朝担任要职，可谓是根基深厚，一时难以撼动，于是两人巧妙地利用宦官内部的矛盾对其进行分化瓦解。

经过一番物色，两人在宦官之中找到了右领军将军仇士良。仇士良生于宦官世家，曾祖父仇上客、祖父仇奉诠均为宦官，父亲仇文晟生前并无官职，是否也是宦官不得而知，但其死后却被追赠为特进、左监门卫将军、赐紫金鱼袋。按唐朝惯例，宦官得宠后多授左、右监门卫将军，如玄宗朝大宦官高力士曾任右监门卫将军、大将军，因此仇士良之父似乎生前也应是个宦官，不过应该只是个身份卑微的小宦官。

仇士良在德宗朝净身入宫，当时还不到二十岁，侍奉在那时还是太子的李诵身旁，李诵登基后，又开始侍奉当时还是太子的李纯。李纯即位后念及彼此情谊对其颇为信任。仇士良历经宪宗、穆宗、敬宗三朝，历任宫教博士，内给事，五坊使，内常侍，平卢、凤翔、鄂岳监军使等职，进爵南安开国郡公，地位逐渐变得显赫。

仇士良在宦官中地位虽高，却一直受到王守澄的压制。在李训、郑注的建议下，仇士良被任命为左神策军中尉，大有与右神策军中尉王守澄分庭抗礼之势。王守澄得知后自然很是不悦。为了不过分刺激王守澄，郑注、李训很快便做了一件取悦王守澄之事，当然郑注如此做还掺杂着私人恩怨。

曾担任左神策军中尉的韦元素，枢密使的杨承和、王践言因与王守澄争权而势同水火，李训和郑注趁机劝文宗将三人免职后全都予以外放，韦元素外放为淮南监军，杨承和外放为剑南西川监军，王践言外放为河东监军。

外放只是贬谪的开始，杨承和被人告发当年曾祖护宋申锡，韦元素、王践言被人告发曾收受过李宗闵、李德裕等人的贿赂。三人随即被免去监军之职，分别安置到边远的欢州、象州、恩州，还诏令剑南西川、淮南和河东三镇分别派人将三人枷锢押送到上述地区。很快，朝廷便赐三人自尽。临终之际，韦元素才后悔当初不听李弘楚之言，不过却为时晚矣！

宫中侍从都说宪宗皇帝李纯是被宦官陈弘志所害，而陈弘志此时正担任山南东道监军，李训建议文宗皇帝将陈弘志召回京。陈弘志在青泥驿被朝廷派来的中使杖杀，从而可以告慰宪宗皇帝的在天之灵。

大和九年（公元835年）九月二十六日，右神策军中尉、行右卫上将军、知内侍省事王守澄被任命为左、右神策军观军容使兼十二卫统军。名义上是在表示对他的尊崇，实际上却是趁机削除他的兵权。曾经显赫的王守澄渐渐沦为孤家寡人，即将走到生命的尽头。

十月初九，文宗派宦官李好古前往王守澄的宅邸，赐给王守澄一杯毒酒。此时已经彻底失势的王守澄只得无奈地喝下，至死都想不明白自己一手送上高位的李训、郑注为何会如此对待自己。

听闻王守澄的死讯，朝野上下无不拍手称快，至此当年曾参与谋害宪宗皇帝的叛贼逆党已然全都被诛除。

四天后，郑注志得意满地前往凤翔上任。他竭力征召有名望之人作为自己的僚佐，以便壮大自己的声势。他曾邀请礼部员外郎韦温担任节度副使，可让他万万没想到的是居然被韦温拒绝了。

有人对韦温忧心忡忡地说：“若是您拒绝了郑注的邀请，将来定然会被其所诬陷。”韦温却对未来的形势看得很清楚，说：“择祸莫若轻，拒绝了大不了是被远远地贬谪，若是从了却有不测之祸！”正是韦温的明智使得自己逃过了一劫。

郑注、李训为文宗皇帝谋划太平之策，先除宦官，次复河湟，次清河北。两人说得慷慨激昂、头头是道，文宗皇帝也对两人深信不疑，宠任日隆，但让文宗皇帝始料未及的是这所谓太平之策给大唐带来了前所未有的腥风血雨。

郑注前往凤翔上任后便加紧了密谋，由于此前频频得手，他和李训未免都有些太过轻敌了，对仇士良的老辣和狡诈明显估计不足，不过最终将两人逼上绝路的却是相互猜忌、相互算计。

朝廷计划在十一月二十七日为死去的大宦官王守澄举行隆重的葬礼，神策军中尉以下所有有头有脸的宦官都会为王守澄送葬。郑注奏请文宗皇帝批准请由其率兵护卫葬礼，而他将暗中挑选几百名壮士，每人携带一根白色棍棒，怀揣一把利斧，在送葬时瞅准时机下令关闭墓门，一举将嚣张的宦官们统统诛除。

李训对郑注的这个计策表面上同意，却暗中对同党说：“如若这个计划成功，诛除宦官之功岂不是全归郑注了？”

李训决意抢在这之前动手，将所有功劳据为己有。在李训的精心安排下，朝廷在十一月进行了密集的人事调整，任命郭行余为邠宁节度使，王璠为河东节度使，韩约为左金吾卫大将军，京兆尹李石改任户部侍郎、判度支，京兆少尹罗立言权知京兆府事。

李训暗中授意邠宁节度使郭行余、河东节度使王璠以即将赴任为名，多招募些壮士作为私兵，同时调动左金吾卫大将军韩约统领的金吾兵和京兆少尹罗立言和御史中丞李孝本麾下的官吏士卒，利用朝会之机一举诛除宦官，然后再将同伙郑注一同除去。

殊不知正是李训的这种贪功和轻敌酿成了失败的苦果，给本就满目疮痍的大唐带来了空前的大浩劫！

十一月二十一日，文宗皇帝驾临紫宸殿。百官列班站定后，左金吾卫大将军韩约并未按规定报平安而是奏称："左金吾衙署后院的石榴树上昨夜突降甘露，此乃祥瑞之兆！"韩约随即行拜舞大礼，然后再次下拜称贺，宰相李训等人也率百官向文宗皇帝道贺，并和舒元舆等人乘机劝文宗亲自前往观看，以便承受上天赐予的祥瑞。

文宗皇帝恩准后，百官陆续退下，列班于含元殿。

辰时刚过，文宗皇帝乘软轿出紫宸门，来到含元殿升朝。此前已命宰相和中书、门下两省的官员前往左金吾后院察看甘露之事，可他们去了很久才回来。

李训回来后居然奏报说："臣等皆已验看过，不似是真正的甘露，切勿匆忙昭告天下。"

文宗皇帝不解地问："怎会有此等事？"他随即命左、右神策军中尉仇士良、鱼弘志率领诸宦官再去左金吾衙署后院察看。

宦官们走后，李训赶忙召集郭行余、王璠速速接旨。

王璠紧张得两腿发抖，不敢前去，只有郭行余一人拜倒在含元殿下接旨。这时，二人招募的几百私兵皆手执兵器立在丹凤门外等待着命令。李训忙派人去唤这些私兵，却只有王璠率领的河东兵赶来，郭行余麾下的邠宁兵竟然没有来。

仇士良奉命率领宦官缓缓走进左金吾卫衙署，却发现左金吾卫大将军韩约紧张得浑身流汗，脸色很是难看。

仇士良察觉到了异样，试探道："将军为何会如此？"

韩约的回答却颇为牵强，恰在此时一阵风将院中的帐幕吹了起来，仇士良发现后面居然藏着很多手执兵刃的士卒，紧接着又听到了兵器碰撞之声。

仇士良顿时便吓得大惊失色，急忙向外跑去。此时守门的士卒正想关门，但门闩还未及关上，仇士良便一边大声呵斥着一边飞快地跑了出去。

仇士良等人急奔回含元殿，高声道："陛下，大事不好了，有人谋反！"

宦官们纷纷劝道："事情紧急，还请陛下速速回宫！"宦官们随即抬来软轿，迎上前去搀扶着文宗皇帝上轿，抬着轿子冲断殿后面的丝网，向北急奔而去。

李训见状急呼金吾卫士卒道："快来保护皇上，每人赏钱百缗！"他一边大声喊着一边拉住文宗皇帝的软轿大声说："臣奏事未完，陛下不可回宫！"

此时，金吾兵几十人已登上含元殿，京兆少尹罗立言所率京兆府负责巡逻的士卒三百多人从东边冲来，御史中丞李孝本率领御史台随从二百多人从西边冲来，一齐登上含元殿，击杀在场的宦官，一时间血流如注，哀号声一片，刹那间便死伤十余人。

文宗皇帝所乘软轿一路向北狂奔向宣政门，李训仍旧死死拉住软轿不肯放手，呼喊声愈加急迫，但换来的却是文宗皇帝的阵阵呵斥声。

宦官郗志荣挥拳奋力击打李训的胸部，李训被打倒在地。文宗乘坐的软轿进入宣政门，大门随即被重重地关上，如释重负的宦官们此时才长出了一口气。

望着大门紧闭的宣政门，李训知道自己这次败了，无可挽回地败了！

见文宗皇帝已被宦官们拥入后宫，失去了对皇帝的控制权便意味着丧失了正大光明号令天下的权力。

李训自知大事不好，赶忙换上属下的绿色官服，骑马仓皇逃窜。

宰相王涯、贾𫗧、舒元舆回到宰相机构中书门下，并未预料到局势会恶化到失控的程度，想着皇上过一会儿便会开延英殿，召集宰相们商议朝政。忽然官吏报告："有一大群士兵从宫中冲出，逢人便杀！"王涯与中书、门下两省和金吾卫的士卒官吏一千多人争着向门外逃去，但大门却突然被关上，来不及逃走的六百多人悉数被杀。

王涯逃至永昌里的一个茶馆时被禁军士卒逮捕，随后便被押送到左神策军中。年迈的王涯此时已是七十多岁，自然难以承受神策军的毒打，违心地承认与李训一起谋反，企图拥立郑注为皇帝。

仇士良下令神策军士卒关闭各个宫门，搜查南衙各司衙门，逮捕李训同党。南衙各司官吏和担任警卫的士卒，甚至正在衙署里卖酒的无辜百姓都纷纷死在神策军的刀枪之下，一时间尸体狼藉，流血遍地。各司的大印、图籍、帷幕、器皿皆被捣毁抢掠一空。

仇士良又命左、右神策军各出动骑兵一千多人出城追击逃亡的李训同党，同时派兵在京城大肆搜捕。

宰相舒元舆换上百姓服装，骑马从安化门出逃，却被追出城的神策军抓住。舒元舆的侄子舒守谦质朴而又聪敏，舒元舆原本对他很是喜爱，跟随舒元舆长达十年之久。忽有一天，舒守谦被叔叔无端怪罪，即便是府上的奴婢们也都开始鄙薄他。惶恐不安的舒守谦决意回江南老家去，刚刚走到昭应县便听到叔叔被灭族的消息，舒元舆府上只有他一人幸运得以逃脱。

宰相贾𫗦换下官服后潜藏在百姓家中过了一夜，自觉根本无法逃脱，索性换上丧服，骑驴来到兴安门，对守门人大声喊道："我贾𫗦身为宰相，却被奸人污蔑，你们把我抓起来送往神策军吧！"

御史中丞李孝本也换上绿色官服，却仍旧系着只有五品以上官员才能佩戴的金带。他用帽子遮住脸，骑着马直奔凤翔，打算前去投靠郑注，可刚刚到了咸阳城西便因这条金带而暴露了自己的身份，惨遭逮捕。

河东节度使王璠逃归长兴里府邸后便闭门不出，用招募来的私兵进行防卫。神策军前来搜捕时，见府内防守严密，故意在府门口大声喊道："王涯等人谋反，朝廷打算任用您为宰相，中尉鱼弘志派我等特地来向您道喜！"王璠听后不禁大喜，随即出府来，但很快便发现自己被蒙骗了，只得流着泪跟随神策军而去。

到了左神策军中，王璠自认为在刚刚那场变乱中并未真正做些什么，见到王涯后质问道："你等谋反，为何要牵连于我？"

王涯却说："如若不是你担任京兆尹时将宋申锡诛除宦官的计划故意透露给王守澄，怎会有今日之事！"

王璠自知理亏，惭愧地低下了头，不再说话。

神策军在崇义坊抓获左金吾卫大将军韩约，又在太平里逮捕了京兆少尹罗立言。

曾任岭南节度使的胡证是京城有名的巨富，禁军士卒想趁乱掠夺他府上的财物，便借口贾𫗧藏在他的府上，强行入府搜查，大肆劫掠过后居然还将他的儿子残忍杀害。京城恶少们也趁乱寻衅滋事，因平日里的私仇随意杀人，劫掠财物，甚至相互攻打，以致尘埃四起，漫天蔽日。

足足十二天之后，惊魂未定的百官们才开始上朝，直到日上三竿时，大明宫左侧的建福门才缓缓打开。

宫中传出话来，百官每人只准带一名随从进入，宫内夹道上站满了手持刀枪的禁军士卒。抵达宣政门时，大门尚未打开。由于没有宰相和御史大夫率领，队伍混乱不堪，以至于不成班列。

文宗皇帝亲临紫宸殿，见到四名宰相竟无一人前来，随即不解地问："宰相为何未至？"

仇士良回答："王涯等人谋反，已被逮捕入狱。"

仇士良将王涯的供词呈递给文宗皇帝，文宗皇帝看了看便召尚书左仆射令狐楚、尚书右仆射郑覃上前来辨认是否是王涯的笔迹。

二人看后皆不约而同道："是！"

文宗皇帝气愤道："如若真是如此，王涯罪不容诛！"

宰相之位空缺，文宗皇帝只得命令狐楚、郑覃留在宰相机构中书门下，暂且主持朝廷政务。

令狐楚起草制书，将平定李训、王涯等人叛乱之事宣告朝廷内外，但在叙述王涯等人谋反之事时避重就轻，仇士良等人对此极为不满，令狐楚也因此未能被擢拔为宰相。

郑覃与户部侍郎、判度支李石随后被任命为新宰相。郑覃与李德裕均为前朝宰相之子，郑覃的父亲郑珣瑜是德宗、顺宗朝宰相，而他是以门荫入仕，类似的经历使他与李德裕关系密切。李石是高祖皇帝李渊的堂弟襄邑王李神符五世孙，令狐楚任河东节度使时，李石便是其副使。令狐楚自知得罪宦官难以拜相，便转而推荐自己昔日的副使为相。

此时京城街坊和集市中的劫掠仍未停止。朝廷只得命左、右神策军将领杨镇、靳遂良等人各率五百人分别把守城内主要路口，敲击街鼓加以警告，接连斩首了十几个敢于犯上作乱的凶徒，长安才得以安定下来。

李训与终南山僧人宗密一向亲近，在走投无路之际前去投奔。宗密本想为其剃发，将其假扮成僧人藏于寺中，但他的徒弟们却都坚决反对，私藏朝廷要犯可是杀头的罪过。李训只得无奈地离开终南山，在走投无路之际准备去凤翔投靠郑注，但中途被周至镇遏使宋楚逮捕，押往京城。

走到昆明池时，李训唯恐自己会被神策军毒打污辱，便对押送他的人说："无论谁抓住我都能得到大富贵！听说禁军正在四处搜捕我，他们若是遇到你们定然会将我夺走。不如你们把我杀了，带着我的首级去领赏！"

几日后，三百名左神策军士卒以李训的首级为引导，押着王涯、王璠、罗立言和郭行余；三百名右神策军士卒押着贾𫗧、舒元舆和李孝本，准备献祭于太庙和太社。先在东、西两市游街示众，命百官前往观看，然后在京城独柳树下将他们一律腰斩，首级挂在兴安门外示众。

按照事先约定，郑注率五百亲兵从凤翔出发，抵达扶风县时才得知李训已经提前动手，且一败涂地，只得惶恐地逃回凤翔。

仇士良派人携带文宗的密敕交给凤翔监军张仲清，命其设法诛除郑注。就在张仲清一筹莫展之际，押牙李叔和趁机献上一计。李叔和以监军张仲清的名义征召郑注前来，而张仲清却在堂中暗设伏兵。

郑注依仗着有亲兵护佑并未生疑，李叔和热情地将郑注亲兵引到院内并予以盛情款待，郑注只带着几个随从径直去见张仲清。

张仲清邀请郑注品茶，就在双方寒暄之际，李叔和持刀冲了进来，径直将郑注斩首。张仲清随即命人关闭外门，将郑注带来的亲兵全部诛杀。

张仲清手持文宗皇帝密敕向凤翔镇将士宣布奉敕诛杀阴谋犯上作乱的郑注，随后将郑注的家眷僚属一千多人也全部诛杀，早有先见之明的韦温因拒绝了郑注的征召而幸免。

十一月二十七日夜晚，张仲清派李叔和前往京城献上郑注首级，朝廷命人挂在兴安门上示众。至此甘露之变的祸首都得以正法，京城的人心逐渐安定下来，禁军诸军也开始各回军营。

就在长安刚刚安定之际，气氛却再度变得异常紧张。

当初大宦官王守澄厌恶同为宦官的田全操、刘行深、周元稹、薛士干、似先义逸、刘英诲等六人。李训、郑注便趁机建议文宗皇帝派遣六人分别前往盐州、朔方、泾原、夏绥、振武、凤翔等镇巡防。他们前脚刚走，郑注便命翰林学士顾师邕起草诏书，下令六道杀掉田全操等人。

甘露之变后，六道节度使才接到朝廷诏书，自然也就不会再动手。仇士良便指控顾师邕伪造诏书将他逮捕，押到御史台监狱，胁迫文宗下令召回六位巡边使。

险些惨遭屠戮的田全操等人在回京途中扬言说："等我到京城后，凡着儒服者，无论贵贱当尽杀之！"

十二月十二日，田全操等人乘驿马急速驰入长安西北的金光门。京城中纷纷传言盗贼攻进了城中，惊慌失措的官吏和百姓一时间四散奔逃，尘埃四起，即便是中书、门下两省各司官员也都纷纷逃亡，有人甚至因急于逃命都来不及系上带袜。

宰相郑覃、李石当时正在中书门下处理政事，看到手下官吏士卒纷纷逃走，郑覃也有些胆怯了，对李石说："世道混乱，人心难测，你我最好还是暂且出去避一避风头！"

李石却说："宰相之位崇高，责任重大，我等一举一动皆为天下人所瞩目，切不可轻举妄动！如今虚实还未可知，我等应坐守于此，或许很快便会安定下来。若是连宰相也逃了，朝廷内外定会大乱。况且若是果真发生灾祸，即便是逃恐怕也会无路可逃！"

郑覃赞赏地点了点头，而李石却依旧在若无其事地审阅着公文。

这时，皇帝派来的敕使不断传达命令说："关闭皇城诸司门！"

左金吾大将军陈君赏率领士卒站在大明宫南面的望仙门下，对敕使说："如若盗贼来攻，再关门也不迟。还请静观其变，不宜轻易示弱！"

当日，街坊和集市中的恶少年都身着大红色或者黑色的衣服，手拿弓箭刀枪向北眺望，一旦皇城门关闭便开始大肆剽掠。

如若不是李石和陈君赏镇定自若，京城或许会再次大乱。直到黄昏时分，京城渐渐安定下来。

十二月十六日，文宗皇帝下诏："凡李训等叛逆之人亲党，除此前已被杀或者朝廷指名逮捕的，其余一概不予追究。南衙各司官员，若是被迫跟随李训作乱，一律予以赦免。其他人不得再进行揭发控告或者加以恐吓。已经逃亡躲藏的官员，不再追寻逮捕，必须在三天内各回本司。"

死灰复燃的党争

自从甘露之变后，"自是天下事皆决于北司，宰相行文书而已。宦官气益盛，迫胁天子，下视宰相，陵暴朝士如草芥"①。宦官的气焰前所未有地嚣张，威胁皇上，鄙视宰相，凌辱百官。

某日深夜，翰林学士崔慎由被急三火四地召入到秘殿之中，见仇士良居然端坐在堂上，却并未发现皇帝的身影，感到颇为诧异。仇士良打量他良久，高声道："如今皇上龙体欠佳，自从即位以来，朝政荒废，皇太后想要另立新帝，今夜请学士前来草拟诏书。"崔慎由闻听此言顿时大惊失色，怎可轻易罢黜皇帝？再想到族中亲戚上千人，仅仅是叔伯兄弟便有三百余人，岂敢做出此等诛灭九族之事？他断然拒绝了仇士良。

仇士良送崔慎由离开，告诫他千万不要将此事泄露出去。崔慎由也深知此事事关重大，一旦泄露出去或许将会给自己惹来杀身大祸，一直都不敢对任何人谈及此事，只是将此事记录下来，藏在箱底深处。他后来成为宣宗朝宰相，临终前才将自己当年所写交给了自己的儿子崔胤。后来，崔胤借助藩镇之力将宦官势力彻底清除。

虽然新皇帝由宦官所拥立在唐朝后期已经成了政治惯例，皇帝被宦官谋害之事也时有发生，宪宗皇帝和敬宗李湛便死于宦官之手，但宦官光明正大地罢黜皇帝却还没有先例。

唐朝有三位皇帝曾被成功罢黜过，中宗皇帝李显、睿宗皇帝李旦都是被他们的母亲武则天罢黜的，母亲罢免儿子在礼法上完全说得通，而且武

---

① 《资治通鉴·卷二百四十五》。

则天又是自古少见的政治女强人；另一位皇帝便是少帝李重茂，韦皇后毒杀中宗皇帝李显后册立中宗皇帝第四子李重茂为皇帝。不过，临淄王李隆基发动政变诛杀了韦皇后及其同党，即位不足一个月的少帝李重茂便将皇位让给了自己的亲叔叔，也就是李隆基的父亲睿宗李旦。

开成元年（公元836年）四月，文宗皇帝又想起了仅仅当了两个多月宰相便因反对郑注出任凤翔节度使而被李训、郑注排挤出相位的李固言，于是将其召回重新为相。

李固言属于牛党，他的命运与牛党党首李宗闵息息相关。大和四年（公元830年），李宗闵为宰相时，李固言出任朝中要职给事中。大和八年（公元834年），李德裕为宰相时，李固言出京任华州刺史。同年十月，李宗闵再度为相，李固言随即被召入京为吏部侍郎，迁御史大夫。李宗闵被贬谪后，李固言继任宰相，却因触怒郑注很快便被罢相。李固言第一次为相只有短短两个月的时间，而第二次为相也只有一年半的时间，837年十月便出京任剑南西川节度使。

郑覃援引同属李党的陈夷行为相，此时李石、郑覃、陈夷行三位宰相相处得还算和谐，携起手来应对艰难的局势。

开成元年（公元836年）九月十一日，宰相李石上奏文宗皇帝李昂，认为前宰相宋申锡因忠厚正直而被奸臣诬陷，贬逐后死在荒远之地，至今未蒙昭雪平反。

文宗皇帝听后低头无语，过了很久才满面泪流道："兹事朕久知其误，奸人逼我，以社稷大计，兄弟几不能保，况（宋）申锡，仅全腰领耳。非独内臣，外廷亦有助之者。皆由朕之不明，向使遇汉昭帝，必无此冤矣！"[①]

其实文宗皇帝早就知道宋申锡之冤，却因受大宦官王守澄所迫而只得将错就错。连自己的兄弟漳王尚且不能保护，更不用说为宋申锡申冤了。文宗皇帝谈起这段旧事痛心疾首，随后下诏恢复宋申锡官爵，任命他的儿子为成固县尉，也算是告慰宋申锡的在天之灵。

---

① 《资治通鉴·卷二百四十五》。

自从甘露之变以后，文宗皇帝便时常显露出一副闷闷不乐的样子，左、右神策军踢球的集会也是减去了六七成。即使出席宴会，伎工美妙的乐曲也难以驱散他内心的苦闷。退朝后，他总是一个人自言自语，或者喝得酩酊大醉，借酒浇愁。在宰相郑覃等人耐心的开导下，文宗皇帝渐渐有所醒悟，李德裕当初接连被贬乃是被奸人所诬陷，于是将其从袁州长史移为滁州刺史。开成元年（公元836年）七月，李德裕迁太子宾客、分司东都；十一月，以检校户部尚书再任浙西观察使。李德裕一生三镇浙西，前后长达十余年的时间。

　　开成二年（公元837年）五月，已经五十一岁的李德裕离开浙西，接替牛僧孺任淮南节度使。

　　牛僧孺听闻接替自己的人居然是政敌李德裕，于是便将军府事交付副使张鹭，当即便入朝，足见两人成见之深。

　　当时淮南镇治所扬州的府库中藏有钱帛八十万贯匹，李德裕赴任后上奏领得四十万贯匹，另一半为副使张鹭所支用。牛僧孺听闻此事后随即上奏揭发此事，朝廷诏命李德裕重新清点府库中的钱帛数量，果然如牛僧孺所奏为八十万贯匹。

　　李德裕没有想到上任伊始便无端招惹来是非，只得上奏辩解说自己初到镇，为下属官吏所欺瞒，甘愿受朝廷责罚。

　　文宗皇帝并未追究此事，但身为谏官的魏暮、令狐绹、韦楚老等牛党人却揪住此事不放，说李德裕此举是想借此诋毁倾覆牛僧孺，从而达到泄私愤的目的。文宗皇帝自然知道他们所奏有失公允，并未深究此事。

　　李德裕上任后惹出的这场风波记载于两唐书中，杜牧所作的牛僧孺墓志铭和李珏所作的牛僧孺神道碑对此事均未提及。其实此事原本并不涉及党争，诸镇节度使交接时，府库所藏钱帛减半上报乃是当时不成文的潜规则。

　　此时的牛僧孺早已被残酷的现实磨去了当初的锐气，显出了浓重的老态，多次上表请求解任，于是朝廷任命他为东都留守。

　　牛僧孺来到洛阳后意志更为消沉，毫无进取之意。白居易曾为其写过一首《酬思黯戏赠》：

"钟乳三千两，金钗十二行。妒他心似火，欺我鬓如霜。"（节选）

这首诗还有一行注："思黯（牛僧孺之字）自夸前后服钟乳三千两，甚得力。而歌舞之伎颇多。来诗谑予赢老，故戏答之。"

曾经几起几落的牛僧孺早就忘却了当初的雄心壮志，开始奉行及时行乐的思想，渐渐沉溺于服药和女色之中而难以自拔，大量服用钟乳。据说此药有温肺气、壮元阳的功效。

此时的李德裕却仍旧怀有政治梦想，坚信总有一日会实现自己的雄伟抱负。

淮南是大唐首屈一指的藩镇，大唐立国二百年来从浙西调任淮南李德裕尚属首例。李德裕的父亲李吉甫五十一岁时出镇淮南，五十四岁时从淮南任上再度为宰相。如今李德裕又坐镇淮南，是不是也预示着他再度为相的日子不远了呢？

可就在此时，朝中原本已经停歇的党争却再度变得异常激烈，这一切都是因为宰相李石的去职。

自从甘露之变后，禁军变得愈加暴虐骄横，以至于神策军军将、官吏升迁大多不向文宗上奏便径直行文中书省，而中书省也只是象征性地复核后便予以施行，以致一时间升迁无度，惹得朝野上下诟病不断。忍无可忍的文宗只得下诏，今后神策军军将、官吏迁转一律先上奏，待奏准后再送中书省复核。

鉴于很多神策军将士无视法度，寻衅滋事，朝廷只得命办事干练、行事强硬的司农卿薛元赏接任京兆尹。

某日，薛元赏到宰相李石的府上探望，听到李石正坐在厅中与一个神策军军将大声争论着什么。薛元赏走到厅中，责备李石道："您身为宰相辅佐皇上，治理天下，如今却连一个小小的军将都难以制服，何以镇服四夷呢？"

薛元赏随即命左右侍从将那个军将擒拿，到下马桥等他。与李石议完事，薛元赏从他的府上出来，那个军将已经被脱掉衣服，恭敬地跪在那里。

那个军将的同党火速将此事报告了仇士良，仇士良赶忙派宦官征召薛元赏，但薛元赏却说有公事在身，等办完事后自然会去。

薛元赏命人用刑杖将这个胆大妄为的军将活活打死，随后穿上待罪的白衣去见仇士良。

仇士良怒道："你这个痴书生，怎敢仗杀我禁军大将！"

薛元赏不卑不亢道："中尉是大臣，宰相也是大臣。如若宰相僚属对您无礼，您又该如何惩处呢？您的部下对宰相如此无礼，难道便可以随意宽恕吗？如今在下已身穿囚衣而来，是死是生，由您决定！"

事已至此，仇士良只得把这笔账算在了李石的头上。

当年淮西之役激战正酣时，宰相武元衡被藩镇所派的刺客暗杀。宪宗皇帝李纯下诏从内库中调出弓箭、长刀分拨给金吾兵，由其护送宰相上朝，一直送到建福门，但这项制度却被仇士良停罢了。

开成三年（公元838年）正月初五，宰相李石上朝途中突遭刺客袭击，刺客射出的弓箭虽射中了李石，好在并没有性命之忧。

在此危急时刻，李石的侍从却四散奔逃。李石的坐骑因受到突如其来的惊吓而疾驰向府邸，但李石居住的亲仁里街坊门口也埋伏有刺客，伺机对其进行半路截杀。但刺客却仅仅斩断马尾，李石这才幸免。

宰相李石遇刺案在京城激起轩然大波。文宗皇帝随即下令神策军、六军派兵护卫宰相，同时下敕缉拿刺客。这场突如其来的刺杀使得京城百官再度陷入到巨大的恐慌之中，以至于次日早朝仅仅来了九个人。

京城很快又恢复了往日的平静，但李石遇刺案却迟迟无法破案。宰相李石自然知晓其中隐情，主动上表请辞。文宗皇帝迫于无奈只得恩准了李石的请求。

遇刺事件发生十二天后，李石以同中书门下平章事衔出任荆南节度使、江陵尹。李石带着一丝无奈离开了危机四伏的京城。

李石罢相后，在前任宰相李固言的力荐下，与他颇为亲善的牛党要人杨嗣复、李珏一同出任宰相。

杨嗣复是杨於陵之子，而杨於陵正是元和三年制举的主考官，因将牛僧孺、李宗闵、皇甫湜三人署为上第而被贬官。杨嗣复七八岁时便秉笔为文，二十岁进士及第，二十一岁登博学宏词科。而其父十九岁进士及第，二十岁登博学宏词科，父子均为学霸，一时间传为美谈。杨嗣复与牛僧孺、李宗闵同为贞元二十一年的进士，因此情意深厚。

李珏也是博学多才之士，二十岁明经科及第，紧接着进士科及第，随后又高中书判拔萃科，连登三科，荣耀一时。牛僧孺任武昌节度使时将他辟举为掌书记，牛僧孺再度为相时推荐他出任翰林学士。郑注初得文宗皇帝信任时，文宗皇帝曾询问翰林学士李珏是否知道郑注此人，李珏却回答说："臣不仅知道其人，还深知其为人。郑注乃是一奸邪小人，陛下宠信此人，恐无益圣德！"敢于直言进谏的李珏随即被贬为江州刺史。

宰相郑覃清正俭约，陈夷行却性情耿直，与杨嗣复、李珏刚刚共事便隔阂不断，矛盾重重。陈夷行颇为厌恶杨嗣复的为人，每次在一起商议朝政时，二人往往争论不休。陈夷行随后以脚病为由请求辞职，但并未得到恩准。

宰相杨嗣复上任后不遗余力地向朝廷推荐李宗闵，而远在衡州的李宗闵也似乎看到了再度为相的机会，暗中联络宦官向文宗皇帝施加影响。杨嗣复上任仅仅一个月后，围绕李宗闵的任职便爆发了一次激烈的争执。

临朝时，文宗皇帝对宰相说："李宗闵积年在外，应给予其一官！"

宰相郑覃却阻拦说："陛下若可怜李宗闵长期身处偏远之地，可移近数百里，却不宜再用；若是陛下决意任用此人，臣请先避位！"郑覃坚持认为李宗闵曾与李训、郑注等人相互勾结才酿成甘露之变，乃是朝廷的罪人，坚决拒绝让其入京任职，甚至不惜以辞职相要挟。

陈夷行更是直言："李宗闵曾在朝中朋比为党，扰乱朝政，陛下为何偏爱此等卑鄙小人！"

眼见形势不妙，杨嗣复赶忙道："处理问题贵在用心公道，不可只凭个人爱憎！"杨嗣复所指便是李德裕已然升任淮南节度使，李宗闵理应有所迁转。

一时间，四人唇枪舌剑，争执不下。宰相之间竟喧争至此，成何体统？文宗皇帝有些恼怒："授予李宗闵一州之刺史也无妨，朕意已决！"

衡州司马李宗闵改任杭州刺史，回京的日子似乎已不远了。

开成三年是多灾多难的一年。一场规模空前的水灾绵延千余里，波及范围包括今河南大部、山东南部、湖北北部以及陕西部分地区。此外，河北部分地区因遭受蝗灾困扰而颗粒无收，"魏、博六州蝗食秋苗并尽"[①]。

不久，河东节度使、司徒、中书令裴度因身患重病，请求辞职返回东都洛阳。

开成四年（公元839年）闰正月十六日，河东节度使裴度托着病体抵达京城，却因病未能前去拜见文宗皇帝，文宗皇帝接连派遣使者到他的府上慰劳赏赐。

三月初四，中兴名臣裴度带着无尽的遗憾与世长辞。文宗皇帝不知裴度为何没有按照惯例给朝廷留下遗表，赶忙派人询问他的家属，却只找到了一份尚未写完的手稿，其上只说为皇上迟迟没有册立太子而担忧，并未提及个人之事。文宗皇帝看后不禁唏嘘不已。

频发的灾害加上朝廷每次商议朝政时双方依旧争论不休，使得本已筋疲力尽的文宗皇帝心力交瘁。

被两派之争搞得焦头烂额的文宗皇帝，只得在双方中间有所取舍，最终于五月十六日将郑覃罢为尚书右仆射，陈夷行罢为吏部侍郎，随后出京为镇国军防御使。

郑覃与陈夷行的罢相为李宗闵再度为相扫平了道路。但是就在李宗闵殷切期盼着再度执掌政事时，朝中却发生了重大变故——开成五年（公元840年）正月初四，年仅三十二岁的文宗皇帝在太和殿驾崩。李宗闵此生再也未能回京。

---

① 《旧唐书·卷十七·本纪第十七·文宗本纪》。

武宗中兴的局面

文宗皇帝病重期间，关于皇储的人选曾有过一番激烈的争斗。

文宗皇帝只有两个儿子，分别是王德妃所生的鲁王李永和宫女所生的蒋王李宗俭。鲁王李永原本被册立为太子，但他的母亲王德妃却渐渐失宠了，后来居上的杨贤妃越来越受文宗皇帝的宠爱，她一直都没有子嗣，但也不愿看到别的女人的儿子被立为太子，于是不断地在文宗皇帝面前诋毁鲁王李永，说其如何顽劣成性，不喜读书，不守法度，以至于文宗皇帝竟真动了废除太子的心思，不过在朝臣巨大的反对声中只得作罢。

经此波折，太子李永变得闷闷不乐，甚至一度惶惶不可终日，不久便暴亡了，而他的死因也一直是个谜！

立储之事迫在眉睫。此时，蒋王李宗俭因出生卑微且年龄尚幼，无缘太子人选。皇太子之死，使唐文宗很是伤感，认为自己不能保全儿子的性命，枉为天子，从此抑郁成疾。

杨贤妃为了能够一直保有荣华富贵，决意拥立与自己亲近之人为皇储。她思来想去，选中了文宗皇帝的八弟安王李溶，而她也在暗中争取到了宰相杨嗣复的支持。但杨嗣复在此事上却格外谨慎，深知一招不慎便可能会招致杀身大祸。

文宗皇帝虽然一向对杨贤妃宠爱有加，言听计从，但册立皇储却是国之大事，一时间难以下定决心，或许已然察觉到了什么，但他并未征求杨嗣复的意见，而是去找宰相李珏商议此事。李珏虽与杨嗣复是同党，但皇储之事事关重大，他力言让李溶为皇储万万不可！

虽然文宗是以皇太弟身份继承皇位，但此风却不可长，"父死子继"才是政治常态，否则势必陷入到激烈的权力斗争中。若是让李溶继承皇位还会面临一个尴尬问题，他继承的究竟是何人的皇位呢？李珏主张应由敬宗的儿子李成美为太子。李成美虽然并非是文宗皇帝的儿子，却也是他的晚辈，况且皇位本就应由敬宗的子嗣来继承！

开成四年（公元839年）十月，文宗册立了敬宗的第六子陈王李成美为太子。但是还没有来得及行册礼，文宗就病倒了。太子之争也由此开始了。

知枢密刘弘逸、薛季棱与宰相杨嗣复、李珏紧急磋商后迅速达成了共识，决意辅佐年幼的皇太子李成美代行皇帝职权，处理朝政。但左、右神策军护军中尉仇士良、鱼弘志却有自己的小算盘，若是拥立皇太子李成美继位，李成美日后自然不会感念二人的拥立之功，因为他本就是皇太子，继承皇位理所当然，况且他与刘弘逸、薛季棱更为亲近！

仇士良、鱼弘志假称文宗皇帝诏令，皇太子李成美年幼多病废其太子之位，率禁兵至十六宅宫，将文宗皇帝的五弟颍王李瀍（后改为炎）迎到少阳院。

开成五年（公元840年）正月十四日，李炎即皇帝位，史称"唐武宗"。即位前夕，在仇士良鼓动下，陈王李成美、安王李溶、杨贤妃统统被诛杀，但杀戮却并未停止。

五月，杨嗣复罢相为吏部尚书。

八月十七日，朝廷准备将驾崩的文宗皇帝安葬于章陵。知枢密刘弘逸、薛季棱率领禁军护送文宗皇帝灵柩前往陵地。两人素来与仇士良交恶，心中自然是惴惴不安，如今手中握有禁军军权便想着趁机诛杀仇士良、鱼弘志。担任卤簿使的兵部尚书王起、山陵使崔棱察觉到了两人的图谋，紧急晓谕诸军，不要被奸人所迷惑。当日企图犯上作乱的刘弘逸、薛季棱便被诛杀。

这件事仅仅被记载于《旧唐书》中，其实只要细细品味便能发觉其中的不可信之处。禁军主力是左、右神策军，而老牌禁军六军即左右羽林、左右龙武、左右神武因不受重视兵员较少、缺乏训练、经费短缺，早就成了空架子。仇士良、鱼弘志分任左、右神策军中尉，尤其是仇士良从大和九年（公元835年）五月以来便一直执掌禁军，已有五年之久，在禁军之中可谓是根基深厚。刘弘逸、薛季棱怎会有如此之大的能力调动禁军去诛杀禁军统帅仇士良和鱼弘志呢？

这或许只是仇士良诛杀政敌的一个借口而已。

紧接着，杨嗣复再被贬为湖南观察使，宰相李珏也罢相贬为桂管观察使。两人贬官在八月，此时李德裕尚未回京，两人被贬"皆坐（刘）弘逸、（薛）季棱党也"①。

九月初一，李德裕抵达阔别近六年的京城。三天后，他被任命为门下侍郎、同中书门下平章事，再度为相。李德裕的此次为相离不开枢密使杨钦义的引荐。

李德裕担任淮南节度使期间，朝廷曾下敕召淮南监军杨钦义回京，世人皆说杨钦义此番进京定然会被委以重任，出任枢密使。李德裕单独召请杨钦义，在节度使府正厅设酒为其送行，特意拿出许多珍宝，喝完酒后全部赠送给杨钦义。杨钦义自然是大喜过望，可他刚刚走到汴州便接到朝廷敕命，令其返回淮南。

杨钦义灰头土脸地回来后便将李德裕所赠如数奉还，但李德裕却颇为大度地说："这能值得了几个钱！"

后来杨钦义果然担任了枢密使，自然竭力向武宗皇帝推荐李德裕。刚刚即位的武宗皇帝其实也在寻找辅政之人。武宗即位后，随着杨嗣复、李珏相继被贬，此时宰相之中仅剩崔郸一人，于是先后将崔珙、李德裕、陈夷行提拔为宰相。

崔珙之前曾任岭南节度使、武宁节度使、京兆尹等要职。《旧唐书》记载："会昌初，李德裕用事，与（崔）珙亲厚，累迁户部侍郎，充诸道盐铁转运等使。寻以本官同中书门下平章事……"②根据《授崔珙同平章事制》

---

① 《旧唐书·卷十八·本纪第十八·武宗本纪》。

② 《旧唐书·卷一百七十七·列传第一百二十七·崔珙传》。

可知，崔珙任宰相前的职务为诸道盐铁转运等使、银青光禄大夫、守刑部尚书、上柱国。

会昌元年（公元841年）三月二十四日，在仇士良的挑唆下，武宗派宦官前往潭州①、桂州赐死杨嗣复和李珏。户部尚书杜悰得知后，急忙骑马去见李德裕。杜悰通常被认定为牛党，但实际上却游走于牛李两党之间，因此牛党悉数被贬出朝后，唯独他可以继续在朝为官。

杜悰急急火火地说："天子正年少，又刚刚即位，不应放任他肆意蛮干！"

李德裕顿感事态严峻。此时的武宗只有二十七岁，极易受人蛊惑做下不理智之事。

三月二十五日，李德裕召集宰相崔珙、崔郸、陈夷行联名上奏，又邀请枢密使到中书省，恳请他们给皇帝带话，开延英殿当面奏对！

直到傍晚时分，武宗皇帝才在延英殿召见李德裕等人。李德裕哭着道："还望陛下三思而后行，否则后悔晚矣！"

武宗皇帝却坚定地说："朕不后悔！"

武宗皇帝几次命李德裕等人坐下，但李德裕等人却说："我等希望陛下赦免杨嗣复和李珏的死罪，如若陛下不恩准，我等便不敢坐。"

武宗皇帝沉默良久才道："朕特为卿等赦免二人。"

李德裕等人高兴地向武宗皇帝行拜舞大礼，然后才肯落座。

武宗皇帝感慨道："想当初，李珏、薛季棱意在册立陈王李成美，杨嗣复、刘弘逸意在册立安王李溶。立陈王也算是遵循文宗皇帝之意，可立安王却是为了攀附杨妃。假如安王继承了帝位，朕怎会有今日？"

虽然武宗皇帝心中意难平，却碍于李德裕等人的情面，派人追回诛杀杨嗣复和李珏的使者，再贬杨嗣复为潮州刺史，李珏为昭州刺史，而崔郸作为前朝宰相也于当年十一月罢相出京任剑南西川节度使。

会昌二年（公元842年）二月，淮南节度使李绅入朝，随后被任命为宰

---

① 治所在今湖南省长沙市。

相。曾几何时，李德裕与李绅、元稹在翰林学士院被称为"三俊"，而在三人之中最先为相的元稹却已在十一年前暴病而亡，不禁令人唏嘘。

当年四月，武宗即将由百官上尊号，到时将会御临丹凤楼宣赦天下。恰在此时，有人告诉仇士良，说宰相正与朝臣商议起草制书，减少禁军衣粮待遇以及军马草料。见李德裕越来越受皇帝器重，观军容使仇士良本就对其颇为嫉妒，闻听此言更是恼怒不已。

仇士良扬言说："如若真是如此，百官上尊号那日，禁军军士定然要在丹凤楼前喧哗闹事！"

四月二十一日，忧心忡忡的李德裕在延英殿议事时将此事当面上奏皇帝。武宗得知后大怒，立即派宦官转告左、右神策军中尉，说："赦书之中本就没有降低神策军将士待遇的内容，况且赦书皆是朕的意思，与宰相无关。"

仇士良得知后一时间惊慌失措，惭愧不已，赶忙连连谢罪。

武宗皇帝虽然表面上尊宠左神策军中尉仇士良，但心中却越来越厌恶他。仇士良也渐渐感觉到了，于是便以年老多病为由请求辞去中尉之职。武宗皇帝也顺水推舟任其为左卫上将军兼内侍监，主持内侍省事务。

会昌三年（公元843年）六月十六日，年老体衰的仇士良以左卫上将军、内侍监之职致仕。他昔日的党羽们怀着极为失落的心情将其送到私邸，而仇士良出于感激也毫无保留地将巩固权宠之术倾囊相赠。

他说："不可令天子有闲暇之时，要经常变换花样供其嬉戏玩乐。只有皇帝沉迷于骄奢侈靡的生活之中无暇顾及朝政，我辈方能得志。切勿让皇帝爱上读书、亲近儒生，若是让他知晓了历代王朝兴亡更替之事，一旦产生忧惧之情，必会疏远排斥吾辈！"

仅仅七日后，六十三岁的仇士良便郁郁而终了。随着仇士良的离去，曾经不可一世的宦官们在武宗朝也收敛了许多，未再掀起风浪。

武宗皇帝喜好骑马游乐，饮酒作乐，喜好世间美色，却不像敬宗皇帝那样醉心其中，难以自拔；也不像二哥文宗那般清心寡欲，克己复礼。

他喜好却不沉溺其中，享受却不废弛政务，心系国家，关心政事，在治国上比文宗皇帝多了一丝成熟，在用人上比文宗皇帝多了几分睿智，少了几分感性，在颇有政治抱负和手腕的李德裕的辅佐下，向着中兴的目标不断迈进！

曾一度称霸草原的回鹘被黠戛斯击败，部族一时间分散在各地。

会昌元年（公元841年）八月，回鹘嗢没斯率部前往天德军请求内附。天德军使田牟、监军韦仲平却贪求边功，想联合吐谷浑、沙陀、党项等部落乘势出击。朝臣大多表示赞成，但宰相李德裕却竭力反对。他认为回鹘曾在平定安史之乱中有功，如今嗢没斯率部来降，秋毫无犯，应予以安抚。况且天德军兵力不足，一旦交战失利，城池必然陷落。如果他们骚扰边境，即可调动各道兵马讨伐。武宗皇帝李炎最终采纳了李德裕的建议，赐给嗢没斯部粮食二万斛。

会昌二年（公元842年），回鹘乌介可汗要求大唐交还嗢没斯，并索要粮食和牛羊，被拒绝后又请求借兵帮助他们收复失地，居然还要求借天德城，朝廷自然不许。乌介可汗便率军越过杷头峰①，进犯云州等地。

李德裕详细地分析了回鹘国力和军力，建议武宗皇帝出兵征讨，随即征调六镇兵马，任命河东节度使刘沔为回鹘南面招讨使，幽州节度使张仲武为东面招讨使，李思忠（即嗢没斯）为西南面招讨使。

当时回鹘大肆劫掠，党项等部落都不敢抵拒。李德裕制定了奇袭乌介可汗、夺回宪宗皇帝李纯之女大和公主的战略，并向武宗推荐了猛将石雄。刘沔命石雄率三千骑兵为先锋，自己则率大军继后。在茫茫夜色掩映下，石雄利用地道奇袭乌介可汗牙帐。乌介可汗身受重伤，仓皇而逃。刘沔此时率大军赶到，在杀胡山大破回鹘军。大和公主得以回朝，李德裕也因功进位司徒。

在回鹘问题得到妥善解决之后，昭义镇开始牵动着朝野上下的神经。

昭义镇管辖泽州、潞州、洺州、磁州、邢州五州。连绵的太行山将昭

---

① 在今内蒙古自治区包头市附近。

义镇分割为两大区域，泽、潞两州位于今山西省东南部山区，洺、磁、邢三州位于今河北省西南部的平原地区。

河北地区的幽州、成德、魏博三镇长期呈分裂割据状态，昭义镇的战略地位举足轻重。昭义镇一直是平定叛乱和拱卫两京的重要军事力量。安史之乱后，河朔三镇曾经同朝廷之间爆发过八次激烈的冲突，在其中六次战争中，昭义镇都旗帜鲜明地拥护朝廷。

不过桀骜不驯的昭义节度使刘从谏上任后，却与朝廷渐生芥蒂。甘露之变后，宰相王涯等一大批官员被诛杀。刘从谏素来与王涯过从甚密，曾上书为他鸣冤，也因此与宦官仇士良结怨。

武宗皇帝即位后，刘从谏看到了与朝廷和解的希望，主动提出要进献一匹名马。但在仇士良的挑唆下，武宗皇帝却硬生生拒绝了刘从谏进献宝马的要求。恼羞成怒的刘从谏亲手将这匹宝马杀死了。

刘从谏手握重兵并且威名远播，朝廷一时间也不敢贸然派兵讨伐，但随着年龄越来越大，刘从谏一直饱受疾病折磨，担心死后会遭到朝廷的清算。自感时日不多的刘从谏为侄子刘稹顺利接班紧锣密鼓地进行人事安排和军事部署。

会昌三年（公元843年）四月，刘从谏的生命走到了尽头。昭义镇将领向朝廷上奏拥立刘稹为留后。战与和的严峻问题摆在武宗皇帝面前。

宰相李德裕力主出兵征讨，道："昭义镇深处内地，与河北三镇情形有所不同，不能让他们效仿河北三镇父死子继的旧例。刘从谏跋扈难制，多次胁迫朝廷，如今病死，又将兵权交给侄子刘稹。如不出兵讨伐，朝廷何以号令四方？如授刘稹为节度使，各藩镇必效仿其所为，天子威严何在？"

武宗皇帝最为忧虑的是与昭义镇接壤的河北三镇会不会与其相互勾结，共同对抗朝廷？若是果真如此，局势将会变得复杂难测。

李德裕趁机献计道："刘稹所依仗的无非是河北三镇，只要魏博、成德不出兵相助，刘稹之乱必平！陛下可遣使告诉魏博、成德两镇，命他们出兵攻取昭义镇位于河北的三州。他们见有利可图必会出兵！"

五月十三日，武宗皇帝下令削夺刘从谏以及刘稹的官职与爵位，战争大幕已经悄然拉开。

虽然武宗皇帝颇为倚重宰相李德裕，却对他也有所防范。自从崔珙罢相后，宰相便剩下李德裕、李让夷、杜悰。李让夷为李德裕同党，杜悰一直游走于牛李两党之间，但内心却偏向于牛党，武宗皇帝于是任命崔铉出任宰相，寄希望于崔铉能够与杜悰携手牵制李德裕，防止他手中的权势过大。

武宗征召成德节度使王元逵、魏博节度使何弘敬、河中节度使陈夷行、河东节度使刘沔、河阳节度使王茂元五镇兵马对昭义镇进行讨伐。上述五镇毗邻昭义镇，便于在较短时间内完成军事集结。

李德裕深知王元逵、何弘敬两人均是为利而战，毫无道义可言，于是上奏道："昔日朝廷伐叛时，各藩镇只要离开边境，军饷便由朝廷来负担，各镇节度使常常是逗留不进，甚至与叛军密谋，夺取一县或一栅寨便自称为大捷。陛下可晓谕何弘敬、王元逵，只命他们收取州城，不要攻打县邑。"武宗皇帝欣然采纳了他的建议。

武宗随后又命武宁节度使李彦佐为晋绛行营诸军节度招讨使，山南东道节度使卢钧为昭义节度招抚使。

成德节度使王元逵果然不出李德裕所料奉诏出兵，还初战告捷，攻占宣务栅①，并且在尧山②成功地击败刘稹派来的增援部队。

尽管如此，战役总体进展却并不太顺利，包括晋绛行营节度使李彦佐在内的诸藩镇士卒行动迟缓，居然还一再请求朝廷派兵增援。李德裕认为李彦佐顾望不前，没有讨叛之意，建议由石雄来取代李彦佐。

面对严峻形势，武宗皇帝决意对军事将领进行调整，但也只是命天德军防御使石雄为晋绛行营节度副使。

石雄接到任命的次日便率兵从翼城出发，越过乌岭③，攻破昭义

---

① 位于今河北省隆尧县西北。
② 今河北省顺平县西北。
③ 在今山西省翼城县境内。

军五个营寨，杀获一千余人，而他也终于取代李彦佐担任晋绛行营节度使。

为了迫使魏博节度使何弘敬出兵，朝廷诏令忠武节度使王宰率兵借道魏博镇进攻昭义镇磁州。忠武军一向以精锐勇敢闻名于世，何弘敬闻讯后立即率兵开赴前线。

由于昭义镇在河北战场与河东战场受到的威胁有限，因此昭义镇集中兵力南下作战。河阳节度使王茂元感受到巨大的军事压力。河阳节度使于会昌三年（公元843年）重新设置，治所设于孟州，管辖孟州、怀州两州以及河阳三城。河阳三城是拱卫东都洛阳的门户，具有非常重要的战略地位。科斗店之战，河阳军损兵折将。节度使王茂元一病不起，武宗皇帝只得任命忠武军节度使王宰兼任河阳行营攻讨使，主持河阳军务。

年初之时，河东节度使刘沔大败回鹘乌介可汗，迎回大和公主，加授检校司空（正一品）。刘沔的风光引起幽州节度使张仲武的嫉恨，两人的矛盾不断升级。虽然武宗派遣朝廷重臣李回亲赴幽州进行调解，但两人仍旧无法冰释前嫌。

如今泽潞之战呈胶着态势，幽州节度使张仲武的态度格外重要。张仲武一旦与昭义镇结成同盟，唐军会面临南北夹击的态势。乌介可汗虽屡战屡败，却仍旧觊觎唐朝北部边陲。只有幽州军队解除北部边患威胁，河东镇主力部队才会毫无顾忌地南下平叛。此外，河东节度使刘沔率兵在石会关停滞不前的做法也引起武宗皇帝的不满。

在经过慎重考虑后，唐武宗将刘沔调任义成节度使，命荆南节度使李石接任河东节度使。刘沔带着不满和失意离开了河东，离任时将仓库中的储备几乎全部带走，为日后的变乱埋下了祸根。

驻屯在榆社县的河东行营都知兵马使王逢迫于昭义镇的军事压力屡次上奏请求增援。但此时河东镇兵马均已调往前线，面临着无兵可发的窘迫局面。新任河东节度使李石不得不征发守仓库的差役和工匠前往前线，又想起当初刘沔击败回鹘乌介可汗后留守横水栅的三千兵马，于是征调其中一千五百人奔赴前线。

十二月二十八日，都将杨弁率领横水戍卒抵达太原。按照惯例，节度使在军士出征前每人要赏赐丝绢二匹。刚刚上任的新任节度使李石却因物资匮乏而一筹莫展，万般无奈之下只得捐出自己家中的丝绢赏赐出征将士，但每个士卒也仅仅得到一匹丝绢。

新年将近，士卒们纷纷请求春节后再上路，但不近人情的监军吕义忠却多次催促他们启程开赴前线。野心勃勃的都将杨弁利用士卒们的怨恨之情和太原城中防守空虚之机发动兵变。

会昌四年（公元844年）正月初一，当大唐其他地方正沉浸在春节的喜庆气氛时，杨弁却率士卒大肆剽掠太原集市，李石仓皇逃奔汾州。杨弁主动向刘稹示好。石会关守将杨珍得知太原发生兵乱后以石会关投降刘稹。战争形势发生了重大逆转。

忧心忡忡的武宗命中使马元贯前往太原查看虚实，马元贯却接受杨弁的贿赂，回朝后称杨弁兵多将广，物资充足，但被李德裕揭穿，李德裕上奏道："杨弁小贼，绝对不能宽恕。如朝廷两处用兵，国力不支，那么宁可先放过刘稹。"

武宗令河东节度使李石立即返回太原稳定局势。王逢率领河东镇士兵留守榆社县防范昭义镇的反扑，随即征调易定、宣武和兖海三镇四千名士兵讨伐杨弁。

驻守榆社县的河东镇士兵听说朝廷征调其他藩镇的兵马进攻太原，不禁忧心忡忡。唐代中后期以后，军队纪律日益败坏，甚至经常不听从将帅的调遣。河东镇士兵担心自家的财产被劫掠，更担心自己的妻子儿女被虐杀，于是主动进攻太原。

正月二十八日，太原府被唐军攻克，而参与叛乱的士兵全部被诛杀。

经过这次叛乱，武宗皇帝对李石的统率能力和领导水平产生了质疑，将其改任太子少傅、分司东都。与此同时，河中节度使崔元式改任河东节度使，而屡立战功的石雄接任河中节度使。改任闲职的李石从此过上了闲居的日子，并最终在孤寂中走完了一生。

杨弁叛乱被平定后，刘稹败亡的态势也日趋明朗了。

七月，刘稹的心腹高文端归降，李德裕听从他的建议筑夹城围困潞州，断绝固镇寨水道，潞州一时间沦为一座孤城！

邢州、洺州、磁州相继归降，而这三个位于华北平原的属州一直是昭义镇的经济中心，也是主要的赋税来源地。三州的相继失陷无疑引起了昭义镇的极大恐慌。

宰相们入朝向武宗皇帝庆贺，李德裕更是自信满满地说："昭义镇的根本尽在太行山以东，如今三州皆已归降朝廷，平定潞州便指日可待了！"

李德裕担心成德、魏博两镇会趁机夺取这三州，于是推荐山南东道节度使卢钧兼任昭义节度使，命其乘驿马即刻前去赴任，以免夜长梦多。

八月，感到大势已去的昭义镇将领郭谊、王协杀死刘稹及其亲信，随后向朝廷请降。石雄率领七千余名士兵迅速杀入潞州城中。

李德裕对武宗皇帝道："刘稹不过是年幼无知的小儿，昭义军之所以敢于与朝廷相抗衡，郭谊等人乃是罪魁祸首。如今他们势穷力孤，杀死自己的主子，这种人若不诛除，何以惩治恶人？"

武宗皇帝随即命石雄将郭谊、王协等人械送京城。持续一年之久的泽潞之乱终于落下帷幕，而这也成为朝廷征讨藩镇的最后一次大捷。

昭义镇被平定后，李德裕意外发现了政敌李宗闵曾与刘稹相互勾结的证据，于是上奏武宗皇帝。于是李宗闵被长流封州①，牛党另一位党首牛僧孺也被贬为循州长史，牛党至此一蹶不振。

昭义之战的胜利使得宰相李德裕在武宗皇帝心中的地位大幅攀升，武宗皇帝对他的信任达到前所未有的高度。

会昌五年（公元845年）五月十六日，武宗皇帝下诏罢免了中书侍郎、同中书门下平章事崔铉的宰相职务，改任户部尚书。门下侍郎、同中书门下平章事杜悰也一同被罢免了宰相职务，改任其为尚书右仆射。与李德裕

---

① 治所在今广东省封开县。

过从甚密的李回、郑肃得以出任宰相，此时身居相位的都是清一色的李党人士。

李德裕虽是不可多得的能臣，却喜欢根据自己的好恶来处理政事、任免官员，自然招致越来越多人的非议，于是形成了一股倒李的暗潮。

一代权相的末日

武宗皇帝李炎继位后，破回鹘，平昭义，期间筹谋决策，选用将帅，征调兵力，指挥调度，呈现出"中兴之象"，可惜上天留给武宗皇帝李炎和宰相李德裕的时间太少了！

会昌六年（公元846年）三月，一直被病魔纠缠的武宗皇帝卧床不起，病入膏肓，甚至十来天都不能说话，关于皇储的暗战也就此拉开了帷幕。武宗皇帝的五个儿子年龄都很小，因此他始终未曾册立太子。

在这个紧要时刻，宫内的宦官们不希望李德裕见到皇帝，所以李德裕多次请求觐见，均未获得允许。文武大臣们无不对此深感忧虑。

大唐一直陷入"兄终弟及"的怪圈。随着武宗皇帝病入膏肓，他的兄弟们似乎又看到了机会，但左神策军中尉马元贽却选了一个原本无可能继承皇位的人——武宗皇帝的叔叔、宪宗皇帝李纯第十三子光王李忱。

李忱的母亲身份卑微，本是镇海节度使李锜的小妾郑氏，李锜后因反叛朝廷而被满门抄斩。郑氏作为罪臣女眷被罚入宫廷为奴，被宪宗皇帝李纯临幸后生下了李忱。

马元贽之所以会选中李忱是因为他觉得愚笨的李忱便于控制，于是便假托武宗皇帝的名义颁布诏书称："皇子冲幼，须选贤德，光王可立为皇太叔，所有军国政事可命其暂时处置。"

三月二十三日，三十三岁的武宗皇帝李炎驾崩于大明宫。皇太叔光王李忱即皇帝位，史称唐宣宗。

其实，李忱并不似他表现出来的那样愚钝怯懦，骨子里是一个颇为强势的人，决不允许强势宰相李德裕的存在。

在登基大典上，宣宗皇帝庄严肃穆地端坐在御座上，李德裕手捧册封的诏书恭敬地立在他的身旁，此时的李德裕还不会想到很快便会远离这里的一切，将在荒凉偏远之地结束自己的余生。

册立仪式结束后，宣宗皇帝对左右近侍说："刚才靠近朕的莫非便是李太尉？他每看朕一眼，朕便会有一种毛骨悚然之感。"

德高望重的太尉、门下侍郎、同中书门下平章事李德裕毫无征兆地被罢免了宰相之位。李德裕以同中书门下平章事衔出京担任荆南节度使。这项诏命犹如一声晴天霹雳回响在大唐上空，文武百官对此无不感到惊骇万分。

仅仅任职五个月后，荆南节度使李德裕又被改任东都留守，同时解除了同中书门下平章事的头衔。

宣宗任用翰林学士、兵部侍郎白敏中为宰相。武宗朝被贬谪的五位前宰相也看到了北还的希望。循州司马牛僧孺改任衡州长史，流放封州的李宗闵改任郴州司马，不过他还未离开封州便与世长辞了。恩州司马崔珙改任安州长史，潮州刺史杨嗣复改任江州刺史，昭州刺史李珏改任郴州刺史。

十二月二十七日，太子太保、分司东都李德裕被贬为潮州司马。关于这次被贬官的原因，《资治通鉴》认为是受到吴湘案的牵连，但查阅《贬李德裕潮州司马制》却并未发现其中有涉及吴湘案的内容，因此可以推断出吴湘案此时应该还尚未审结。《贬李德裕潮州司马制》中有这样一句话："纵逢恩赦，不在量移之限。"这也就意味着李德裕将长期生活在潮州，这对已经六十一岁的李德裕的打击可想而知！

大中二年（公元848年）正月，在凛冽的寒风中，李德裕带着患病的妻子和儿女踏上了前途未卜的南下之路。

潮州属于岭南之地，那里不仅人烟稀少，蛮族出没，而且瘴气横行，水土难服，以至于北方人谈岭南而色变。

朝廷如此对待李德裕，不仅亲近李党人士大肆抨击，即便是原本持中立立场的官员也纷纷上书为其鸣冤。李德裕执掌朝政时，有人曾向他推荐清廉正直的丁柔立为谏官，但李德裕却并未任用，直到宣宗皇帝即位后才任用他为右补阙。即便如此，丁柔立依然向宣宗皇帝上疏为李德裕鸣冤，却被贬为南阳县尉。

李德裕乘船从洛阳走水路经过淮河驶入长江，然后溯江而上，二月抵达洞庭湖，再继续南下，直到五月才抵达潮州。但仅仅过了四个月，李德裕便又听到一个噩耗，他被贬往大海另一端的崖州！

李德裕此番贬谪才是受到了吴湘案的牵连。《再贬李德裕崖州司户参军制》说："（李德裕）夺他人之懿绩，为私门之令猷。又附会李绅之曲情，断成吴湘之冤狱。"

前一年九月，前永宁县尉吴汝纳上表申诉其弟吴湘罪不至死，当年淮南节度使李绅与宰相李德裕内外相通，互为表里，欺瞒迷惑武宗皇帝，冤杀其弟吴湘，吴汝纳乞求宣宗皇帝征召当初复审此案的崔元藻等人前来对质。

此案是一件旧案。李党人士李绅因风疾而主动辞去宰相之位，出任淮南节度使，于会昌五年（公元845年）上奏管辖下的江都县尉①吴湘擅自盗用官家因公出差时所用的程粮钱，并强娶管下百姓颜悦之女，罪当死。

当时在谏官的呼吁之下，朝廷派遣监察御史崔元藻、李稠前去复审此案。经过一番复查，两人回奏朝廷说："吴湘偷盗程粮钱确有其事，但经过调查，却发现强娶管下百姓颜悦女之事与初审认定的事实有所出入。颜悦本是衢州人，曾任青州牙推，吴湘所娶之女的继母为普通百姓，但其生母却是当地士族，此情与李绅所奏并不完全相符。"朝廷最终还是批准李绅所奏将吴湘处死，复查此案的监察御史崔元藻、李稠也被贬往岭南。

吴湘之弟吴汝纳在李德裕失势时再度提出申诉，宣宗皇帝诏令御史台

---

① 《资治通鉴》记载为江都县令，两唐书均记载为江都县尉，而且《旧唐书》中还记载江都县令为张弘思，应该是《资治通鉴》记载有误。

进行调查。经过半个多月的调查，御史台上奏说：会昌二年一月十四日，扬州都虞候卢行立、刘群在阿颜（即颜悦之女）家吃酒，与阿颜的母亲阿焦同坐。刘群想要娶阿颜为妻，便假托监军使的名义，命阿颜不得嫁人，准备进奉皇帝，并擅自派人对其进行监视。阿焦无奈之下与江都县尉吴湘暗中约定将女儿阿颜嫁给他。刘群与押军牙官李克勋唯恐滥用职权之事暴露，于是便唆使江都百姓状告吴湘收受贿赂，节度使李绅于是便将吴湘逮捕入狱，根据赃物金额准备判处其死刑，随后将此事上奏朝廷。朝廷当时怀疑吴湘案有冤情，于是差御史崔元藻前往扬州复查此案，吴湘虽收受贿赂，却罪不至死。宰相李德裕却蓄意袒护同党李绅，将崔元藻贬往岭南，将吴湘处死。

御史台经过审查认定此案确属冤案，因李绅已经身故无法予以贬谪，于是夺去三任为官告身送往刑部注毁，与李德裕亲善的李回、郑亚等人皆遭到贬谪。

宣宗皇帝下敕道："李德裕先朝委以重权，不务绝其党庇，致使冤苦，直到于今，职尔之由，能无恨叹！昨以李咸所诉，已经远贬。俯全事体，特为从宽，宜准去年敕令处分。"①李德裕因李咸所奏的关于他的诸多不法事已被远贬为潮州司马，宣宗皇帝决定不再加重对其的处分。

吴湘案究竟是否是冤案呢？李德裕、李绅是否果真联手草菅人命呢？

李德裕与李绅是相交二十余年的好友，从个人情感上自然会偏向李绅，同时《资治通鉴》还记载李德裕素来厌恶吴湘的叔叔吴武陵。在此情形之下，李德裕似乎很可能会因感情用事而酿成冤案，事实果真如此吗？

吴武陵曾于元和三年（公元808年）因触犯刑律而被流放永州，而此时柳宗元也被贬为永州司马。柳宗元向裴度竭力推荐吴武陵，裴度征淮西时吴武陵曾多次献计献策，于是得到裴度的器重，后出任韶州②刺史，却因

---

① 《旧唐书·卷十八·本纪第十八·宣宗本纪》。李咸《宣宗本纪》中记载为李威，应为李咸之误。

② 治所在今广东省韶关市。

贪赃枉法在大和七年（公元833年）至八年间被贬为潘州①司户。吴武陵第一次被流放时，李德裕之父李吉甫恰好担任宰相，而他第二次被贬官时又恰恰在李德裕执政期间，但他两次被贬黜却都不是李吉甫、李德裕直接处置的。

吴湘之兄吴汝纳长期得不到迁转，于是便认为是李德裕因厌恶吴武陵而对他有成见，于是转而依附牛党党魁李宗闵、杨嗣复。可见吴汝纳在李德裕失势之际为弟弟鸣冤既有私人恩怨，也有党争因素。

吴湘之罪有两个，主罪是贪赃枉法，附罪是强娶百姓女。李德裕虽身处乱世难以独善其身，但其从内心深处却对贪赃枉法者一向颇为憎恨，执政时对贪赃犯罪的处置也极为严厉，贪污绢二十匹便应判处死刑。"会昌元年正月诏曰：朝廷典刑，理当画一，官吏赃坐，不宜有殊，内外文武官犯入已赃绢三十匹，尽处极法。"②当初负责审核的监察御史崔元藻、李稠上奏吴湘"盗程粮钱有实"，可见吴湘贪污程粮钱属实。吴湘究竟贪污了多少，史书之中并没有留下明确记载，但一个小小的县尉的案子却能引起节度使的重视，想必数目不会小，或许单凭这一条罪状便可判处他死刑。

再审此案时，吴湘的赃罪乃是板上钉钉之事，无论如何是回避不了的，不过主审官员却巧妙地将贪污变为受贿，由于两者的性质不同，同等金额在量刑时自然也会有所不同，贪污一般会重于受贿。

当初复核此案的两位御史因触怒宰相李德裕而被贬出京，崔元藻被贬为端州司户③，李稠被贬为汀州④司户。重审此案时，崔元藻出面作证，而李稠却始终未曾现身。按照常理，为了全面客观地查清案情，审讯人员理应寻得李稠的证词，否则崔元藻所说岂不成了一面之词？崔元藻因此事而被贬往岭南，自然会对李德裕心生怨恨，所说的证词自然也就很难做到客

---

① 治所在今广东省茂名市高州。

② 《册府元龟·卷六百一十三·刑法部》。

③ 《旧唐书》记载为崖州司户。

④ 治所在今福建省长汀县。

观公允了。

为了取悦宣宗皇帝和宰相白敏中，审讯人员不仅以偏概全，还不惜威逼利诱，刑讯逼供，甚至屈打成招。"吴汝纳之狱，朝廷公卿无为辨者，惟淮南府佐魏铏就逮，吏使诬引（李）德裕，虽痛楚掠，终不从，竟贬死岭外。"①审讯人员想要让淮南节度使府佐魏铏诬陷李德裕，魏铏却抵死不从，但似他这般有气节之人却是凤毛麟角。

主审此案的官员大多得以升迁，专审此案的刑部侍郎马植审结不久便在白敏中的推荐下成为宰相，而崔元藻、吴汝纳也就是两三年的光景便位至显官。

大中三年（公元849年）八月，李德裕之妻刘氏病逝于崖州。两人携手走过了四十一年的风风雨雨，如今剩下的路却只有他一人继续前行，而这无疑也成为压垮李德裕的最后一根稻草！

当年十月，郁郁寡欢的李德裕便一病不起，两个月后，六十三岁的李德裕在偏远孤寂的崖州与世长辞，而持续近三十年的"牛李党争"也至此落下帷幕。

李德裕或许至死都想不通，将他逼上绝路的竟然还是自己当初不遗余力提携的白敏中。白敏中自然也因此招致诸多非议。

《旧唐书》记载："及李德裕再贬岭南，（白）敏中居四辅之首，雷同毁誉，无一言伸理，物论罪之。"②

《新唐书》记载："（李）德裕贬，（白）敏中抵之甚力，议者訾恶。（李）德裕著书亦言'惟以怨报德为不可测'，盖斥（白）敏中云。"③

当初白敏中不过是个名不见经传的左司员外郎，正是李德裕推荐他担任翰林学士，武宗皇帝才开始关注到这个从六品上阶的官员并大加提携，白敏中才有机会在宣宗朝一跃而成为宰相。

---

① 《新唐书·卷一百八十·列传第一百五·李德裕传》。

② 《旧唐书·卷一百六十六·列传第一百一十六·白敏中传》。

③ 《新唐书·卷一百一十九·列传第四十四·白敏中传》。

对于白敏中在打压李德裕之事上的功过是非，不同学者也有着不同的观点，而主要分歧便在于对李德裕推荐白敏中为翰林学士的真实动机到底是什么。

《资治通鉴》记载："上闻太子少傅白居易名，欲相之，以问李德裕。（李）德裕素恶（白）居易，乃言（白）居易衰病，不任朝谒。其从父弟左司员外郎（白）敏中，辞学不减（白）居易，且有器识。甲辰，以（白）敏中为翰林学士。"[①]

按照《资治通鉴》的观点，武宗皇帝原本想要任用白居易为宰相，而李德裕却素来厌恶白居易，迫不得已之下才转而推荐他的堂弟白敏中。若真是如此，白敏中自然不会感激李德裕的推荐之恩。李德裕是否蓄意打击白居易呢？

此事发生在会昌二年（公元842年）九月，我们来看看两唐书的记载：

《旧唐书》记载："武宗皇帝素闻（白）居易之名，及即位，欲征用之。宰相李德裕言（白）居易衰病，不任朝谒，因言从弟（白）敏中辞艺类（白）居易，即日知制诰，召入翰林充学士。"[②]

《新唐书》记载："武宗雅闻（白）居易名，欲召用之。是时，（白）居易足病废，宰相李德裕言其衰荼不任事，即荐（白）敏中文词类其兄而有器识。"[③]

当时白居易已经七十一岁高龄了。白发苍苍的白居易在《病中诗十五首》的序中深情地写道："开成己未岁（即开成四年，公元839年），余蒲柳之年六十有八。冬十月甲寅旦，始得风痹之疾，体瘗目眩，左足不支，盖老病相乘时而至耳。余早栖心释梵，浪迹老庄，因疾观身，果有所得。"也就是说早在三年前，白居易便患有中风，还落下了后遗症，以至于左脚行动不便。对于这样一位疾病缠身的垂老之人，李德裕说白居易不

---

① 《资治通鉴·卷二百四十六》。

② 《旧唐书·卷一百六十六·列传第一百一十六·白敏中传》。

③ 《新唐书·卷一百一十九·列传第四十四·白敏中传》。

便委以重任也并无不妥。

至于武宗皇帝是否有任用白居易为宰相的意思，其他史书中并没有留下类似记载。若是客观分析当时的情形，这种可能性微乎其微。武宗皇帝任用的李德裕、李回等宰相皆是年富力强、精明强干之人，因此重用白居易这位年老之人似乎不大可能。

李德裕直言白居易年老难以胜任政事基本上属于客观事实，那么他与白居易的关系究竟如何呢？

北宋时期的文人孙光宪所著《北梦琐言》曾记载了这样一件事：

白居易虽文章冠世，却一直身居闲职。大和年间，李德裕、刘禹锡同时为太子宾客、分司东都。那日刘禹锡前去拜谒李德裕，问道："近来可曾读过白居易的诗文？"

李德裕却回答说："一再有人送来白居易的文章，我将其放于箱笥之中，一直未曾看过。今日你来了，我便取来与你一同观赏一番！"

李德裕命人取来，但箱笥之上却已经蒙上了一层土，然后打开取出白居易所作诗文。李德裕意味深长道："白居易虽文章精绝，但我却不敢看，唯恐看了之后对他的看法会有所改观！"

《北梦琐言》是李德裕不敢看白居易诗文的最早文献记载，宋人钱易所著《南部新书》也有一段类似记载，李德裕与白居易不和，将其所赠诗文放入箧中，从来也不曾看。他的幕僚刘三复请其观看，李德裕却说："我怕看后会回心转意！"

一个记载说是刘禹锡提议，一个说是刘三复提议，究竟哪个记载符合当时的情形呢？

大和九年（公元835年）四月十一日，时任镇海节度使的李德裕被贬为太子宾客、分司东都，四月二十五日，再被贬袁州长史。这两次贬官的间隔仅有十四天，即便李德裕从润州启程先回洛阳再前往袁州，恐怕在洛阳也不会过多逗留。考虑到当时的交通通信状况，根据李德裕所作的《畏途赋》①中的有关记载判断，李德裕当时应该是从润州走陆路前往历阳，然后走水路沿江而下直奔袁州，并未回洛阳。由此可见《北梦琐言》中所载发生在大和年间有误。

白居易、刘禹锡、李德裕三人同在洛阳只能是在开成元年秋冬之际。开成元年（公元836年）七月，已经从袁州长史升迁为滁州刺史的李德裕再升为太子宾客、分司东都，九月中旬抵达洛阳，居于平泉别墅，但当年十一月便第三次授任浙西观察使并于十二月初四前去赴任。就在那年秋，刘禹锡也由同州刺史改任太子宾客、分司东都，而白居易则从大和三年（公元829年）后一直在洛阳为官。

三人同在洛阳期间，刘禹锡与白居易之间、刘禹锡与李德裕之间均有诗唱酬，却唯独不见李德裕与白居易之间的唱酬。白居易一年之中多次游览平泉，却始终未曾见到他与李德裕交往的任何记载。这是什么原因呢？

文宗朝的党争将朝廷搞得乌烟瘴气，此时年事已高的白居易再也无心政事，一直在刻意回避党争，与牛僧孺等人因相交多年还时有联络，而对于关系相对疏远些的李德裕恐怕是在刻意回避。此时的李德裕也在贬谪之中，自己的前途尚且不得而知。早就对自己的仕途心灰意冷的白居易于情于理都没有必要将自己的诗文呈送给李德裕以求得到他的赏识。

虽然当时白居易与李德裕不似早年那般密切，关系日渐疏远也是事实，但两人之间矛盾重重却是后人的臆断。如果当时李德裕果真是因为担心白居易得到武宗皇帝的器重，不得已才推荐其堂弟白敏中进入翰林学士院，想必白敏中此后的仕途也不会顺畅，李德裕随便寻个由头就可以再将他贬往外地，三五年都不得迁转，或许一生都难以再回京，可他却并没有这么做。

唐人丁居晦所撰《重修承旨学士壁记》记载："白敏中：会昌二年九月十三日自右司员外郎充，其月十五日改兵部员外郎，十一月二十九

---

① 李德裕在《畏途赋》序中写道："乙卯岁孟夏，余俟罪南服，自历阳登舟，五月届于蠡泽。当隆暑赫曦之候，涉浔阳不测之川，亲爱闻之，无不挥泪。"

日加知制诰，三年五月二十九日转职方郎中，十二月七日加承旨、赐紫，四年四月十五日拜中书舍人，九月四日迁户部侍郎、知制诰，并依前充。"

正是在李德裕执政时期，白敏中才得以一路升迁。白敏中在入职翰林学士院一年多后成为翰林学士承旨，还赐给他只有三品官才能穿的紫衣。由于翰林学士并无品级，他所担任的本官也是越来越高，先是改任兵部员外郎（从六品上阶），随后迁职方郎中（从五品上阶），又拜中书舍人（正五品上阶），再升为户部侍郎（正四品下阶）。

也就短短两年左右的时间，白敏中便从员外郎一路迁为侍郎，更为重要的是他还成为翰林学士承旨。曾经担任过此职的李德裕自然深知此职的重要性。通过对宪宗至懿宗时期翰林学士承旨出任宰相情况进行统计，发现有半数以上的翰林学士承旨最终得以出任宰相。当时李德裕大权在握，若是他从中作梗，白敏中的仕途绝对不会如此顺遂！

宪宗至懿宗时期翰林学士承旨出任宰相情况表

朝代	翰林学士承旨人数	翰林学士承旨位至宰相人数	翰林学士承旨中位至宰相者比例	宰相人数	宰相中曾任翰林学士承旨人数	宰相中曾任翰林学士承旨者比例
宪宗	10	7	70%	26	7	27%
穆宗	5	5	100%	12	4	33%
敬宗	1	1	100%	5	0	0%
文宗	8	3	38%	20	6	30%
武宗	4	2	50%	12	5	42%
宣宗	9	6	67%	22	7	32%
懿宗	15	6	40%	20	12	60%
总计	52	30	58%	117	41	35%

可见李德裕推荐白敏中并非迫于无奈，而是出于本心，白敏中在会昌年间步步高升，恰恰说明李德裕对他不仅没有成见，反而还颇为赏识。这也从侧面反映出李德裕与白居易并无太大矛盾。

虽然残酷迫害有大功于社稷的李德裕使得宣宗皇帝饱受指摘，但经过他的励精图治，大唐的确呈现出种种新气象，不过面对江河日下的局面，纵使宣宗皇帝有满腔抱负，却依旧是壮志难酬！

在某种意义上说，李德裕的离去也吹响了大唐覆亡的悲歌！

第六章 帷幕落下

敢笑黄巢不丈夫

宣宗是一个对臣下有着极强驾驭能力的皇帝，人称"小太宗"。他既待人和蔼，又要求严格，将"君待臣以礼，臣事君以忠"的古训贯彻到自己的一言一行中。他每次阅读文武百官奏章之前都会焚香洗手，以示对上奏者的尊重。临朝之际，他对待臣下彬彬有礼，如同宾客。但他也有着严厉冷酷的另一面。他经常对宰相们说："卿等要忠于职守，好自为之，朕经常忧虑卿等一旦辜负了朕的期望，你我便不会再有见面机会了！"

宣宗皇帝是这样说的，也是这样做的。他最为信任的宰相令狐绹身居宰相之位达十年之久。令狐绹曾对人说："吾十年秉政，最承恩遇；然每延英奏事，未尝不汗沾衣也！"[①]连令狐绹每次朝见宣宗皇帝时尚且汗流浃背，可见其对宰相要求之严苛。

宣宗皇帝最大的功绩在于收复河湟之地。当时尚婢婢与论恐热为了争夺吐蕃赞普之位进行了旷日持久的战争，使曾经强盛一时的吐蕃国力日衰，大唐趁机收复了维州、扶州等地。在当地豪强张议潮的领导下，被吐蕃奴役百余年的沙州汉族百姓于大中二年（公元848年）举行起义攻占了沙州，此后又成功收复了瓜州、伊州、西州、甘州、肃州、兰州、鄯州、河州、岷州、廓州十州之地。张议潮随即派遣哥哥张议潭携带这十一州地图与户籍奉献给朝廷。

这是自安史之乱以来，大唐抗击吐蕃取得的最大胜利，但收复失地却主要是由于吐蕃自身的衰落和当地人民的不懈抗争，朝廷对河湟之地仍缺

---

① 《资治通鉴·卷二百四十九》。

乏实质性管控，只是名义上的回归而已。

宣宗朝共有宰相二十二人①，但李德裕、李让夷、郑肃、李回四人是武宗朝留任宰相，宣宗皇帝亲自任命的宰相为十八人，其中主管财经官员竟多达十三位，不过除了裴休、魏谟外，其他十一位财经宰相的任期仅有数月或一年左右的时间。这主要源于一个难以解决的政治悖论。解决财政危机进而摆脱政治困境需要理财能臣，而一旦理财之臣出任宰相，相权与财权的结合又会引起宣宗皇帝的猜忌与警惕。

宣宗朝可谓是主管财政的官员拜相最为集中的时期，这也说明当时的财政危机已经到了颇为严重的地步，却再也没有涌现出像杜佑、杨炎、刘晏这样的理财名臣。虽然朝廷进行了有益的探索与积极的变革，但随着朝廷政治控制力的衰落，并没能对财经管理体制机制进行根本性改变，自然也就难以从根本上解决大唐财政危机。

虽然财政危机始终如影随形，但经过武宗、宣宗两朝的苦心经营，大唐也恢复了些许生气，但随着宣宗皇帝的离去，大唐却迅速走向了衰亡。

宣宗皇帝偏爱四子夔王李滋，想要将他册立为皇太子，却因长子郓王李温更年长些，对于皇储问题久拖未决，正是他的犹豫和彷徨亲手毁了他毕生挚爱的大唐。

大中十三年（公元859年）八月，宣宗皇帝病逝，左神策军中尉王宗实矫诏立李温为皇太子。李温随后即皇帝位，后改名为李漼，史称唐懿宗。他改元咸通，取自父亲宣宗皇帝所作曲子《海岳晏咸通》，但他却与励精图治的父亲判若两人。

懿宗皇帝在宫中每日一小宴，三日一大宴，饮酒无度，奢侈成风，酷爱歌舞，喜好游乐，宫中供养的乐工高达五百人之多。他若是高兴了动不动便赏赐上千贯钱，还时常前往长安郊外的行宫别馆去游幸。由于他来去不定，行踪成谜，行宫之中负责接待的官员只得随时备好吃食和用具。那

---

① 《唐会要》将李绅归入宣宗朝宰相，但李绅于会昌四年（公元844年）闰七月罢相，以同中书门下平章事衔任淮南节度使，会昌六年七月初三其在淮南节度使任上去世，而宣宗即位于会昌六年三月，因此李绅只能算作宣宗朝使相。

些随行的藩王们也不得不随时准备出发，搞得众人苦不堪言。正是因为懿宗皇帝的恣意妄为，整个皇宫乃至整个官场都弥漫着穷奢极欲、醉生梦死的风气。

懿宗皇帝喜欢享受生活，不愿被朝政所累，时常借故不理朝政，与宰相们讨论政事也往往是敷衍了事，急急而来，匆匆而去。他如同晚年的玄宗皇帝李隆基喜欢将朝政委托给宰相处置，却是任相不明。他在任时所任用的二十一个宰相，多是碌碌无为者，最具代表性的便是尸位素餐的杜悰，人送外号"秃角犀"；还有不少爱财如命，滥用职权之辈，比如曹确、杨收、徐商、路岩等宰相惹得天怒人怨，以至于百姓们为这四位宰相编了一首歌谣："确确无论事，钱财总被收。商人都不管，货赂（路）几时休？"

自从安史之乱后，朝中高官采取贿赂手段谋求节度使之位比比皆是。在宪宗朝时，羽林大将军孙璹送给宦官弓箭库使刘希光二万缗钱求得凤翔节度使一职。文宗朝，工部尚书郑权畜养了很多妻妾，苦于在朝中任职俸禄少而难以供养，郑权大肆贿赂郑注，很快便如愿外放为岭南节度使。那些不遗余力攀附、贿赂宰相的官员到任后更是绞尽脑汁盘剥百姓，大肆敛财。

安史之乱前，地方收支一律须报请朝廷审核，当时地方官手中的权力还颇为有限，但在安史之乱后，地方却拥有越来越大的财权。地方财政实行支出定额包干制，"超支不补，结余留用"，财政结余部分可以由地方官员自由支配。

德宗皇帝李适曾下诏："比来新旧征科色目，一切停罢。两税外辄别配率，以枉法论。"[①] 除了两税外，地方官不得巧立名目盘剥百姓，但宪宗朝、穆宗朝、文宗朝一再重申这项制度，恰恰说明此项制度并未得到严格执行，很多地方官员为了追求结余而不惜疯狂压榨百姓。

懿宗皇帝统治下的大唐已经风雨飘摇，百姓们生活在水深火热中，以

---

① 《唐会要·卷七八·诸使中·黜陟使》。

至于忍无可忍，揭竿而起。先有浙东裘甫起义，后有庞勋领导的桂林戍卒兵变，"唐亡于黄巢而祸基于桂林"。

针对当时严峻的形势，翰林学士承旨、礼部侍郎刘允章曾上书直谏道："今天下食禄之家，凡有八入，臣请为陛下数之。节度使奏改，一入也。用钱买官，二入也。诸色功优，三入也。从武入文，四入也。虚衔入仕，五入也。改伪为真，六入也。媚道求进，七入也。无功受赏，八入也。国有九破，陛下知之乎？终年聚兵，一破也。蛮夷炽兴，二破也。权豪奢僭，三破也。大将不朝，四破也。广造佛寺，五破也。赂贿公行，六破也。长吏残暴，七破也。赋役不等，八破也。食禄人多，输税人少，九破也。臣闻自古帝王，终日劝农，犹恐其饥，终日劝桑，犹恐其寒。此辈不农不桑，坐食天下。欲使天下之人尽为将士矣，举国之人尽为僧尼矣，举国之人尽为劫贼矣。欲使谁人蚕桑乎？今天下苍生，凡有八苦，陛下知之乎？官吏苛刻，一苦也。私债征夺，二苦也。赋税繁多，三苦也。所由乞敛，四苦也。替逃人差科，五苦也。冤不得理，屈不得伸，六苦也。冻无衣，饥无食，七苦也。病不得医，死不得葬，八苦也。仍有五去，势力侵夺，一去也。奸吏隐欺，二去也。破丁作兵，三去也。降人为客，四去也。避役出家，五去也。"①

刘允章所言可谓是声声泪、字字血，百姓有五去而无一归，有八苦而无一乐，国有九破而无一成，官有八入而无一出，可谓是亘古未有。当时天下百姓，哀号于道路，逃窜于山泽，夫妻不相活，父子不相救。百姓有冤，州县不理，宰相不理，朝廷也不理，也预示着大唐气数将近。

咸通十四年（公元873年）七月十九日，恣意妄为的懿宗皇帝李漼驾崩于咸宁殿，左神策军中尉刘行深与右神策军中尉韩文约拥立懿宗最小的儿子普王李俨为皇帝，后改名李儇。

此时的社会矛盾已经空前激烈，僖宗皇帝李儇虽然天资禀赋颇高，却生于深宫，长于深宫，况且即位时只有十二岁，并不了解天下百姓疾苦，

---

① 《全唐文·卷八百四》。

军国大政多听从臣下。南衙朝官与北司宦官又因争权而互相攻击，各怀鬼胎，相互算计，将大唐推入更为苦难的深渊之中。

僖宗皇帝极为宠信宦官田令孜，还称其为"阿父"。田令孜在懿宗朝时便入内侍省充作宦官。他原本地位颇为卑贱，后任小马坊使，负责管理州县进献给皇帝的良马。大多数宦官目不识丁，目光粗鄙，但田令孜却喜好读书。早在僖宗皇帝为普王时，田令孜便与其同玩同住，成为其最亲密的玩伴。僖宗皇帝一即位便提拔田令孜任枢密使，不久又升任左神策军中尉，掌握了禁军兵权。

田令孜的哥哥陈敬瑄本是个卖烧饼之人，后来投到神策军军中，虽无什么战功和才能，却在数年间便升任大将军。

田令孜推荐左神策军将领陈敬瑄、杨师立、牛勖、罗元杲前去镇守三川。他推荐了四个人，却只有三个位子。僖宗皇帝一时间也犯了难，于是让四人通过赌球的方式来决定节度使归属。前三名陈敬瑄、杨师立、牛勖分别担任剑南西川节度使、剑南东川节度使和山南西道节度使。节度使乃是治民治军的封疆大臣，僖宗皇帝居然用赌球的方式来挑选节度使，简直是将国家政事当作儿戏！

陈敬瑄被任命为西川节度使的消息传到成都府时，无论是官吏还是将士皆是惊讶不已。之前担任此职之人皆是朝廷重臣，其中不乏下野的宰相，抑或是即将拜相的名臣，如今接任节度使的陈敬瑄却是个默默无闻之辈！

僖宗皇帝像他父亲那样肆意挥霍着大唐本就所剩不多的本钱，终于迎来了一场大劫难。

乾符元年（公元874年），河南连年发生水旱灾害，各州县官员却仍在欺上瞒下，以至于治下百姓流离失所，苦不堪言，只得揭竿而起，以求生路，一时间盗贼成群，义军遍地。

内地州县兵员本就不多，又因太平日子过久了，长期不习战阵，遭上稍稍凶狠些的盗贼便屡屡战败，有时甚至还会不战自溃。

就在这一年，濮州人王仙芝聚拢数千人在长垣县起事，谁也不会想到这点星星之火最终却呈燎原之势。

次年六月，王仙芝、尚君长率义军一举攻陷了濮州、曹州，大败天平军节度使薛崇的兵马。此前各地便纷纷流传着"金色蛤蟆争努眼，翻却曹州天下反"的民谣。如今曹州又被义军攻陷，正好应验了这首民谣，似乎预示着更为猛烈的起义风暴即将来临。

就在义军如火如荼之际，王仙芝的故友黄巢也率数千人前来投奔，使得义军的声势更为壮大。

黄巢出身于曹州冤句①一个世代贩卖私盐的家庭。他虽并非出身书香门第，却仍旧像很多人那样怀有科举入仕的梦，幻想着有朝一日能够"朝为田舍郎，暮登天子堂"，可黄巢的才学实在有限，又没有什么举荐的门路，屡次参加进士科考试始终都未能及第。

屡屡名落孙山的黄巢满怀激愤地写下了一首《不第后赋菊》："待到秋来九月八，我花开后百花杀。冲天香阵透长安，满城尽带黄金甲。"黄巢也就此断了读书入仕的梦，干上了贩卖私盐的营生。在此期间，他结识了同样以贩卖私盐为业的同乡王仙芝，两人因志趣相投很快便成了同生共死的好兄弟。

在与官府的缉私斗争中，本就身强力壮的黄巢也练就了一身好武功，善于骑射，做人仗义，干事义气，眼见着好兄弟王仙芝揭竿而起，黄巢也聚拢起一批人马与王仙芝合兵一处。

见王仙芝、黄巢义军迅速发展起来，朝廷立即诏令淮南、忠武、宣武、义成、天平等五道兵马联合围剿义军。在宰相卢携的举荐之下，衰老多病的淄青节度使宋威被任命为招讨草贼使，但很快宋威便因自私和轻敌而闹出了一个大乌龙。

乾符三年（876）七月，鉴于当时敌强我弱的形势，王仙芝与黄巢采取了避实就虚的流动战术，率军围攻沂州。淄青节度使宋威在沂州城下重创义军，此时的宋威已经被胜利冲昏了头脑，居然未经核实便上奏称贼首王

---

① 在今山东省曹县西北。

仙芝已被诛杀，请将诸道讨贼军遣还，而他自己也志得意满地返回了本镇治所青州。

可就在百官入朝向僖宗皇帝祝贺时，州县官却上奏王仙芝竟然还活着，还同之前那样大肆攻掠州县。僖宗皇帝只得再度征召诸道兵前去讨伐。

利用唐军重新进行军事部署的有利时机，王仙芝、黄巢经过短暂休整后很快便从失利的阴影之中迅速挣脱出来，接连攻占了阳翟①、郏城②等八县之地，紧接着又攻陷了河南重镇汝州，还活捉了汝州刺史王镣，此人乃是当朝宰相王铎的堂弟。汝州是东都洛阳的门户，洛阳城中市民一时间人心震动，惊慌不已，纷纷携带家眷争先恐后地逃出城去。

僖宗皇帝此时才意识到局势的严峻性，慌忙诏令昭义节度使曹翔率领步、骑兵五千人会同义成兵共同守卫东都洛阳的宫殿；令山南东道节度使李福选步兵、骑兵二千人守卫汝州、邓州间的要道；令邠宁节度使李侃、凤翔节度使令狐绹选一千步兵、五百骑兵据守陕州和潼关。在频频调动各地唐军的同时，僖宗皇帝也颁布诏敕赦免了王仙芝、尚君长等人的罪行，还给二人委以官爵。

王仙芝虽有些动心了，却不知这是否会是朝廷为其所设的陷阱，同时也希望掌握更多与朝廷讨价还价的筹码。

河南地区一时间各路大军云集，王仙芝转攻郑州时又迟迟未能攻克，陷入极为危险的境地中。屯驻于中牟县的昭义军监军判官雷殷符瞅准时机向义军发起了偷袭，猝不及防的义军再次遭遇惨败。

王仙芝、黄巢只得率军攻掠淮南。虽然离开了熟悉的故土，但大唐越往南防守便越空虚，这无疑给了他们可乘之机，同年十二月，义军接连攻占了申州、光州、庐州、寿州、舒州、通州等淮南州县，甚至一度直逼淮南镇治所扬州。

---

① 今河南省禹县。

② 今河南省郏县。

淮南节度使刘邺赶紧向朝廷求援，僖宗皇帝急忙令感化节度使^①薛能选派精兵数千人前去援救。此时身为招讨草贼使的淄青节度使宋威却不敢再与义军轻易接战，滞留于亳州一带。

宰相郑畋力主替换不称职的宋威，却遭到另一位宰相卢携的反对，既然宋威是他推荐的，撤换宋威便无异于打了他的脸。在卢携的强烈反对下，朝廷只得作罢，正是宋威的无能使得围剿义军的计划最终落空了。

王仙芝率军来到蕲州^②城下，而蕲州刺史裴偓是王铎执掌贡举时所取的进士。王铎的堂弟王镣被俘后一直被扣留在义军之中，此时他替王仙芝给裴偓修书一封。早就被吓破胆的裴偓接信后赶忙与义军言和罢战，还承诺要上奏朝廷为王仙芝求取官职。

裴偓打开蕲州城门，请王仙芝、黄巢等三十余人入城，还专门置酒设宴，拿出珍藏多年的金银财宝送给王仙芝和黄巢，以示握手言和的诚意。

朝廷接到裴偓的奏章后赶忙召集宰相们进行商议，宰相郑畋等人坚决反对招安，说懿宗皇帝当年坚决不赦免庞勋之罪，如今王仙芝却不过只是一小贼，其势力与庞勋不可同日而语，若是赦免其罪还给予官爵，只能助长天下叛贼的气焰。宰相王铎却坚持招安，因为大唐已经再也经不起折腾了。

僖宗皇帝也想尽快息事宁人，最终还是听信了王铎之言，任命王仙芝为左神策军押牙兼监察御史，赶忙派遣宦官将告身送往蕲州。可让僖宗皇帝始料未及的是这一纸告身不仅没能平息事态，反而引发了义军的内讧。

王仙芝终于有机会可以当上官，吃上皇粮，自然是欣喜若狂。王镣、裴偓等人也纷纷觍着脸前来道贺。

就在王仙芝志得意满之际，黄巢却怒气冲冲地闯了进来，呵斥道："我与你曾共同立下誓言携手纵横天下，如今你却要赴长安出任禁军军官，你这一走，我们五千多弟兄可怎么办？又要在何处安身？"黄巢越说越气愤，居然动手殴打王仙芝，还将他的头打伤，黄巢麾下部众也是喧闹

---

① 原为武宁节度使，治所在今江苏省徐州市。

② 治所在今湖北省蕲春县。

不已。

如今王仙芝只为自已求得了官职，却并未为手下弟兄们谋得出路，自知犯了众怒，只得有些并不情愿地拒绝了朝廷的招安，而朝廷之中主战派也至此占据了上风。

王仙芝纵兵在蕲州城中大肆剽掠，城中百姓一时间四散奔逃，而义军也因此发生了严重分裂，黄巢决意脱离王仙芝，踏上了北返之路，那里是生他养他的故土。

乾符四年（公元877年）二月，黄巢率军攻陷了天平节度使驻地郓州，斩杀了天平节度使薛崇。

黄巢的家乡曹州、王仙芝的家乡濮州均属天平节度使管辖。黄巢通过诛杀薛崇泄了愤，但孤军作战的他依旧势单力薄。此时王仙芝麾下大将尚让屯兵嵖岈山①，据险而守，黄巢便率军与尚让合兵一处，共保嵖岈山。

王仙芝、黄巢再度重逢，经过一番商议后决意进攻宋州。恰在此时，淄青、宣武、忠武三道援兵相继赶来，不过却被义军一一攻破，招讨草贼使宋威依旧被围困于宋州城内。就在王仙芝、黄巢以为城破指日可待时，左威卫上将军张自勉却率领七千忠武兵气势汹汹地杀来，斩杀义军二千余人，一举解了宋州之围。

对于今后的路究竟该如何走，王仙芝与黄巢再度发生了分歧面分道扬镳。王仙芝进军复州②方向，黄巢徘徊于蕲州、黄州③一带迂回作战，却因屡屡受挫只得北上中原。

朝廷此前发布了《讨草贼诏》，若是解甲归降必会超授官爵。王仙芝再次心动了，于当年十一月派遣心腹尚君长等人携带降表去邓州请降，担任招讨副使的大宦官杨复光赶忙护送尚君长等人前去长安，但此事却被招讨草贼使宋威获悉。迟迟未有建树的宋威担心杨复光会因招降王仙芝而立下大功，于是便派兵将尚君长等人劫持，谎称是在战斗中俘获的俘虏，随

---

① 位于今河南省遂平县西。
② 治所在今湖北省天门市。
③ 治所在今湖北省武汉市新洲区。

后将他们悉数斩杀。

王仙芝自觉受到了奇耻大辱，于是渡过汉水攻击荆南之地。招讨副使曾元裕在申州以东大破王仙芝军，杀死上万人，招降遣散的也有上万人。大喜过望的僖宗皇帝随即下诏，以宋威生病多日为由罢免了其招讨草贼使的职务，将讨贼有功的曾元裕提拔为招讨使。

乾符五年（公元878年）二月，受到重创的王仙芝义军被曾元裕包围于黄梅，经过一番激战，五万义军将士英勇战死，而王仙芝也死于突围途中。王仙芝余众一部分南下，活动于江浙一带。

王仙芝死后，义军众将共同推举黄巢为主，号称"冲天大将军"，改元王霸，并设官分职，但斗争形势却很快发生了逆转。

三月，右卫上将军张自勉被任命为东北行营招讨使，督兵进剿农民军。黄巢想要北上却被义成节度使李峘所阻，转而进攻东都洛阳，张自勉随后改任东南面行营招讨使，以阻挡义军的攻势。河阳、宣武、昭义三镇兵守卫东都洛阳宫阙，还征调义成兵三千人戍守东都附近的伊阙、武牢等地，以增强东都的防御力量。

朝廷迅速派来大批援军。这时，朝廷再度诱降，诏命黄巢为右卫将军，黄巢虽一直有心归降，但见各道节度使对招降之事态度不一，思虑再三还是拒绝了朝廷。

黄巢见河南一带唐军势力强大，稍有不慎便可能会全军覆灭，而唐军在江南的军事力量却相对薄弱，王仙芝旧将王重隐如今正转战于湖南，于是便率军渡江南下，与王重隐部相互呼应，相互配合，接连攻下了属于江西的虔州、吉州、饶州、信州等州，一时间势如破竹。

当年八月，黄巢军进攻宣歙镇治所宣州，宣州乃是一道治所，自然是兵精粮足，城池坚固，最终被唐军所击败，只得转而进入浙东地区，但黄巢却并不恋战，披荆斩棘，开山路七百里，于同年十二月一举攻下了福州，福州乃是福建道治所，福州的陷落自然使得朝野上下震惊不已。

镇海节度使高骈派遣部将张璘、梁缵分道围剿黄巢军，黄巢军一度受到重创。黄巢麾下将领秦彦、毕师铎、李罕之等数十人投降了高骈。惊慌失措的黄巢只得暂避唐军锋芒，率军南下进军岭南。

黄巢率军包围了岭南节度使治所广州，随即致书浙东观察使崔璆、岭南东道节度使李迢求任天平节度使。二人因惧怕黄巢威势只得上书竭力促成此事。

令黄巢万万没有想到的是朝廷居然拒绝了，随后黄巢又亲自上表请求朝廷授予自己岭南节度使。

尚书左仆射于琮认为岭南节度使驻地广州有市舶司，每年蕃船往来获利无数，如此重要之地岂能让盗贼控制。一直主战的宰相卢携自然也是强烈反对。朝廷最终仅仅同意授予黄巢率府率的职务。东宫设有十率府即太子左右率府、太子左右司御率府、太子左右清道率府、太子左右监门率府、太子左右内率府，每府长官为率府率，为正四品上阶，虽然品级并不算低，却只是个闲职，与位高权重的节度使自然不可同日而语。

关于黄巢招安的争论本已使得郑畋与卢携两位宰相间势同水火，但不久之后发生的另一场争论却使得两人积聚已久的矛盾彻底爆发了。

南诏国王酋龙自嗣位以来便不断挑衅孱弱的大唐。在二十余年间，大唐不得不在桂管地区部署重兵对其进行防御。连年的战争使得双方筋疲力尽，民生凋敝。为了遏制南诏的攻势，朝廷将时任天平军节度使的高骈调任剑南西川节度使。高骈成功离间了南诏与吐蕃的关系，使其失去了政治依靠，同时还修筑城池，训练军队。酋龙眼见进攻无望，最终郁郁而终。酋龙之子蒙法继位后，两国原本紧张的关系出现了缓和的迹象。高骈力主两国和亲，但此事却因礼部侍郎崔澹的坚决反对而作罢。高骈随后改任荆南节度使、镇海节度使，却仍旧对南诏和亲之事念念不忘。

卢携自然坚定支持政治盟友高骈所提出的与南诏和亲的建议，可郑畋却针锋相对地予以反对，认为南诏素来傲慢，一旦准予两国和亲必然有损国威。

两人的争执不断升级。勃然大怒的卢携拂袖而走，而他的衣袖却不慎刮起几案上的砚台，坠于地上摔得粉碎。僖宗皇帝得知此事后不禁龙颜大怒，同时将郑畋、卢携罢为太子宾客、分司东都，而继任的宰相豆卢瑑、崔沆也难以力挽狂澜。

乾符六年（公元879年）九月，黄巢得知自己居然被任命为率府率，不禁恼羞成怒，大骂朝廷和宰相们昏庸透顶。他率军急攻广州，当日便攻占了广州这座岭南重镇，杀死岭南节度使李迢，以示与朝廷彻底决裂。

转战五年之久的黄巢决意觅一处安身之地，而富庶繁华的广州无疑是一处理想之地，可黄巢麾下却大部分都是北方人，来到瘴疫横行的岭南后纷纷水土不服，死者居然高达十分之三四，黄巢只得听从部下劝告，放弃了割据岭南的打算，开始北还，以图大事。

黄巢在桂州造了几十个大木筏，沿着湘江顺流而下，而他的这个举动也大大出乎了朝廷的预料，彻底打乱了唐军的军事部署。正如政敌卢携所期待那样，南面行营都统王铎与黄巢终于要兵戎相见了。

此前王铎推荐皇室出身的泰宁节度使李系为行营副都统、湖南观察使，而湖南是黄巢义军北上必经之路。李系平日献计献策，但战时却无计可施；平时沉稳干练，但遇事却方寸大乱。纸上谈兵的李系自然抵挡不了黄巢义军凌厉的攻势。

十月二十七日，黄巢义军横穿永州、衡州后直抵湖南节度使治所潭州城下，急攻一日便将潭州攻陷。惊慌失措的李系弃城逃跑，而黄巢却将潭州戍兵全部杀死，还将他们的尸体抛入湘江中，尸体顺流而下以致将江面都遮盖住了。

尚让率军乘胜进逼荆南道治所江陵府，号称拥有五十万之众。当时诸道军队尚未集结完毕，江陵城中唐军不满万人，南面行营都统、荆南节度使王铎没有勇气坚守江陵，留下部将刘汉宏，而他自己则宣称赶往襄阳与山南东道节度使刘巨容会合后再来救援江陵。

王铎急匆匆走后，刘汉宏也无心守城，趁机在城中大肆抢劫一番，然后点了一把大火，将富庶的江陵城烧成一片瓦砾。城中士民纷纷逃窜于山谷之中避难。时值天降大雪，不计其数的百姓冻死于山野之中。刘汉宏率领所部向北逃亡沦为群盗。

两战两捷的黄巢乘胜向北进攻襄州，山南东道节度使刘巨容与江西招讨使、淄州刺史曹全合兵抗拒黄巢。义军赶到后，刘巨容在林中埋下伏兵，曹全率领轻骑迎战，假装不胜而走，义军不知是计紧紧追赶。就在此时伏兵四起，惊慌失措的义军顿时便乱了阵脚，在唐军的夹击之下随即土崩瓦解了。唐军乘胜从襄州一路追到了江陵，经此一战义军损失了十分之七八。

受到重创后，黄巢、尚让赶忙收拢余众渡过长江向东转移，此时有人劝刘巨容乘胜追击，在义军转移过程中将其一举歼灭，永绝后患。老谋深算的刘巨容却深知鸟尽弓藏的道理，将黄巢当作自己的富贵之资，居然下令停止了追击，主动放弃了这个千载难逢的机会。

受到重创的黄巢义军很快便恢复了元气，挥师进攻江南之地，一举攻占了饶州、信州、池州、宣州、歙州、杭州等十五州之地，部众也迅速发展到了二十万人，再次震撼了朝廷。

南面行营都统王铎组织的围剿行动接连失利，面临着前所未有的政治压力。卢携趁机大肆诋毁王铎，竭力推荐淮南节度使高骈。高骈担任镇海节度使期间，其手下大将张璘、梁缵曾屡次击败黄巢军。高骈在僖宗皇帝心中的地位也不断提升，于是命高骈代替王铎主持招讨事宜，将王铎贬为太子宾客、分司东都。

王铎的黯然谢幕使得卢携东山再起，再度为相，继续左右大唐政局的走向，但卢携和高骈却犹如两颗灾星，为本就多灾多难的大唐蒙上了一层阴影。

公元880年正月初一，僖宗皇帝改元广明，本想广布光明，但这次改元却并没能给他自己和大唐带来好运。

在山河破碎之际，宰相卢携不但没有共赴国难，同仇敌忾，反而在内勾结宦官田令孜，在外倚靠藩镇势力高骈，凭借僖宗皇帝的宠信，专权擅权，把持朝政。

宰相豆卢瑑本就没有什么才能，拜相后只会一味地附会卢携，而另两位宰相崔沆、郑从谠本想有所作为，挽救危局，却因遇到强大的掣肘而只得作罢。

不久，把持朝政的卢携因中风而不能行走，请假居于私宅养病。饱受疾病折磨的卢携却再也无心政事，又不愿轻易放弃手中的权力，只得委托亲吏杨温、李修代为处置，而两人却皆是利欲熏心之辈，一时间贿赂成风，纲纪大坏。

　　淮南节度使高骈担任诸道行营都统后，朝廷征调昭义、感化、义武诸道兵马陆续南下。

　　义军驻扎在信州，可怕的传染病在军中疯狂传播开来，一时间死伤无数，元气大伤。高骈部将张璘本就勇猛彪悍，趁此良机急攻义军。

　　黄巢拿出大笔黄金贿赂张璘，并向高骈致书请降，请求高骈向朝廷举荐自己。高骈也想诱使黄巢上钩，许诺愿为他向朝廷求得节度使旌节。当时昭义、感化、义武等军陆续赶到淮南，高骈担心诸道兵的到来会瓜分他到手的功劳，于是上奏朝廷说贼众不日便会平定，不烦诸道兵，请悉数遣归诸道军马。高骈万万没想到的是黄巢所为不过是他所设下的一个圈套罢了！

　　黄巢刺探到诸道兵已经北渡淮河，而义军士气此时也已基本恢复，随即便与高骈绝交，还出兵挑衅。高骈得知后自然是怒气冲天，赶忙令张璘猛攻黄巢义军，却被以逸待劳的黄巢义军杀得大败，大将张璘战死阵前。

　　七月，黄巢义军从采石渡过长江。面对兵势日盛的义军，高骈居然按兵不动，黄巢义军加入无人之境。

　　淮南军将领毕师铎责问高骈："朝廷安危如今全都倚仗于您，贼众数十万乘胜长途驱进，倘若不及时占据险要之地攻击贼军，一旦让他们越过长江淮河，必成中原大患！"

　　如今诸道援军已经遣散，一贯倚重的张璘又战死了，此时高骈的心中满是畏惧、愧疚和怯懦，只是令诸将严加戒备，仅求自保而已，同时紧急向朝廷告急求援，将这个烫手山芋索性扔给了朝廷。

　　当初宰相卢携力荐高骈有文武大才，如若委以兵权，平定黄巢便指日可待，当时很多朝野人士却说高骈不足以依恃，却仍旧对他抱有一线希望。当高骈的表文送达朝廷时，朝野上下震惊不已。

僖宗皇帝对高骈的所作所为也是颇为愤怒，下诏谴责高骈擅自遣散诸道军，致使黄巢义军乘唐军无备而渡过长江。此时的高骈不仅不思亡羊补牢和将功补过之策，反而自称患上了风痹症，坚守不出，坐视黄巢义军一路向北杀去。

感化镇派遣三千兵马自徐州赶赴溵水布防，中途经过忠武镇治所许州。朝廷原本在徐州设置武宁节度使，却因一再发生军乱而将其降为观察使，后又升为节度使，改名为"感化"，但徐州士卒的骄横却是世人皆知。忠武节度使薛能此前曾担任过五年的武宁节度使，自认为对徐州士卒有恩信，让徐州士卒在球场宿营，但到了半夜时分，徐州士卒却大声喧噪起来。节度使薛能诚惶诚恐地登上内城城楼寻问情况，徐州士卒说宿营地设施太差，供应太少。薛能颇为谦恭地说了许多慰劳的话，徐州士卒激动的情绪这才稍稍平复下来。但徐州士卒的躁动却引发了忠武本镇士卒的不安和惶恐。

当时忠武也派大将周岌率兵赶往溵水，却并未走远，闻知城中徐州士卒闹事，赶忙引兵回城。次日天亮时分，周岌率军进入徐州城中突袭徐州士卒并将其全部诛杀，薛能因厚待徐州士卒，也被驱逐，逃跑时被乱兵所杀。周岌自称留后。

齐克让听闻忠武镇兵乱，唯恐遭到周岌的偷袭，只得带着本部人马返回兖州。原本围追堵截黄巢义军的诸道兵马最终竟然自行散去。黄巢义军趁机渡过淮河，中原大地此时就在他们眼前。

黄巢义军北渡淮河之前，宰相豆卢瑑曾请求僖宗皇帝将天平节度使的旌节授予黄巢，待黄巢到镇后再慢慢对付他，但宰相卢携认为，盗贼们皆是贪得无厌之辈，即便赐予黄巢旌节，他依旧会四处剽掠，不如赶快调发诸道军队扼守泗州，任命宣武节度使为都统，率大军袭击黄巢贼众。黄巢北上无望必定会南下转攻江浙一带，甚至会逃至海上偷生。

僖宗皇帝再度采纳了卢携的意见，但淮北诸州却相继来使告急，卢携自知情势不妙，宣称有病在身，不再上朝议政，长安上下一片恐慌。

此时的朝廷已经乱作一团，有人主张调发关内诸镇兵扼守潼关，大宦官田令孜还自请率神策军弓弩手去守关。有人则认为义军拥有六十万之众，潼关又无重兵，难以坚守。但放弃潼关便意味着放弃长安，僖宗皇帝最终还是命亲信宦官田令孜率兵东守潼关。

十一月十七日，黄巢大军进抵洛阳城下，汝郑把截制置都指挥使齐克让率部退守潼关，而东都留守刘允章则率众出城迎接黄巢入城。

大宦官田令孜率神策、博野等军十万余众守潼关，可他却只是一个长在深宫中的宦官，根本就不懂军事。神策军士兵又多是长安富家子弟，靠贿赂宦官而挂名军籍，以便获得优厚的赏赐。这些人平日里鲜衣怒马，潇洒得很，也嚣张得很，却从未经历过战阵，听说要真的上战场，顿时便没有了昔日嚣张的气焰，与亲人抱头大哭，许多人还不惜花费重金雇用居住在病坊的贫苦人代替自己出征。

十二月初二，黄巢军猛攻潼关，潼关守军竭力抵抗，从黎明一直打到日落，唐军手中的弓箭已无矢可射，于是便用石头投掷。潼关外本有一道深深的壕沟，黄巢军驱赶千余名无辜百姓，将他们推入壕中，然后掘土将壕沟填平，顺利跨过了壕沟。

入夜后，黄巢军纵火将关楼全部焚烧殆尽，潼关守军分八百士卒前去守卫"禁坑"，也就是潼关旁边深谷之中的一条秘密小道，但尚让却已率军从"禁坑"迂回到了关后。面对着前后夹攻，唐军顿时便崩溃了，黄巢义军一举破关。

博野、凤翔两镇士卒退至渭桥，见田令孜招募的新军居然穿着新衣皮裘，愤怒道："你们这些家伙有何功劳居然能穿上这等好衣？我们殊死拼杀反倒受冻挨饿！"这些士卒抢劫新军军服并为黄巢义军做向导向着长安进发。

十二月初五，宰相卢携被贬为太子宾客、分司东都，但此时他却已经去不了洛阳了。田令孜唯恐天下人追究自己的罪责，于是将所有罪责全都推给卢携，当天傍晚，卢携喝下毒药自杀身亡。

百官刚刚退出朝堂便听说义军已杀入长安城中，赶忙分路躲藏。田令孜率神策军五百人护卫着僖宗皇帝自金光门出城，只有福王、穆王、泽王、寿王四王及几个妃嫔随銮驾而去，百官一时间竟无人知晓皇帝去向。

　　惶恐不安的僖宗皇帝昼夜不停地逃跑，以至于连随从人员都追不上。僖宗皇帝如同当年的玄宗皇帝李隆基那样一路逃到了成都府才渐渐安定下来。

　　见僖宗皇帝车驾已经远去，长安城中的士卒及坊市百姓争先恐后地闯入皇家府库之中盗取金帛。

　　临近傍晚时，黄巢义军的前锋将柴存率军进入长安城，金吾大将军张直方率文武官员数十人赶往霸上迎接黄巢。黄巢坐着用黄金装饰的轿子，一副得意扬扬的样子，铁甲骑兵行如流水，辎重车辆塞满道路，大军延绵千里，络绎不绝。

　　长安居民夹道欢迎，义军大将尚让宣谕城中百姓说："黄王起兵，本为百姓，非如李氏不爱汝曹，汝曹但安居无恐。"①

　　黄巢住在大宦官田令孜的府上，其麾下将士看到贫穷百姓往往还会施舍些财物，但仅仅几日后，不安分的义军将士便开始大肆抢劫，以至于连黄巢都难以禁止。

　　十二月十三日，黄巢于大明宫含元殿即皇帝位，国号"大齐"，建元金统，同时大赦天下。宰相豆卢瑑、崔沆，尚书左仆射于琮等朝廷重臣因藏匿于民间被义军搜出后统统诛杀。

　　此时的黄巢已然是志得意满了，并未追击望风而逃的僖宗皇帝，给了大唐千载难逢的喘息之机，也铸就了他日后覆灭的命运。

　　流离失所的僖宗皇帝抛弃了仅仅使用一年半的年号广明，次年七月份便改元中和，希望能够通过改元来给岌岌可危的大唐带来一丝生机。

　　中和元年（公元881年）三月十六日，京城四面诸军行营都统、凤翔节度使郑畋与关中地区的泾原、鄜延、夏绥等镇节度使共同起兵，传檄天下，号召天下藩镇合兵攻讨黄巢。当时僖宗皇帝已经逃至蜀地，诏令不畅，纷纷传言大唐将亡，如今却得到郑畋的檄文，诸藩镇纷纷调发军队响

---

①　《资治通鉴·卷二百五十四》。

应郑畋。

黄巢派遣大将尚让率领兵众五万余人进攻凤翔，郑畋命行军司马、前朔方节度使唐弘夫在长安至凤翔路上的要害之处设下伏兵，自己则率数千军队举着许多旗帜，疏疏拉拉地于山岗高处布阵。

尚让认为郑畋不过是一介书生，对其颇为轻视，敲着战鼓蜂拥而进，以至于乱了队形，只顾着向前乱冲乱杀，就在此时唐军却伏兵四起，黄巢义军被大败于龙尾陂，被斩首者达二万余级，伏卧于地的尸体长达数十里。

前朔方节度使唐弘夫率军驻扎于渭北，河中节度使王重荣率军屯驻沙苑，义武节度使王处存驻军渭桥，夏绥节度使李思恭屯军武功，形成了三面合围长安的形势。

四月初五，黄巢率军出长安城向东撤退，京城四面诸军行营副都统、泾原节度使程宗楚和京城四面诸军行营行军司马、前朔方节度使唐弘夫率先攻入长安城中，义武节度使王处存也于晚上率精锐士卒五千进入长安。

起初长安百姓还争先恐后地出来欢迎唐军，但入城的唐军却大肆抢夺金帛，掠取妓妾，长安城内顿时便乱成了一片。入城的将领唯恐旁人会分得功劳，竟然拒不向身为京城四面诸军行营都统、凤翔节度使的郑畋以及夏绥节度使李思恭通报战况。

其实黄巢并未走远而是率军露宿于霸上，侦察到城内唐军号令不整，而且围攻长安的诸路唐军似乎也互不联系，于是果断地率军杀回长安。此时的唐军正忙着掠夺金银财宝和女子，万万没有想到黄巢居然会杀了个回马枪，顿时便溃不成军，程宗楚、唐弘夫全都被杀，唐军死者高达十分之八九，只有王处存收拾残兵逃到渭桥扎营地。

长安转瞬间便再度易手，重归长安的黄巢纵兵对城内百姓大肆进行屠杀，以至于血流成河，黄巢军声势更盛，而唐军却是士气低落，甚至消极避战。

自从起兵以来，黄巢义军四处作战，或胜或败，却始终未能打开局面，遵从黄巢号令之地仅限于长安周边地区。义军长期以来习惯于流动作战，常常是攻下一城便放弃一城，始终未能建立起巩固的根据地，自然也就得不到充足的供给。关中地区的粮食一时间根本养活不了几十万义军士卒，而其他地区的粮食又迟迟运不来长安，以至于义军将士窘迫到以树皮充饥的悲惨境地。

宣武自古多佞臣

中和二年（公元882年）九月，黄巢手下大将朱温降唐，恼怒不已的黄巢似乎已经听到了覆亡的钟声。

大中六年（公元852年）十二月二十一日夜，朱温出生在宋州砀山县午沟里，家中共有三兄弟，长兄朱全昱，二兄朱存，朱温排行老三。由于父亲早亡，他们的母亲王氏只得带着兄弟三人寄居在萧县刘崇家中。朱温长大后常常以豪侠自许，但乡里人却对游手好闲的朱温颇为反感，刘崇更是时常鞭笞污辱他，只有刘崇的母亲一向善待朱温，并告诫自家人说："朱三绝非等闲之辈，你们要好好对待他！"

乾符四年（公元877年），朱温与二兄朱存辞别家人毅然决然地投入黄巢军中，转战岭南时，朱存不幸战死，朱温因功补为队长，渐渐成长为黄巢所倚重的心腹将领，一路攻城略地，战功颇多。

攻陷长安后，朱温奉命领兵驻扎在东渭桥。前夏绥节度使诸葛爽率领代北行营的军队屯驻在栎阳[①]，朱温仅仅凭借三寸不烂之舌便诱降了执掌代北行营的诸葛爽，黄巢也因此对他更为器重。

中和元年（公元881年）二月，朱温被委任为东南面行营都虞候，一举攻占了邓州，成功阻断了荆襄地区的唐军北上的通路，也彻底稳定了东南面的局势。朱温返回长安时，兴奋不已的黄巢亲自前往霸上劳军，以示对朱温的器重。

当年七月，朱温又被调到长安西面，当时鄜延节度使李孝昌、夏绥节

---

① 在今陕西省西安市阎良区。

度使李思恭驻扎在东渭桥。骁勇善战的朱温打得李思恭、李孝昌率领的唐军溃不成军，只得逃回了本镇，暂时解了长安西面之围。

中和二年（公元882年）二月，骁勇善战的朱温被任命为同州防御使，但同州此时仍在唐军手中，朱温这个同州防御使只能自行前去攻取同州。虽然朱温很快便攻陷了同州，却也撞见了自起兵以来最为强劲的对手王重荣。

关中沦陷之际，河中留后王重荣曾向黄巢投降。黄巢在长安三番五次派遣使者到河中调发兵粮，前后多达数百人，河中官民自然难以承受。王重荣对部众说："起初我屈节事贼，本想缓解军府之困，如今黄巢却不断征调财物士兵，我们早晚要死于黄巢之手，不如发兵抗拒黄巢之命！"王重荣随即便将黄巢派来的使节全部处死。

恼羞成怒的黄巢派遣部将朱温从同州发兵，弟弟黄邺从华州发兵，两军会合后进攻河中。王重荣出兵应战，打败义军，缴获粮食兵仗四十多船，又派遣使者与义武节度使王处存结盟，率领军队到渭北扎营，王重荣也因此被朝廷正式任命为河中节度使。

朱温此后被手握重兵的王重荣多次击败，紧急向黄巢求援。他连上十次表章却都被黄巢的左军使孟楷隐瞒。失望之极的朱温渐渐感到黄巢义军将帅不和，军心涣散，长此以往，难逃覆亡的命运。

九月，朱温诛杀了黄巢派来的监军使严实，率领全同州军民投降王重荣，还认王重荣为舅父。

远在蜀地的僖宗皇帝得知后高兴地说："这是上天赐给我的上将啊！"朱温随即被授予左金吾卫大将军、同华节度使，担任河中行营副招讨使，僖宗皇帝还特地给朱温赐名"全忠"，可让僖宗皇帝没有想到的是这个被他寄予厚望的朱全忠的归降虽然敲响了黄巢覆亡的丧钟，却在二十五年后成为大唐的掘墓人。

十二月，雁门节度使李克用率领四万精锐兵马向着长安奔袭而来，关中地区的战场形势随着李克用的到来发生了翻天覆地的变化，让黄巢感受到了前所未有的恐慌。

李克用是沙陀族人，靠暴力夺权起家，朝廷在万般无奈之下才任命他为雁门节度使。在宦官杨复光的积极游说下，李克用才率兵前来平叛，而他所率之军皆着黑色，因此被称为"鸦军"。

中和三年（公元883年）二月十五日，李克用所率之军与河中、义武、忠武等各路唐军会合后直逼梁田陂。黄巢手下大将尚让带兵十五万正屯驻在那里。次日，双方展开激战，从中午一直打到傍晚，尚让部遭受重创，唐军俘虏斩杀了数万人之多，横卧在地上的尸身更是长达三十里。

接连受挫的黄巢暗中筹谋逃离长安，派出三万兵马扼守住蓝田这处南下的要道。李克用每天夜里都会命部下偷偷潜入长安城中，焚烧黄巢的物资，袭杀黄巢的人马，使得黄巢义军人心惶惶，恨不得早日离开长安这个是非之地。

初夏时节，黄巢悻悻地逃离了长安，而且这一去便再也未曾回来。从蓝田进入商山，义军在路上扔下许多金银财宝，前来追赶的唐军因争抢财物而放慢了追击的脚步，黄巢率部得以从容逃脱。

黄巢义军奔袭蔡州，蔡州本是淮西镇治所，讨平吴元济后，朝廷便撤销了淮西镇，将蔡州划归忠武镇。中和二年（公元882年），朝廷在蔡州设置奉国军节度使，秦宗权成为首任节度使。

面对黄巢麾下大将孟楷的疯狂进攻，秦宗权自觉力不能支，最终投降了黄巢，与黄巢合并一处，成为朝廷最大的威胁。

孟楷携着战蔡州的余威进攻陈州，可陈州刺史赵犨却早有防备，料定若是黄巢不在长安战死便一定会向东逃跑，陈州必会首当其冲，于是马不停蹄地修茸城墙堑壕，修缮盔甲武器，还大量积储草料粮食，方圆六十里内，家有资财粮食的百姓全都迁入城内。

交战之初，赵犨故意制造势单力薄的假象，然后乘其不备发动突然袭击，孟楷麾下人马还来不及反应便被斩杀殆尽，孟楷因轻敌大意而被活捉后处斩。

黄巢与秦宗权合兵后疯狂围攻陈州，决意为死去的大将孟楷复仇，挖开五重堑壕，从四面同时向着陈州城发起猛攻，但陈州城却仍旧屹立不倒。

黄巢占据长安时，刚刚三十二岁的朱温被朝廷任命为宣武节度使，令其与河中军进攻黄巢，待收复长安后赴镇。黄巢被赶出长安后，朱温率军来到汴州，繁华的汴州至此成为朱温的大本营。

宣武本来是脱胎于永平镇的小藩镇，可自从将治所迁到汴州后便实力大增，因处于漕运枢纽地位而富甲一方，为宣武保有一支强大军队提供了充足的财力支撑。但朱温上任之初却是饥民遍野，府库空空如也，内外兵马骄横难制。面对内忧外患，朱温却稳扎稳打，渐渐站稳了脚跟。

七月，朝廷命宣武节度使朱温为东北面都招讨使，前去解陈州之围。朱温与感化节度使时溥、忠武节度使周岌率兵前来救援。此时的黄巢军虽是东逃至此，却依旧保持着强大的战斗力，尤其是与秦宗权结盟后更是兵锋日盛，朱温等人被义军打得落花流水，招架不住，不得不向已经因功升任河东节度使的李克用求救。

中和四年（公元884年）二月，李克用亲率蕃、汉兵五万前来增援，此时黄巢围攻陈州数百天，却始终未能攻克，人困马乏，陷入极其不利的境地。

四月，唐军先击败了驻守在陈州以北太康的尚让军，又击败了陈州以西西华的黄思邺军，黄巢被迫退至陈州以北的故阳里，陈州之围至此得以解除。

五月，连日大雨，黄巢军营被雨水所淹，又听说李克用大军将至，于是带兵往东北汴州方向而去。当黄巢军从中牟以北汴河边的王满渡口渡河时，李克用率军突然来袭，黄巢义军损失惨重，死伤达上万人。与此同时，被逼到绝境的黄巢义军发生了严重的分裂，黄巢最器重的将领尚让率部投降了感化节度使时溥，别将李谠等人投降了朱温。

黄巢率残兵败将向着兖州方向仓皇逃去，李克用仍旧穷追不舍，经过一天一夜的追逐，一路追到了黄巢的老家冤句。此时李克用和他身边的几百部将皆是人困马乏，饥渴难耐，只得先行返回汴州，补充些给养再去追击黄巢，可让李克用万万没有想到的是此次汴州之行竟然险些让他丢了性命。

朱温热情地邀请李克用进城一叙，将上源驿作为李克用歇息的馆舍，还特地制备了丰盛的酒席。

谦恭的朱温频频敬酒，李克用在推杯换盏间竟微微有些醉意，居然发起了酒疯，向热情款待的朱温恶语相向。

酒宴结束后，醉得不省人事的李克用随即被人拖回了馆舍，气愤难平的朱温此时竟动了杀机，命人将马车连接起来横在道路中央，然后用树木做成栅栏堵塞上源驿附近的主要道路，随后命宣武军杀进李克用所住的上源驿。

惊天动地的喊杀声依旧没能将大醉的李克用惊醒。眼见宣武兵杀了进来，李克用的亲兵薛志勤、史敬思等十几人与之展开了激烈搏杀。李克用的侍卫郭景铢扑灭了蜡烛，搀扶着宿醉不醒的李克用下了床，将他藏在了床下，此时李克用才缓缓睁开了眼，却不知外面究竟发生了什么。

精于骑射的薛志勤用箭射杀来袭的宣武士卒，接连射死了几十人，但一股浓烟伴着烈火却向着他们袭来，就在他们感觉自己插翅难逃之际，突然电闪雷鸣，天降大雨，硬生生将燃起的熊熊烈火给浇灭了。

薛志勤扶着李克用艰难地越过馆舍墙垣，乘着闪电的光亮向前狂奔而去，但宣武士卒却把守着渡桥，经过一番激烈血战，李克用等人才硬生生闯了过去，负责断后的亲兵史敬思最终力战身死。李克用登上汴州城南门尉氏门，用绳子拴住身体逃出城去。

李克用的妻子刘氏绝非寻常女子，也是久经战阵之人。她听闻城内发生动乱，表面上不动声色，暗中召集各部将领商讨应对之策。等到天亮时，李克用才仓皇逃回营中，决意率军与蓄意谋害自己的朱温拼个你死我活，却被妻子拦下，告诫如此一来便分辨不清此事的是非曲直了！

李克用最终还是忍住满腔怒火，听从妻子之言率军离去。李克用将此事上奏僖宗皇帝，希望朝廷能够为他主持公道，朱全忠却推说自己并不知情，皆是部将擅自行事。对于两员手握重兵的大将，僖宗皇帝都不愿惹，也不敢惹，只得竭力从中斡旋，还赐给李克用"陇西郡王"的爵位。

李克用、朱温两人自此而争斗了几十年，直到李克用之子李存勖灭掉朱温创建的后梁，这段长达近四十年的恩怨才彻底画上了一个句号。

六月十五日，感化镇将领李师悦与黄巢昔日部属尚让合力追击仓皇逃窜的黄巢，此时黄巢身边跟随之人已经所剩无几。

隔日，黄巢的外甥林言斩下黄巢及其兄弟、妻子的头颅，准备拿去见感化节度使时溥，中途却遇到沙陀士卒，不仅将黄巢等人的头颅夺去，还砍下林言的头颅一同献给时溥。

黄巢从揭竿而起至失败身亡，历时十年之久，活动范围北起山东，南至广东，西至陕西，转战南北，纵横十二省。他打着"天补平均大将军"的旗帜，表达了农民朴素的平均主义思想，却因始终受小农思想的困扰，终究未能摆脱覆亡的命运。

光启元年（公元885年）三月十二日，僖宗皇帝回到了阔别近五年的长安，但曾经繁华的长安如今却是野草丛生，狐狸野兔四处乱跑，见到此情此景，僖宗皇帝悲伤了许久，但更令他感到绝望的是大唐虽辽阔，但朝廷号令真正所及的地方却只有关中、山南、剑南、岭南的几个州而已，对其他地区已经渐渐失去了实际控制权。

流离在外的僖宗皇帝终于回到了魂牵梦绕的长安城，但他的噩梦却并未结束。宦官势力与藩镇力量交锋不断，而僖宗皇帝却成了这两大势力斗争的受害者：一边是自己的臣子，一边是自己的奴才，僖宗皇帝处于极为艰难的境地。

此时君臣之间和主仆之间的道德链条已经彻底断裂。黄巢起义成为权力迅速下移的催化剂，军队的私人化逐渐架空了皇权。禁军掌握在宦官手中，藩镇兵掌握在节度使手中，军队不再是皇权的保障，反而成为分割皇权的工具。

田令孜跟随僖宗皇帝逃亡蜀地时曾大肆招募新军，设了五十四都，每都一千人，分别隶属左、右神策军，此时的神策军已经扩充到了十个军，还有南衙、北司的官员多达一万余人，如此之多的官员士卒需要朝廷来供养，而当时各藩镇却独占田租赋税。大唐自安史之乱后一贯依仗的河南道、河北道、江南道、淮南道诸藩镇此时也已不再向朝廷进贡纳赋，只得依赖长安所在的京兆府以及周边的同州、华州、凤翔府等几个州府上缴的田租赋税艰难度日。

囊中羞涩的皇帝再也没有能力像之前那样大肆赏赐神策军将士，而将士们丝毫不念时局的艰难，生出许多怨言。

大宦官田令孜急于开辟财源。安邑、解县两地的盐池原本隶属盐铁转运使，一向由朝廷任命官吏管理池盐专卖事宜，但河中节度使王重荣却趁乱独占池盐收入，仅仅每年向朝廷进献三千车盐供国家调用。田令孜急于恢复旧制，于是便想着将王重荣调走。

在田令孜的撺掇下，朝廷将王重荣调任泰宁节度使，泰宁节度使齐克调任义武节度使，义武节度使王处存调任河中节度使，还诏令李克用河东的军队协助王处存前往河中赴任。

王重荣自以为在收复长安中立下大功，如今却受到田令孜的排挤被调往兖州任职，自然是恼怒不已，于是历数田令孜的十大罪状。田令孜也不甘示弱，结交长安周边的邠宁节度使朱玫、凤翔节度使李昌符，与王重荣相抗衡。

势单力孤的王重荣赶忙向李克用求援。李克用对朱温企图谋害自己一事一直耿耿于怀。朱玫、李昌符暗中与朱温相互勾结。朱玫为了迫使朝廷讨伐李克用，多次派人偷偷进入京城，纵火焚烧积聚的物资，甚至不惜刺杀近臣，然后再放出风声说是李克用干的，使得长安上下震惊恐慌，谣言四起。这自然让李克用恼怒不已，决定不再袖手旁观。

田令孜派遣朱玫、李昌符带领本部军马以及神策军共计三万人讨伐王重荣。王重荣一面抵抗一面等待着李克用的救援。王重荣与朱玫、李昌符相互厮杀了一个多月后，他朝思暮想的李克用终于来了。

王重荣向皇帝进呈表文请求诛杀田令孜、朱玫和李昌符等人。

僖宗皇帝夹在中间颇为难受，颁诏劝说李克用与田令孜和解，但杀气腾腾的李克用却根本不理会。

光启元年（公元885年）十二月二十三日，朱玫、李昌符战败后逃回本镇，李克用的军队一时间逼近京城，田令孜手中的神策军根本就不是李克用的对手。

两天后的漆黑夜晚，返回长安只有短短八个月的僖宗皇帝只得再度从长安开远门出逃。

田令孜企图迫使僖宗皇帝逃往兴元府①，遭到了僖宗皇帝的拒绝，但手握神策军军权的田令孜率兵强行冲入行宫，硬生生将僖宗皇帝劫持了，此时跟随他身边的宦官侍卫士兵仅有几百人，以至于连宰相都不知晓皇帝的下落。

田令孜玩弄权势以致皇帝再次踏上流亡之路，一时间成为众矢之的，即便是平日里与其交好的邠宁节度使朱玫、凤翔节度使李昌符也深以为耻，转而依附兵强马壮的李克用，派兵前去拦截田令孜一行人等，企图迎回僖宗皇帝，但田令孜却抢先一步挟持僖宗皇帝一路逃到兴元府。

次年四月，朱玫、李昌符与留在长安的朝臣们商议后册立襄王李煴为帝。流亡在外的僖宗皇帝已经彻底丧失了对局势的控制。穷途末路的田令孜仓皇逃往成都府，前去投奔担任剑南西川节度使的哥哥陈敬瑄。

---

① 治所在今陕西省汉中市。

江河日下哭无泪

文德元年（公元888年）二月初七，逃亡在外两年多的僖宗皇帝拖着病体再次踏上了回长安的路，却在中途遭遇了凤翔节度使李昌符的劫杀。

惊慌失措的僖宗皇帝赶忙命武定节度使①李茂贞带兵前去迎战。李茂贞本是博野牙军的普通士卒，当时黄巢义军逼近关中，各道兵马纷纷前去勤王，李茂贞就这样来到了奉天。他因讨伐黄巢屡立战功，而一路升任右神策军统军，却遭到同僚的嫉恨而命悬一线。田令孜本想借机将他杀掉，但与其见面后却觉得此人相貌堂堂，威风凛凛，于是便将他收为养子。他之后的仕途也一路坦荡，后来又因护驾有功拜武定节度使。

骁勇善战的李茂贞果然不负僖宗皇帝所托，将嚣张跋扈的李昌符击败后斩杀。大喜过望的僖宗皇帝当即任命李茂贞为凤翔节度使。

僖宗皇帝历经重重坎坷才得以重回长安，此时他虽只有二十七岁，身体却是每况愈下。三月初五，他的病情急剧恶化。两次仓皇出逃使他身心俱疲。长期养尊处优的他再也经不起风雨打击了，虽然重返威武雄壮的都城，却再也找不到九五之尊的感觉；虽然置身于富丽堂皇的皇宫，却再也没有力气享受荣华富贵，昔日傲然屹立于东方的大唐已处于风雨飘摇之中。次日，僖宗皇帝便永远地闭上了双眼。

神策十军观军容使、神策左军中尉杨复恭与神策右军中尉刘季述共同迎立僖宗的弟弟寿王李杰为皇太弟，后改名为李晔。

---

① 管辖洋州（今陕西省洋县）一州。

杨复恭出生于官宦人家，养父杨玄冀曾担任枢密使等要职，天下兵马都监杨复光是他的堂兄。杨复光虽是个宦官，却也胸怀大志，在平定黄巢之役中立功者多是他的门生故吏，而他自己出马劝降了朱温，引李克用率军入关中，赐号"资忠辉武匡国平难功臣"，但杨复光却在人生高光时刻暴病而亡。田令孜随即便将他的堂弟杨复恭贬为飞龙使，而识趣的杨复恭称病卧居在蓝田。田令孜被迫让位后，宦官杨复恭接替田令孜出任神策十军观军容使、神策左军中尉。

　　神策军将领王建是田令孜的养子，杨复恭自然容不下他，于是将他排挤出长安，前往壁州①担任刺史。王建到任后招兵买马，势力迅速壮大起来，侵占周边州县。王建与剑南东川节度使顾彦朗之前同在神策军中服役，关系十分要好。这使剑南西川节度使陈敬瑄感到很是忧虑，但田令孜却说王建是自己的养子，他能有今天全靠自己当初的提携，于是便写信召他来成都。

　　王建接到田令孜的信很是兴奋，以为养父田令孜会劝说陈敬瑄分给自己几个州，让自己担任节度使，可陈敬瑄却在幕僚的劝说下改主意了，担心自己请神容易送神难，最终落得个引狼入室的下场。左右为难的田令孜只得再度给王建去信，告诉他先不要来。养父出尔反尔的举动将王建彻底激怒了，于是带兵南下，一路攻城略地，甚至包围了成都府。成都府是大唐首屈一指的大城，自然是城池坚固，王建见攻取无望，只得识趣地撤走了。

　　新继位的昭宗皇帝任命宰相韦昭度为西川节度使，同时将剑南西川北部的邛州（今四川邛崃）、蜀州（今四川崇州）、黎州（今四川汉源北）、雅州（今四川雅安）四个州划出，另行设立永平军，任命王建为永平军节度使。

　　陈敬瑄自然不肯轻易放弃原属自己的地盘，拒绝接受朝廷的诏命。见他不肯交权，韦昭度、王建、顾彦朗聚兵十余万围攻成都府，但历时三年

---

① 今四川省通江县。

284

都未能破城。

大顺二年（公元891年）三月，昭宗皇帝见状只得无奈地下诏恢复陈敬瑄官爵，令顾彦朗、王建返回本镇。王建自然是心有不甘，上表请求继续攻城。韦昭度一时间犹豫不决，王建暗中唆使麾下士卒诛杀韦昭度亲兵，威胁道："士兵们饿了是要吃人肉的！"韦昭度本就是个文官，哪里见过这般架势，顿时便吓得面如土灰，将节度使符节留给王建，当天便灰溜溜逃回长安。

见王建依旧不肯罢兵，田令孜只得登上城头对王建极其谦卑地求饶道："你我父子一场，怎会到了如此兵戎相见的地步！"

王建却道："父子之恩，没齿难忘，我如今是奉皇帝之命，讨伐不听诏令之人！"

当晚，田令孜背着印信符节去见王建，没想到却被扣留。王建随即攻入成都城内，此后以此为首都建立了十国之一的前蜀。田令孜被关在碧鸡坊，直到两年后，与自己的哥哥陈敬瑄一同被处死。

昭宗皇帝李晔一心想重整社稷，再造河山。他精明强干，有英武气概，知书达理，有贤君之风，给迟暮的大唐帝国带来一丝生机与活力，但此时藩镇割据势力却犹如癌细胞，在大唐帝国的体内迅速蔓延。

河东节度使李克用与宣武节度使朱温互相厮杀，逐鹿中原。凤翔节度使李茂贞、邠宁节度使王行瑜、镇国节度使韩建驻守京畿，觊觎京城。淮南节度使杨行密占据江淮地区，虎视中原。剑南西川节度使王建据守蜀地，窥视关中。镇海节度使钱镠占领浙东、浙西。威武节度使王潮割据福建。

最令昭宗皇帝头疼的是宰相崔昭纬，他与凤翔节度使李茂贞、邠宁节度使王行瑜相互勾结。

景福二年（公元893年），日渐骄横的李茂贞觐见昭宗皇帝时，言语中时常会流露出不恭敬之语。忍无可忍的昭宗皇帝将李茂贞调任山南西道节度使，命宰相徐彦若接任凤翔节度使，但兵权在握的李茂贞却拒绝上任，并赤裸裸地威胁道："臣担心一旦离任将会引发军乱，致使百姓遭殃，若是到了那时，陛下的车驾又能躲到哪里去避难呢？"

见李茂贞这般，昭宗皇帝召见宰相杜让能商议应对之策。杜让能却苦苦相劝说："如今李茂贞势力强大，朝廷无力应对，况且凤翔与京城长安近在咫尺，一旦讨伐失利，即便如汉景帝那般诛杀晁错向诸侯谢罪，恐怕也难以挽回败局！"昭宗皇帝却愤愤不平道："难道让朕软弱到遭受藩镇欺凌而默不作声的地步吗？"

见昭宗皇帝执意如此，杜让能只得从命，而他最终竟一语成谶！

杜让能奉命留在中书省筹划调度，连续一个多月都未曾回过家，但他的一举一动却被另一位宰相崔昭纬秘密禀告给李茂贞。

此时禁军神策军已经彻底丧失了战斗力，都是些从市街上招募来的少年，而李茂贞所统率的却是长期戍边久经战阵之兵，双方还未交战，神策军便望风逃散，京师上下一时间震惊不已，士人百姓四处奔逃，群情激愤的百姓们纷纷聚集在皇宫门前请求诛杀擅自发兵讨伐之人。

崔昭纬存心要陷害杜让能。杜让能早在光启二年（公元886年）三月便成为宰相，而崔昭纬直到大顺二年（公元891年）正月才得以出任宰相，比杜让能晚了将近五年。二者地位差别也颇为悬殊，杜让能为正一品的太尉，而崔昭纬仅为正三品的吏部尚书，只有趁机一举剪除杜让能，崔昭纬才能攫取更大的政治权力。

崔昭纬暗中给李茂贞送去书信说："朝廷用兵征伐并非皇帝本意，皆是太尉杜让能从中挑唆所致！"

杜让能在弹劾下被罢免了宰相，而崔昭纬趁机推荐宣宗朝宰相崔慎由之子崔胤为新宰相。崔胤一向与崔昭纬往来密切，交情很深。崔胤虽然在表面上对人宽宏大量，实际上却奸巧阴险。他的叔父崔安潜曾对亲近之人说："我崔家辛辛苦苦创立的基业恐怕要毁在他的手中了！"

李茂贞统率凤翔军一直停驻在长安附近，警报始终都未能解除。李茂贞用不容置疑的口吻说，一日不杀杜让能便一日不回凤翔。

此时的昭宗皇帝已没有退路了，当年十月，昭宗皇帝含着泪赐杜让能自尽。

乾宁二年（公元895年）七月，长安城的空气变得日益紧张，导火索便是河中节度使之争。

河中节度使王重荣于光启三年（公元887年）被牙将常行儒所杀，河中镇将士拥立王重荣的哥哥陕虢节度使王重盈为新任节度使。王重盈去世后，围绕节度使之争又引发了一场大变乱。

凤翔节度使李茂贞、邠宁节度使王行瑜、镇国节度使韩建力挺王重盈之子王珙担任河中节度使。河东节度使李克用推荐他的女婿，也就是王重盈的侄子王珂接任节度使。

双方因争执不下而大动干戈，恼羞成怒的李克用亲率精锐部队倾巢而出。李克用将进攻的矛头直指邠宁节度使王行瑜。王行瑜并非是骁勇善战的李克用的对手，在逃亡途中被部下所杀。

政治靠山倒了，崔昭纬也随之结束了四年的宰相生涯，被贬为梧州司马。

河东节度使李克用向昭宗皇帝上奏应趁势攻灭凤翔节度使李茂贞和镇国节度使韩建，从而彻底铲除京城附近的祸根，但昭宗皇帝却担心李克用会变得更加难以控制，没有同意。

李克用带着一丝遗憾和忧虑率军返回太原，但他的担忧很快便变为了现实。李克用率兵返回河东后，曾经一度谦恭的李茂贞、韩建迅速恢复了骄横傲慢的本性。

乾宁三年（公元896年）七月，京城的局势再度变得紧张起来。昭宗皇帝自觉禁军兵力孱弱，在左、右神策军之外又设置安圣军、捧宸军、保宁军、宣化军等军，挑选增补了几万人，命令藩王统领。嗣延王李戒丕、嗣覃王李嗣周又私下招募了数千人。朝廷的扩军引起了李茂贞的不安，觉得朝廷一再增兵是为了有朝一日讨伐他。

李茂贞积极调动军队，扬言说要前赴京师向朝廷伸冤。凤翔军的铁蹄日益逼近京师长安。昭宗皇帝只得派通王李滋、嗣延王李戒丕、嗣覃王李嗣周带领本部人马护卫京师，同时向河东节度使李克用求救，但远水却解不了近渴。

昭宗皇帝在万般无奈之下于七月十七日逃亡镇国军驻地。镇国军管辖华州、同州两州，治所位于华州。朝中宰相因惧怕大权在握的镇国节度使韩建，不敢决断政事，韩建也因此"挟天子以令诸侯"。

在韩建的授意下，昭宗皇帝免去崔胤的宰相职务，命其远赴湖南担任武安节度使。不久前湖南发生军乱，武安节度使刘建锋被乱军所杀，军政事务暂时由武安节度留后马殷主持，此人就是十国之一楚国的开国君主。

崔胤自然不愿远去湖南，急忙向友人朱温求援。为了协助崔胤，朱温上奏请求昭宗皇帝迁都洛阳，并且一再请求派遣二万军队迎接昭宗皇帝的车驾。朱温主张迁都其实不过是虚晃一枪，他知道这个提议定会遭到朝中对手的否决，但政治对手一般不会轻易地连续否决两个提案，此后他再抛出真正的提案。

朱温的奏章引起了韩建的恐慌。他深知自己现在还不是朱温的对手，于是上奏推荐崔胤仍任宰相。

九月十七日，昭宗皇帝下诏任命仅仅下野两个月的崔胤再度出任宰相，达到目的的朱温也就欣然作罢。

光化元年（公元898年）八月二十五日，昭宗皇帝返回长安。次年正月十三日，昭宗皇帝再度罢免了崔胤的宰相职务，改任吏部尚书，不久，昭宗皇帝任命崔胤以同平章事衔充任清海节度使。

崔胤怀着极其失落的心情离开京城长安。此前，他曾向昭宗建议彻底铲除宦官势力，而犹豫不决的昭宗皇帝就此事询问另一个宰相王抟。王抟认为不应操之过急，因此崔胤认为肯定是王抟在暗中排挤自己，仇恨的怒火在他的心中熊熊燃烧。

政治上失意的崔胤再次求助于朱温，而手握兵权的朱温也再度向朝廷施压，昭宗皇帝不得不再次任命崔胤回朝为宰相，而素以贤能著称的名相王抟被罢免。霸桥驿内，王抟和担任枢密使的宦官宋道弼、景务修均被残忍地杀害。

太保、门下侍郎、同中书门下平章事徐彦若地位在崔胤之上，崔胤对此一直耿耿于怀。嗅到危险气息的徐彦若主动上表隐退，以同中书门下平章事衔充任清海节度使。崔胤至此彻底操纵朝政，势力威震朝野。

徐彦若最终在清海节度使任上去世。临终前，徐彦若上表举荐副使刘隐担任留后。刘隐年轻时便显露出过人的军事才华，十七岁时便成功地镇压谋反。而且他还是个颇有政治头脑之人，一直打着忠唐的旗号讨伐岭南各州割据谋反的草头王。但朝廷却并不信赖刘隐，任命曾经担任宰相的崔远为清海节度使。崔远深知在岭南地区混迹多年的刘隐势力盘根错节，自然不甘心受制于自己，惶恐不安的崔远在江陵停滞不前。

刘隐派遣使者用重金贿赂交结朱温。在朱温极力推荐下，朝廷正式任命刘隐为清海节度使，将崔远召回长安。刘隐就是十国之一的后汉的奠基人。

京城形势变得愈加扑朔迷离。担任枢密使的大宦官宋道弼、景务修的死顿时便引起了宦官势力的警觉。崔胤与昭宗皇帝秘密谋划诛杀宦官的消息不胫而走，使得宦官们陷入极大的惊恐之中。并不甘心坐以待毙的宦官们决定铤而走险。

光化三年（公元900年）十一月初六，一场政变在晨曦的笼罩下突然而至。左、右神策军中尉刘季述、王仲先要挟宰相召集百官在同意"废昏立明"的诏书上署名。崔胤担心自己遭遇不测被迫同意了宦官们的要求。

刘季述、王仲先随即带兵入宫罢黜了昭宗皇帝，他们假传昭宗皇帝诏书命太子李裕监国，随后拥立李裕为新皇帝。

昭宗皇帝被囚禁在东宫少阳院。刘季述甚至还熔化铁水浇铸到锁眼之中，希望借此彻底断绝昭宗皇帝对自由的渴望。昭宗皇帝与外界唯一的联系通道便是一扇窄窄的窗孔。

鉴于崔胤与朱温的密切关系，刘季述仅仅免去崔胤兼任的度支盐铁转运使的职务。

崔胤不甘失败，一方面假称奉有昭宗皇帝密诏恳请朱温派遣军队迎接皇上车驾；另一方面秘密联络受到刘季述羞辱的左神策军将领孙德昭、董彦弼、周承诲等人，准备拥立昭宗皇帝复位。

天复元年（公元901年）正月初一，右神策军中尉王仲先准备朝见自己册立的新皇帝李裕，行至安福门时便被左神策军将领孙德昭率军擒杀。孙德昭提着王仲先的脑袋，来到了关押昭宗皇帝的少阳院，擒获了看守昭宗皇帝的士卒。在被关押近两个月之后，昭宗皇帝终于重见天日。左神策军中尉刘季述随后也被擒获，押到长乐门前被活活打死。

崔胤上奏说，朝廷之所以祸乱频发都是因为宦官主管禁军，请求让自己来主管左神策军，另一位宰相陆扆主管右神策军。昭宗皇帝思虑良久，依旧遵从惯例任命亲信宦官主管禁军，命枢密使韩全诲为左神策军中尉，凤翔监军使张彦弘为右神策军中尉。

崔胤奏请昭宗皇帝将宦官全部处死，只留用宫女掌管内廷各司的事务。崔胤的密奏很快便被宦官得知。大宦官韩全诲等人跪倒在昭宗皇帝面前痛哭流涕，向昭宗皇帝乞求哀怜，昭宗皇帝只得好言安慰了一番。

韩全诲不放心，暗中侦察刺探崔胤到底跟昭宗皇帝在密谋些什么。得知崔胤要尽杀宦官，他惶惶不可终日，以至每次宴饮聚会后都与宦官同伴们流着泪相互诀别。不过他也绝非坐以待毙之辈，而是日夜谋划能够铲除崔胤的办法。

崔胤当时兼任户部、度支、盐铁三司使，韩全诲便教唆禁军士卒向昭宗皇帝控告崔胤减少将士的冬季衣服。昭宗皇帝担心会引起军乱，只得解除崔胤的盐铁使的职务。

此时朱温、李茂贞都有挟制天子以号令诸侯的野心，朱温想要昭宗皇帝驾临东都洛阳，李茂贞想要昭宗皇帝驾临凤翔。

崔胤得知谋杀宦官的计划意外泄露后，赶忙送信给朱温，假称奉有秘密诏书，令朱温派遣军队迎接皇上车驾。

十月二十日，在初冬的萧瑟中，朱温率领大军浩浩荡荡地向京师长安进发。这无疑引起韩全诲等人的极大恐慌。韩全诲积极部署神策军，准备劫持昭宗皇帝去凤翔。昭宗皇帝自然割舍不下这繁华的长安。

这天是冬至，昭宗皇帝独自坐在思政殿，忽然见宫中燃起熊熊大火。

原来，宦官李彦弼为了逼迫昭宗皇帝移驾凤翔不惜放火焚烧皇宫。

昭宗皇帝万般无奈之下只得带领皇后、妃嫔、诸王等一百余人在恸哭声中踏上了离京赴凤翔之路。此时气势恢宏的皇宫已经被一场熊熊燃烧的大火吞噬。

凤翔城下，朱温与李茂贞展开了激战。朱温大军围困凤翔一年多，凤翔城孤立无援，城中百姓大多被活活饿死，就连昭宗皇帝也不得不在行宫中自己磨粮食吃，孤城凤翔城最终被攻破了。

天复三年（公元903年），走投无路的李茂贞决意以出卖盟友的方式向朱温求和。左、右神策军中尉韩全诲、张彦弘，枢密使袁易简、周敬容等一众宦官全都成了政治博弈的祭品。

此时作为中间人的崔胤的重要性凸显出来。崔胤于天复元年（公元901年）十一月被罢免宰相职务后便一直称病不出。在朱温的极力劝说下，崔胤才出面启程迎驾，而崔胤很快便再度为相。

正月二十二日，昭宗皇帝离开凤翔前往朱温的军营。善于演戏的朱温表现出一副忠君爱国的姿态，但他在心底深处却将昭宗皇帝当成自己猎取天下的工具。

五天后，昭宗皇帝回到了长安。朱温随即命令部下将宦官数百人关押于内侍省。一场血腥的杀戮也随之展开，哭号之声此起彼伏。朝廷随后诏令收捕处死出使外地的宦官。随着宦官在肉体上被彻底消灭，一百多年来宦官专权的局面也至此宣告结束，但大唐的末日也不远了！

中央禁军主力部队左、右神策两军被撤销。神策军所辖内外八镇军队归属左右龙武、左右羽林、左右神策六军，宰相崔胤判六军十二卫事。

崔胤渐渐觉察出朱温篡唐的意图后，内心无疑是极其纠结的，也在暗中规划着自己的未来。

崔胤向朱温奏报都城长安靠近凤翔节度使李茂贞的辖区，不可不进行防御，而十二卫早已名存实亡，天子六军徒有虚名，建议招募新军，还推荐亲信刑部尚书兼京兆尹郑元规担任六军诸卫副使，亲信陈班担任威远军使。

朱温表面上不露声色，却在暗中密切关注着崔胤的一举一动，派遣自己的亲信部下应征入伍，随时掌握崔胤的最新动向。

朱温返回汴州前特地留下自己的侄子朱友伦担任宿卫都指挥使，接管京城长安的防务，可朱友伦却意外坠马身亡。朱温怀疑侄子的死是一场精心策划的政治阴谋。

与此同时，崔胤挟持昭宗皇帝前往荆襄的传闻不胫而走，朱温决意向自己昔日的盟友发难。

天祐元年（公元904年）正月，朱温密奏宰相崔胤专权乱国，离间君臣。昭宗皇帝自然不敢得罪朱温，于正月初九罢免了崔胤的宰相职务，改任太子少傅、分司东都。崔胤的最重要的两个同党也被贬谪：刑部尚书兼京兆尹、六军诸卫副使郑元规被贬为循州司户，威远军使陈班被贬为溱州司户。

正月十二日，朱温密令接替朱友伦任宿卫都指挥使的朱友谅率兵包围了崔胤的住宅，五十一岁的崔胤死在乱兵的利刃之下，而崔胤所招募的兵士也一并被遣散。

凤翔节度使李茂贞自然不甘心朱温大权独揽，联合静难军节度使杨崇本出兵侵犯京畿。大兵压境之际，规模宏大的迁都工程拉开了序幕。

正月二十一日，延禧楼上，朱温手下牙将寇彦卿将迁都洛阳的奏章递交昭宗皇帝。昭宗皇帝再次陷入到痛苦的抉择中，悻悻地走下延禧楼。此时，宰相裴枢已经收到迁都并催促文武百官东行的文书。

正月二十六日，昭宗深情地望了都城长安最后一眼，这一去便再也没有回来。

安史之乱之后，长安虽历经磨难，却一直是昭宗皇帝和大唐子民的精神家园。此时，为了彻底摧毁他们的精神寄托，气势恢宏的宫殿、繁华的街道以及鳞次栉比的民居全都被付之一炬。曾经繁华鼎盛的长安城顷刻间化为一片废墟。

昭宗皇帝自从来到洛阳后，整日与何皇后沉湎酒中，或者相对哭泣。虽然昭宗皇帝对朱温言听计从，但朱温却依旧对他不放心，判官李振赶赴洛阳，与枢密使蒋玄晖、左龙武统军朱友恭、右龙武统军氏叔琮等人举起了弑君的屠刀。

八月十一日夜间，洛阳皇宫被一片死寂笼罩着。龙武牙官史太率领一百余名士兵气势汹汹地杀奔宫门。一阵急促的敲门声在空旷的皇宫内响起。沉睡中的昭宗皇帝被突然而至的嘈杂声惊醒，穿着单衣绕柱逃跑，却仍旧难逃一劫。

年仅十三岁的辉王李柷被拥立为皇帝。柳璨与裴枢、崔远、独孤损同时被任命为宰相。此时，柳璨考中进士尚不足四年。柳璨官场得意的秘诀就是对朱温唯命是从，而素来在朝中德高望重的裴枢、崔远、独孤损自然对他的为人流露出鄙薄之意。

关于张廷范的人事任命成为双方之间矛盾爆发的导火索。戏子出身的张廷范深得朱温的宠爱。柳璨投其所好奏请任命张廷范为太常卿，但裴枢、崔远、独孤损却认为不可。恼羞成怒的柳璨趁机在朱温面前大肆诋毁三人。

天祐二年（公元905年）三月十九日，宰相独孤损、崔远、裴枢统统被罢免，春风得意的柳璨得以独揽大权。

五月，一颗彗星掠过天际。坚信天人合一的古人对彗星的出现往往充满了恐惧。负责占卜的术士上奏君臣要有灾祸发生，应以诛杀顺应天意。

六月初一，崔远、裴枢、独孤损等被贬斥的三十余名官员聚集在滑州白马驿。

朱温手下的判官李振曾经屡次参加科举考试均名落孙山，因此对科举出身的官员充满了仇恨，于是对朱温说："这些人经常自称清流，应该把他们投入黄河，使他们成为浊流！"

在残阳余晖的映照下，咆哮的黄河犹如一首时代咏叹调，低吟婉转，哀鸣苍凉；犹如一首生命交响乐，雄浑厚重，气势磅礴。

唐代诗人薛逢有感于白马驿之祸，作了一首《题白马驿》。

晚麦芒干风似秋，旅人方作蜀门游。

家林渐隔梁山远，客路长依汉水流。

满壁存亡俱是梦，百年荣辱尽堪愁。

胸中愤气文难遣，强指丰碑哭武侯。

　　大唐的历史犹如黄河一样奔腾到海不复返，只是大唐的终结者朱温还没有正式宣告它的死亡。

　　两年后，早就处于风雨飘摇之中的大唐也终于走到了历史的尽头。

唐朝（涉及本书）皇帝世系表

玄宗李隆基（712 年—756 年在位）

大唐在位时间最长的皇帝，善始却未能善终。即位之初，他以雄武之才，借名臣之力，打造出了开元盛世，四夷臣服，四海安乐。

执政晚期，他却因沉醉于杨贵妃的温柔乡中而难以自拔，只知享乐，无心政事，将朝政交由奸相李林甫、杨国忠处置，将精兵交由野心勃勃的安禄山统领，最终酿成"安史之乱"，繁盛的大唐也至此一蹶不振。

肃宗李亨（756 年—762 年在位）

玄宗皇帝李隆基第三子，成功收复两京，却沦为命运的失败者。

他战战兢兢地当了十八年太子，养成了遇事患得患失、优柔寡断的性格。安史之乱爆发后，在亲信宦官李辅国的怂恿之下，他与父亲分道扬镳，北上灵武称帝，重用名将郭子仪、李光弼，收复了长安和洛阳，却又并未一如既往地信任他们，最终酿成邺城之战的惨败。他密谋刺杀已经归降的史思明，使得史思明降而复叛，卷土重来。随着洛阳的失守，战场局势急转直下。他不相信武将，将禁军指挥权交给亲信宦官李辅国，但李辅国却变得飞扬跋扈。就在他病重期间，李辅国公然带兵入宫搜捕张皇后，李亨在无限惊恐中离世。

代宗李豫（762 年—779 年在位）

唐肃宗李亨长子，守成有余，却进取不足。

他命大将仆固怀恩征讨众叛亲离的叛军头目安庆绪，收复洛阳，光复河北，安史之乱终于落下了帷幕。但河北地区仍旧被那些手握重兵的节度使们割据着，他对此无计可施，姑息迁就却只是换来暂时的和平。

德宗李适（779 年—805 年在位）

代宗李豫长子，想当一个好皇帝，却因意气用事而不慎打开了"潘多拉魔盒"。

急于求成的李适因处置失当而酿成"二帝四王"之乱，刚刚从安史之乱中挣脱出来的大唐再次被推到了生与死的边缘，几度命悬一线，却多次化险为夷；几番胜利在望，却几度功败垂成。李适不会想到局势竟会恶化到如此不可收拾的地步，两度落荒而逃，几度死里逃生，那是一个比安史之乱更为错综复杂的乱局，他也经历了一段犹如凤凰涅槃般的艰难历程。

顺宗李诵（805 年 1 月—805 年 8 月在位）

德宗李适长子，当了二十五年太子，却只当了八个月的天子。压抑的储君生活、长期沉迷酒色使得李诵在父亲去世前一年突患中风，以致不能说话。

他于贞元二十一年（805年）正月二十六日拖着病体即位，重用王叔文、王伾等人推行"永贞革新"，却因触动了宦官们的利益而遭致激烈反抗。

当年的八月，宦官们拥立太子李纯即位，他被迫退位沦为太上皇，成为历史的过客。

宪宗李纯（805 年 8 月—820 年在位）

顺宗李诵长子，千呼万唤始出来的中兴明君。

李纯凭借铁腕平定了西川刘辟之乱、夏绥杨惠琳之乱、镇海李锜之乱。在朝廷的巨大威慑之下，魏博节度使田弘正决意归顺朝廷。

李纯力排众议发动平定淮西之战，但战争却陷入旷日持久之中，甚至刺客公然刺杀主战派宰相武元衡，而他却仍旧不曾放弃。他依靠重臣裴度、名将李愬一举平定淮西，又乘势收复淄青所辖十二州，一时间威震四海，成德、横海、幽州等镇相继归附朝廷，大唐至此实现了真正的统一。

就在万民拍手称快之际，四十三岁的李纯却突然死于一场阴谋，留下了令人唏嘘的中兴残梦。

穆宗李恒（820年—824年在位）

宪宗李纯第三子，彻底打碎大唐中兴之梦的败家皇帝。

他与父亲的暴亡难脱干系，丝毫不珍惜来之不易的安宁，宴乐过多，畋游无度，所任宰相又多是平庸之辈，使得藩镇割据势力死灰复燃，刚刚统一的大唐再度变得分崩离析，河北地区至此再也未曾回归大唐的版图，可他却仍旧过着纸醉金迷的生活，年仅三十岁便因纵欲过度而死。

敬宗李湛（824年—826年在位）

穆宗李恒长子，一位游戏人生的玩乐皇帝。

他十六岁即位，耽于玩乐，沉迷蹴鞠，不理朝政，奸臣当道，引发染工暴动事件，却仍旧不思悔改，继续我行我素，十九岁时被贴身宦官刘克明等人杀害。

文宗李昂（826年—840年在位）

穆宗李恒次子，想当个好皇帝，最终却是事与愿违。

他十八岁登基称帝，清心寡欲，淡泊明志，不近女色，遣散宫女；他生活节俭，抵制奢靡，衣着朴素，饮食简朴；他远离声歌，疏远乐舞，裁减乐工，抵制靡音；他博览群书，熟通经典，勤于政事，专心治国，给动荡不堪的大唐带来了新气象。

他对党争深恶痛疾，于是将牛党、李党人士均加以贬斥，却重用阴险小人李训和郑注。急于抢功的李训提前行动，使得大宦官仇士良侥幸逃过一劫。惊魂未定的仇士良指挥麾下禁军士卒大肆屠杀朝臣，最终酿成"甘露之变"。李昂也被宦官完全挟制，三十一岁时，抑郁而终。

武宗李炎（840年—846年在位）

穆宗李恒第五子，雷厉风行的实干派。

他倚重宰相李德裕，整顿吏治，发展经济，革除积弊，打压藩镇，击败回鹘，平定昭义镇刘稹发动的叛乱，取得了朝廷军事讨伐藩镇势力的最后一场胜利，开创了"会昌中兴"的局面。却因长期服食长生丹药，三十三岁时便离开了这个世界。

宣宗李忱（846年—859年在位）

宪宗李纯第十三子，穆宗皇帝李恒异母弟，大唐最后一个有作为的君主，被誉为"小太宗"。

他明察沉断，从谏如流，勤于政事，孜孜求治，击败吐蕃，安定塞北，平定安南，收复河湟，不过却因服用长生药中毒而亡，享年五十岁。随着他的离去，大唐再也难掩颓势。

懿宗李漼（859年—873年在位）

宣宗李忱长子，几乎败光父亲家底的皇帝，游宴无度，骄奢淫逸，任人不能，民不聊生，起义频发，动乱丛生，使得大唐的统治变得摇摇欲坠。

僖宗李儇（873年—888年4月在位）

懿宗李漼第五子，顽劣不堪的稚嫩皇帝。

他十二岁继位，二十七岁去世，他在位的这十五年耗尽了大唐最后的气数。他对宦官田令孜言听计从，以至于朝政混乱，政局危急。王仙芝、黄巢所领导的起义如风暴般突然袭来，等到起义烽火熄灭时，大唐已经不再是皇帝的天下。禁军掌握在宦官的手中，藩镇兵掌握在节度使手中，他这个光杆皇帝沦为人家手中的玩物。

昭宗李晔（888 年 4 月—904 年在位）

懿宗李漼第七子，虽有雄心壮志，却无奈江河日下。

李晔攻书好文，神气雄俊，尊礼朝臣，励精图治，从哥哥手中接过千疮百孔的烂摊子之后，急切地想要恢复大唐荣光，却屡屡受挫，无论如何努力，终究回天乏术。

经过一番混战，宣武节度使朱温成为中原霸主，开始觊觎皇位，甚至不惜向皇帝举起了杀戮的屠刀。李晔惨死时，年仅三十八岁，对他而言却不失为一种解脱。

哀帝李柷（904 年—907 年在位）

昭宗李晔第九子，权臣朱温手中的政治傀儡，当一切都准备停当之后，他便被朱温残忍杀害，大唐也至此无奈地落下了帷幕。

参考文献

[1] 任士英. 大唐玄宗肃宗之际的中枢政局[M]. 北京：社会科学文献出版社，2003.

[2] 李恺彦. 安史之乱后河北地域文化与藩镇政治[D]. 北京：中央民族大学，2006.

[3] 吴廷燮. 唐方镇年表[M]. 北京：中华书局，1980.

[4] 傅璇琮. 李德裕年谱[M]. 石家庄：河北教育出版社，2000.

[5] 王寿南. 唐代宦官权势之研究[M]. 南京：正中书局，1971.

[6] 米山. 唐前期皇位继承探论[D]. 兰州：西北师范大学，2012.

[7] 刘兆艳. 唐代叛将研究：以两《唐书》为中心[D]. 合肥：安徽大学，2018.

[8] 黄正建. 中晚唐社会与政治研究[M]. 北京：社会科学出版社，2006.

[9] 朱金城. 白居易年谱[M]. 上海：上海古籍出版社，1982.

[10] 毛蕾. 唐代翰林学士[M]. 北京：社会科学文献出版社，2000.

[11] 吴宗国. 盛唐政治制度研究[M]. 上海：上海辞书出版社，2003.